Lawrence Durrell

BLÜHENDER MANDELBAUM

Sizilianisches Karussell

Deutsch von
Susanne Lepsius

rororo

Rowohlt

Die Originalausgabe erschien 1977 unter dem Titel
«Sicilian Carousel» bei Faber and Faber Ltd., London
Umschlagentwurf Werner Rebhuhn
(Foto: Everts/ZEFA)

Deutsche Erstausgabe
Veröffentlicht im Rowohlt Taschenbuch Verlag GmbH,
Reinbek bei Hamburg, Februar 1986

Satz Garamond (Linotron 202)
Gesamtherstellung Clausen & Bosse, Leck
Printed in Germany
680-ISBN 3 499 15690 3

Für Diana und Yehudi,
die Fixsterne

Danksagung

Obwohl alle in diesem Buch auftauchenden Personen frei erfunden sind, möchte ich einigen tatsächlich existierenden Menschen, die die Entstehung dieses Buches ermöglicht haben, meinen Dank sagen: Monsieur Pages und Madame Robert vom Reisebüro *Nîmes-Voyages*, die die Reiseroute zusammengestellt haben.

L. D.

SIZILIEN
Trapani
Erice
Castellammare
Segesta
Calatafimi
Marsala
Salemi
Selinunte
Sciacca
Partinico
Monreale
Monte Pellegrino
PALERMO
Bagheria
Himera
Cefalú
Corleone
Bisacquino
Ribera
Lercara
Agrigent
Castelbuono
Caltanissetta
Canicatti
Enna
Gela
Randazzo
Troina
Bronte
Centuripe
R. Simeto
Ätna
Aidone
Piazza Armerina
Grammichele
Lentini
Carlentini
Vittoria
Ragusa
Palazzolo
Noto
Milazzo
Tindarus
Messina
Taormina
Naxos
Catania
Augusta
Syrakus
0 10 20 30 40 50
Kilometer
NSH

ANKUNFT

Wie ich Deeds während unserer halsbrecherischen Fahrt rund um Sizilien in dem kleinen roten Bus mehr als einmal erklärte, hat nie jemand bessere Gründe gehabt, diese Insel nicht zu besuchen, als ich. Jahrelang hatte ich den Besuch aus Nachlässigkeit unterlassen, und nun, mit zunehmendem Alter und zunehmender Trägheit, vor allem aber angesichts der Tatsache von Martines Tod – nein, TATSACHE in Versalien –, was um alles in der Welt suchte ich jetzt hier? Eine solche sentimentale Reise konnte ich mir wahrhaftig ersparen, sie war völlig verfehlt und sinnlos. Stimmt doch, nicht? Deeds schüttelte nur den Kopf und klopfte seine Pfeife an einer Mauer aus. «Wie Sie meinen», sagte er höflich, «doch mir scheint, daß Sie die Reise sehr genießen.» Das stimmte.

Die bloße Tatsache meiner Ankunft auf Martines höchst privater Insel hatte irgendwie der bedrückenden Tatsache ihres Von-der-Welt-Verschwindens den Stachel genommen – sosehr es auch das Leben ganz allgemein ärmer gemacht hatte, und nicht nur meins. Außerdem war es ein Glück, daß ich über sie sprechen konnte, denn obwohl Deeds ihr nie persönlich begegnet war, hatte er sie doch recht oft durch die Straßen von Kairo und Alexandria fahren sehen und später auch durch die Straßen Zyperns, wo ich ihr geholfen hatte, ein prunkvolles schönes Haus zu bauen, das Piers für sie entworfen hatte, um einen kreuzförmigen Raum herum, von dem beide behaupteten, er basiere auf einem Templermotiv. Doch nun waren sie beide tot! Während mancher dieser endlosen Telefongespräche, bei denen es uns nie ganz gelang, unsere lange abgebrochene Verbindung zu der gemeinsamen zyprischen Vergangenheit wieder herzustellen, konnte ich – oder dachte, ich könnte – das Gemurmel der Wellen hören, die an den Strand von Naxos, des sizilianischen Naxos, spülten, wo sie sich schließlich eingenistet hatte wie ein Seevogel, endlich sicher vor Politik und vor persönlichem Hader. Und auch glücklich, im Besitz des Mannes, Den-es-nie-gab, und ihrer «munteren und schönen» Kinder.

Unerwartet und folgenschwer ist der Weg, den das Leben unserem individuellen Schicksal vorzeichnet und dem wir folgen müssen. Ich hätte damals auf Zypern, in jenen längst vergangenen Zeiten, ihr sizilianisches Leben und Sterben nicht voraussagen können. Tatsächlich hatte sie mich immer wieder dorthin eingeladen, und ich hatte auch immer vorgehabt, sie in Naxos zu besuchen, hatte es aber nicht getan. Sie hatte beharrlich wiederholt, ich müßte sie unbedingt in ihrem Heim besuchen, ihre Kinder sehen, ihren Mann kennenlernen. Und ein-, zweimal hätten wir uns auch fast getroffen, das letzte Mal in Rom – doch nie hier, denn jedesmal kam plötzlich irgend etwas dazwischen. Ich glaube, keiner von uns beiden hatte je ernsthaft daran gedacht, daß uns etwas so Ungewöhnliches wie der Tod in die Quere kommen könnte – obwohl meine Frau Claude, eine ihrer engsten Freundinnen, ganz plötzlich alle überrascht und betrübt hatte, als sie an Krebs erkrankte und entschwand. Warnung genug, würde man denken; aber nein, ich zögerte und verschob die sizilianische Reise weiterhin, bis eines Tages auch Martine mir plötzlich entglitten war. Ihr letzter, langer, konfuser – nein, absolut unleserlicher – Brief hatte mich nicht sonderlich beunruhigt. Sie war ein impulsives Geschöpf und pflegte ihre Briefe in riesigen Lettern auf Luftpostpapier zu schreiben, und zwar so irrsinnig schnell, daß die Tinte auslief und die Seiten zusammenklebten; das Endergebnis war, sogar mit einem erstklassigen Augenglas betrachtet, die reinste Hieroglyphenschrift, oder sagen wir: eine abstrakte Zeichnung, von Taubenkrallen in feuchten Lehm geritzt. Doch nun setzte das Flugzeug zum Gleitflug an und neigte sich, und der grüne Abend, der die flachen, farbigen Felder um Catania verdunkelte, schwamm uns entgegen. Unter uns lag die Insel …

… wie ein Konzertflügel. Hingeworfen, fast mitten in die Fahrrinne, sah sie irgendwie drohend und abwehrend aus. Von so hoch oben konnte man den seitlichen Sog der Hauptströmung sehen, deren anrollendes und wieder zurückweichendes Wasser die unbezwingbaren Flanken der Insel umspülten. Und alles dort unten war in das stille, grüne Abendrot der Dämmerung gebadet. Das Eiland sah gewaltig und traurig und etwas verärgert aus, wie ein minoischer Stier – und sofort hakte die Erinnerung ein: Kreta! Zypern! Es war, wie sie, eine Insel, die mitten in der Strömung lag – ein Bollwerk gegen die gewaltigen Seen des von Afrika her anstürmenden Meeres. Vielleicht spiegelte sich das – wie in Kreta – sogar in der Vegetation wider? Plötzlich war ich beruhigt, so als sei es mir gelungen, mir die Lage der Insel deutlicher vorzustellen. Magna Graecia!

Aber es war nicht nur Martine, die ich hatte besuchen wollen. Es gab noch andere Zwänge und Verlockungen – ganz zwangsläufig, wenn man die Hälfte seines Lebensunterhaltes mit Reiseberichten verdient. Doch es war sie, die ihre Pfeile höchst listig genau an den Stellen placierte, wo sie mir die größten Schuldgefühle verursachten. Zum Beispiel: «Man hält Dich für eine Art Autorität in Sachen Mittelmeerinseln, und doch hast Du die größte und schönste übersehen! Warum? Liegt es daran, daß ich hier bin?» Eine Frage, die für ewig unbeantwortet bleiben wird. «Zugegeben», hieß es weiter in dem Brief, «fünfzehn Jahre sind eine lange Zeit ...» Aber auch daran lag es nicht. Es lag ganz einfach an meiner alten, schändlichen Angewohnheit, alles auf die lange Bank zu schieben. Im Grunde war ich immer bereit gewesen, der Einladung Folge zu leisten, aber die Umstände hatten es verhindert – obwohl ich mehrere Scheinanläufe genommen hatte. Und natürlich, an anderen Orten hatten wir uns verpaßt: in Paris, New York, Rom. Außerordentlich ärgerlich, sicher, aber so was passiert. Und dann natürlich – wir hatten ja noch ewig lang Zeit, um das Versäumte nachzuholen, um den fünfzehnjährigen Bruch in unserer Freundschaft wieder zu kitten ...

In Zypern hatten wir zwei verzauberte Sommer lang über die Bedeutung eines Wortes diskutiert, das ich für Menschen, die an der gleichen Krankheit litten wie wir, erfunden hatte: Islomanie. Ich hatte sogar eine Trilogie über die griechischen Inseln geschrieben in dem vergeblichen Versuch, den Virus der Islomanie zu isolieren – mit dem Resultat, daß später, im Zeitalter des aufblühenden Tourismus, der Club Méditerranée den Ausdruck zum *cri de guerre* erhob – unter lautem Beifall der französischen Frauenzeitschriften. Ja, es hätte nicht viel gefehlt, und die Islomanie wäre ins medizinische Lexikon aufgenommen worden. Und jetzt?

Nun, ich hatte mir einige von Martines langen, amüsanten Briefen eingesteckt, um sie während der Reise zu lesen; denn fast alles, was ich über Sizilien weiß, stammte aus ihnen. In Zypern war sie eine eben flügge werdende Schriftstellerin gewesen, und ich hatte versucht, ein bißchen Ordnung in ihr überquellendes Manuskript über Indonesien zu bringen; es hieß ‹*Die Bambusflöte*›. Irgendwo muß es sich noch herumtreiben. Es enthielt einige sehr gute Beobachtungen und ein paar Metaphern, die so treffend waren, daß sie meine Habgier erweckten. Eine davon borgte ich mir auch tatsächlich für *‹Bittere Limonen›* aus, aber *con permisso* sozusagen, das heißt also: auf redliche Weise.

Natürlich spielten auch noch andere Dinge eine Rolle, zum Beispiel die wiederholte Anfrage eines New Yorker Redakteurs, ob ich nicht Lust hätte, ein paar ausführliche Reiseartikel über Sizilien zu schreiben. Ich fuhr ins nahe gelegene Nîmes zu meinem Reisemakler, der sich wie ein alter Storch zwischen Reiseprospekten und Fahrkarten eingenistet hatte. Er war ein recht kultivierter alter Mann, ein ehemaliger Lehrer, der sich selbst gern für eine Mischung aus Psychiater und Großinquisitor hielt. «Das Richtige für Sie», sagte er, während er mit langem, tabakbraunem Finger auf mich deutete, «ist das sizilianische Karussell. Es bietet Ihnen alle Vorteile. Sie haben Roberto als Reiseführer und einen bequemen Bus.» Meine Seele erschauerte. Ehrlich gesagt, durch die Aufforderung aus New York war der Fall bereits entschieden. Und dann war mir auch so, als hätte Martine mir von jenseits des Grabes einen kleinen Schubs gegeben – hätte mich quasi zu sich zitiert. Doch der Gedanke, mich den abenteuerlichen Zufällen der Straße auszusetzen, bereitete mir Unbehagen. Ich hatte zu lange abgekapselt in meinem alten, von Fledermäusen bevölkerten Haus in der Provence gewohnt und war dadurch ein bißchen zimperlich geworden. Mein Freund schien meine Gedanken zu erraten. «Sie brauchen Abwechslung – ich fühle das. Und das sizilianische Karussell bietet Ihnen, was Sie brauchen.» Er reichte mir einen Haufen tomatenfarbener Prospekte, die meine Befürchtungen in keiner Weise zerstreuten. Die Schönheiten Taorminas – ich kannte sie. Wer tut es nicht? Ich brauchte keine kommerzielle französische Prosa, um in Begeisterung zu geraten. Dennoch – als ich über die trockene Garrigue* des Languedoc heimwärts fuhr, fühlte ich mich irgendwie glücklich – als sei die Entscheidung, die ich getroffen hatte, für meine jetzige Lebensphase richtig, ja sogar notwendig. Man wird ja sehen, dachte ich, man wird sehen.

Zu Hause knipste ich das Licht an und überflog den Artikel über Sizilien in der Enzyklopädie. Er las sich wie eine Beschreibung der Isle of Wight. Dann kamen die Abendzeitungen mit Berichten über Streiks, Aussperrungen und so weiter, und der Gedanke, daß ich

* Immergrüne strauchige Heide in Südfrankreich.

womöglich Tage und Nächte in Nizza, Rom oder Catania auf meinem Koffer schlafen müßte, brachte meinen Entschluß wieder ins Wanken. Doch ich konnte jetzt einfach keinen Rückzieher mehr machen. Ich zündete ein Holzfeuer an und legte ein wenig Mozart auf, um mich gegen diese dunklen Ängste zu schützen. Morgen würde mein Freund mir die Buchungen durchtelefonieren. Ich kann nicht behaupten, daß mein Schlaf in dieser Nacht süß und friedlich gewesen sei; im Traum kehrte ich in die Kriegszeit zurück und fand mich in Kairo oder auf Rhodos wieder, versäumte Flugzeuge oder wartete auf Flugzeuge, die niemals kamen. Martine war unverständlicherweise auch dabei, sie sah kühl und distinguiert aus, trug lange, weiße Handschuhe und lächelte zart. Es war ein Flughafen, aber zugleich war es im Traum Lords Kricketplatz, und wir warteten auf das Erscheinen der Spieler. Ich schlief bis spät in den Morgen, erst der Anruf meines Freundes riß mich aus dem Schlaf. «Ich habe die gesamten Unterlagen zusammengestellt», sagte er. Er mochte es, wenn alles offiziell und legal klang. «Wann fahre ich?» fragte ich mit zitternder Stimme. Er gab mir die Daten. Die eigentliche Karussell-Fahrt begann erst in Catania, wo ich mit meinen Mitreisenden, die aus allen möglichen europäischen Orten kamen, zusammentreffen sollte.

Und so kam es denn, daß ich an einem streikfreien fünften Juli meine Reise quer durch Frankreich begann, in dem angenehmen Gefühl, daß Blitz und Donner in der Luft lagen und ein nächtliches Gewitter dem Midi vielleicht eine Abkühlung bringen würde. Und keine Spur von Mistral, dem alten Teufel, was ein gutes Omen war. Trotzdem, es ist immer traurig, sein Zuhause zu verlassen, und in der frühen Morgendämmerung nach ein paar Yogaübungen sprang ich noch einmal kurz ins Schwimmbassin, stellte mich anschließend unter die heiße Dusche und wanderte eine Zeitlang ziellos im Garten umher. Alles war ruhig; der Morgen war windstill; kein Zweig regte sich in den hohen Pinien und Kastanienbäumen des Parks. Im alten Wasserturm verdöste die Sippe der weißen Schleiereulen das Tageslicht nach ihrer nächtlichen Jagd. Der alte Wagen trödelte gemächlich über die trockene Garrigue mit ihren Thymian-, Rosmarin- und Salbeidüften. Das sizilianische Karussell setzte sich in Bewegung. Alle meine Reisen beginnen mit einem Anfall von Angst und Zweifel – man fühlt sich plötzlich wie eine Waise. Man beugt sich über die Reling und beobachtet, wie das Land hinter dem Horizont verschwindet – dann schüttelt man sich wie ein Hund und wendet sich wieder der Realität zu. Man richtet sein Trachten auf das Sichten eines unsichtbaren Landes. Sizilien!

Nizza war in eine zarte Helle gehüllt, der Wind durchfurchte die Wasser der Bucht und ließ die Jachten tanzen und sich verneigen. Helle Wolken, weißer gewaschen als weiß, trieben sanft vor dem Sommerhimmel dahin. Bunte Marquisen, Streifen von Raoul-Dufy – alles hier war leuchtend. Ja, aber der Flughafen war eine gärende Masse – Polizisten und Miliz, alle bis an die Zähne bewaffnet mit Maschinengewehren. Während der letzten paar Wochen war bei uns eine Epidemie von sinnlosen Menschenentführungen und Ermordungen ausgebrochen – der neue Patriotismus. Daher all diese Vorsichtsmaßnahmen. Die beiden arabischen Herren vor mir versteckten etwas in ihren Schuhen – eine Arbeits- oder auch eine Nichtarbeitserlaubnis, nehme ich an. Ein Gewehr konnte es nicht sein. Haschisch? Doch ich mußte mich beeilen, um meinen Anschluß nach Rom zu erwischen, und ging, vor Ungeduld kochend, durch die Geigerzählerprozedur. Der Anreiseplan war bis ins Detail ausgetüftelt, wie immer, aber kein Reisebüro kann so sonderbare Zufälle einkalkulieren wie einen Maschinenpistolenüberfall oder eine polizeiliche Durchsuchung. Doch allem zum Trotz schaffte ich es, wenn auch nur knapp. Am Ende der Nizza-Rollbahn hoben wir ab, und unter uns lag wieder das Meer, wir gewannen stetig an Höhe, bis die Segelschiffe unter uns klein wurden wie Stecknadelköpfe auf einem duftigen blauen Schleier. Inzwischen hatte ich mich völlig von meinem Alltag gelöst und überließ mich meinen Gefühlen – eine Art angenehmer Reiseträgheit überkam mich. Nachdem ich meine Seele den Göttern der Veränderung und des Abenteuers anvertraut hatte, sank ich in einen kurzen Schlaf und hatte einen besonders lebhaften Traum von Martine – aber wir waren auf Zypern, nicht auf Sizilien. Sie hatte irgendwelche Schwierigkeiten mit ihrem Stück Land, und ich versuchte, ihr in meinem holprigen Griechisch zu Hilfe zu kommen. Aber dann wurde diese Szene von dem schwierigen Gedicht über van Gogh verdrängt, das sich, wie eine Gleichung, monatelang geweigert hatte aufzugehen. Es war mir fast gelungen – und ich hatte die Nase so voll davon, daß ich versucht hatte, es in seiner noch unvollendeten Form zu veröffentlichen, um es herauszufordern, sich selbst zu vollenden. Vergebens. Es mußte an verschiedenen Stellen prägnanter werden und hatte Kürzungen nötig. Anzunehmen, daß Sizilien dieses Kunststück würde, war eine barmherzige

Täuschung. Doch warum eigentlich nicht? Eine Abwechslung könnte hilfreich sein.

Der Flughafen von Rom war kein Trost – denn er war buchstäblich unterwühlt, in Stücke gerissen, von Baggern durchfurcht, zermalmt. Roter Staub stieg hoch wie von einem Scheiterhaufen. Das Dröhnen der Flugzeuge vermischte sich mit dem Brummen und Knirschen der Traktoren, die gegen Baumstümpfe ankämpften. So müssen Mammutkämpfe in der Eiszeit gewesen sein. Den Besucher der internationalen Fluglinien erwarteten behelfsmäßige Fußpfade und Laufstege über dieses Schlachtfeld. Für die Inlandflüge war ein vollkommen neuer Flughafen gebaut worden – nur die Zubringerbusse fehlten. Und es gab auch keinerlei Taxis, schien es. Froh, daß ich so leichtes Gepäck hatte, schulterte ich meine Habseligkeiten und stolperte, dem Gewirr der grünen Pfeile folgend, vorwärts wie der blöde Sherpa, der ich war, auf die neuen Gebäude zu. Ich hatte noch gute anderthalb Stunden Zeit bis zum Abflug der Maschine nach Catania, was beruhigend war. Aber als ich mein Ziel erreichte, mußte ich feststellen, daß noch einmal alle Passagiere durchleuchtet und anschließend durch den langen Schmugglertunnel geschickt wurden. Alles in allem ein schlechtes Ambiente, um eine Urlaubsreise anzutreten. Doch dann besserte sich meine Laune, denn ich sah vor mir etwas, was aussah wie die volle Besetzung von *‹Porgy and Bess›* oder einem anderen großen Musical. Die Gruppe wurde mit opernhafter Würde von mißmutigen Polizisten durchgeschleust, was jedoch dadurch erschwert wurde, daß sich die einzige Bar außerhalb der Abfertigungshalle befand und einige Truppenmitglieder ständig unter der Absperrkordel durchschlüpften, um sich Sandwiches und Getränke zu holen – sehr zum Ärger der Beamten, die lautstark Verweise erteilten. Ein angeheitertes Mitglied der Gruppe setzte zu einem Stepptanz an, der ihm alle Herzen gewann, die Probleme der Polizei aber in keiner Weise löste. Doch schließlich stellten die Beamten die Ordnung wieder her, und die Truppe versammelte sich in ihrem Warteraum – leider war es nicht unserer.

Ich wurde in einen seitlich gelegenen Raum gewiesen, wo die Passagiere nach Catania sich ihrerseits ergeben durchschleusen ließen. Direkt vor mir stand eine umfangreiche sizilianische Mama, die einen Fruchtbarkeits-Wettbewerb gewonnen zu haben schien und nach Rom gekommen war, um den Preis in Empfang zu nehmen und durch ihre Erläuterungen, wie sie in den Besitz dieser Trophäe gelangt war, Fernseh-Geschichte zu machen. Sie hatte ihre handgreiflichen Beweise in Gestalt von sechs großen, kummervoll aussehenden Söhnen mit gewaltigen Schnurrbärten gleich bei sich. Sie richteten trotz ihrer Gutmütigkeit eine ziemliche Verwirrung an und mußten gestoßen, gezogen und geschoben werden wie Rindvieh. Und diese Redseligkeit! Wie hinreißend und kindlich klingt doch dieses Italienisch nach einer längeren Abwesenheit, voller Wärme und Humor. Die Polizisten dirigierten diese Wogen der Erregung sozusagen mit zusammengepreßten Fingerspitzen – und ebenfalls *molto agitato*. Die sizilianische Version der kuhäugigen Hera setzte sich nun ihrerseits in Szene, und dann stolzierten sie alle gemeinsam in den Warteraum und ließen sich seufzend auf die Stühle fallen, wo die Männer in lange, grübelnde Betrachtung ihrer Flugkarten versanken. Sie waren in unserer Maschine, gehörten aber nicht zu unserer Gruppe. Wir Karussellteilnehmer erhielten kleine Rosetten als Kennzeichen. Es war an der Zeit, daß ich meine ansteckte. Direkt neben mir saß ein unwirsches französisches Ehepaar mit einem kleinen Kind, das mit rattenhafter Bosheit um sich blickte. Es hatte das gleiche Gesicht wie sein Vater. Sie sahen aus wie zwei sehr billige Mikroskope. Zu meinem Entsetzen trug die Mutter eine Karussell-Rosette. Ich verbeugte mich, und sie neigten kühl den Kopf.

Dann sah ich, ebenfalls mit der verräterischen Rosette, in einer Ecke Deeds sitzen, tief über die *Times* gebeugt. Ich kann nicht sagen, daß ich ihn «wiedererkannte», denn ich kannte ihn nicht, aber seine unverwechselbare «Stammeszugehörigkeit» löste bei mir sofort das Gefühl aus, ihn bereits zu kennen. Die Schnürstiefel, der Regenmantel, unter dem sich ein ausgeblichenes Buschhemd verbarg, der um den Hals geknüpfte Seidenschal, die abgetragene, verwitterte Reisetasche zu seinen Füßen ... wäre er in einer Quizsendung aufgetreten, hätte ich, ohne zu zögern, sein *curriculum vitae* hingeschrieben: Oberst Deeds, DSO*, früher indische Armee, noch früher Libyen-Kämpfer. Heutzutage gibt es vermutlich das Holz nicht mehr, aus dem dieser unverkennbare Typ des alten Armeeveteranen geschnitzt wird. Gestutzter Schnurrbart, an Seiten und Hinterkopf kurzgeschnittenes Haar ... «Wie ich sehe, sind Sie auch mit von der Partie», sagte er milde, um das Eis zu brechen. Und ich sagte: So sei es. Seine zusammengekniffenen blauen Augen blickten freundlich. Er sagte: «Ich komme gerade aus Österreich. Ich glaube nicht, daß viele von uns in diesem Flugzeug sind.» Erst in

* Kriegsverdienstorden.

Catania sollte sich die Gruppe sammeln – wobei mich schon bei dem Wort «Gruppe» ein Schauder der Resignation überlief. Wenn sie alle waren wie die beiden in der Ecke sitzenden Mikroskope, konnte ich mir das Niveau der Unterhaltung genau vorstellen.

Doch Deeds war ein wirklicher Fund. Es sei ihm, wie er irgendwie entschuldigend sagte, gelungen, sich einen Idealjob bei der Alliierten Gräberkommission zu sichern, der ihm erlaube, regelmäßig alle zwei Jahre einen Streifzug zu unternehmen, wozu er sich zumeist Sizilien aussuche, seine Lieblingsinsel. («Ich schenke Ihnen das gesamte Mittelmeer, aber lassen Sie mir Sizilien.») Der Jargon war herzerwärmend vertraut – unverkennbar Kairo 1940; die Soldatensprache von El Alamein, schwere Artillerie. Anscheinend hatten wir alles gemeinsam getan, nur getroffen hatten wir uns nicht und auch nicht zusammen gekämpft, wie ich wohl hinzufügen sollte, denn ich hatte diese Jahre in der Sicherheit der Botschaft verbracht, erst in Kairo und später in Alexandria. Aber es war ein Rätsel, wie wir es fertiggebracht hatten, uns nicht zu begegnen. Wir waren, zum Beispiel, beide auf dem verhängnisvollen Fest gewesen, das Baron, der Fotograf, auf einem am Nilufer verankerten Hausboot gegeben hatte, das er damals bewohnte. Die Hauptattraktion war eine fette Bauchtänzerin gewesen, die sich wie ein Brummkreisel drehte und durch ihre Verrenkungen ständig die Achse des überfüllten Bootes verlagerte. Einige Male war es ächzend wieder ins Gleichgewicht gekommen, aber als das Orchester schwungvoll zum Endtusch ansetzte, war das Ding plötzlich samt der hundert Gäste gekentert, und wir landeten alle im Nil. Deeds war wie ich ans Ufer gewatet. Doch leider war auch ein Schatten über das sonst sehr gelungene Fest gefallen, da einer der Gäste starb. Er hatte nach dem elektrischen Kabel gegriffen, das vom Ufer her das Boot mit Strom versorgte, und war sofort tot gewesen. Wir sprachen noch von vielen anderen Veranstaltungen, an denen wir beide teilgenommen hatten, sowohl in Kairo als auch später in Zypern. Und doch waren wir uns nie begegnet! Es war merkwürdig. Er erinnerte sich sogar an Martine. «Reiches Mädchen aus guter Familie, nicht wahr! Ausgezeichnete Tänzerin.» Ich dagegen tauchte in seinen Erinnerungen nicht auf. Wo war ich gewesen, wollte er wissen?

Aber an Martine erinnerte er sich. Ja, er hatte sogar den alten Sir Felix, ihren Vater, gekannt. «Eine gutaussehende Blondine? Richtig, ich weiß noch. Sie wirkte reichlich verwöhnt.» Martine hätte ihm diese Beschreibung vermutlich nicht verziehen, denn als ich sie kennenlernte, war sie genau das. Seltsamerweise hatte sie, als wir uns jenseits von Famagusta zum erstenmal allein auf dem einsamen Strand trafen, fast das gleiche von sich gesagt. Sie war gerade aus Indonesien und Bali zurückgekehrt und wollte versuchen, ein Reisebuch über ihre Erlebnisse zu schreiben. «Ich fand», sagte sie irgendwie entwaffnend, «daß Geld, Herkunft und Erziehung meinen Charakter ganz hoffnungslos verdorben haben, und beschloß daher, mein gesellschaftliches Modepuppen-Dasein aufzugeben und anzufangen, ich selbst zu werden. Aber wie macht man das, wenn man keine besonderen Talente hat? Ich fing mit dieser Reise an, auf der ich ausschließlich Busse und Züge benutzte. Ich vermied alle Botschaften und alle meine Landsleute. Jetzt will ich mich auf dieser Insel niederlassen und allein leben. Aber ich würde gerne schreiben.»

Sie war aufrichtig und ohne Hochmut und daher sehr rührend. Ich war sehr froh, daß der Zufall uns zu Freunden gemacht hatte, denn auch ich war entschlossen, mich auf der Insel niederzulassen. Ich hatte eine Menge Schwierigkeiten, mein Haus in Bellapais herzurichten, im Schatten des Baumes des Müßiggangs, wo wir uns zwei köstliche Sommer lang täglich trafen ...

Die Flughalle in Catania hatte sich mittlerweile gefüllt, und ich schob es auf, weiter mit Deeds über Martine zu reden. Ich sagte nur, daß es mir Freude mache, die Erinnerung an sie wachzurufen, und daß mir diese Sizilienreise das Gefühl gäbe, einer Einladung, die ich vor Jahren hätte annehmen sollen, zu spät gefolgt zu sein. Und ich sprach auch meine Befürchtungen über diese Art des Reisens aus. Mein Entschluß, an der Karussellfahrt teilzunehmen, kam mir immer verrückter vor. «Ich werde diese Gruppe hassen, ich fühle es. Gruppenreisen liegen mir einfach nicht.» Deeds sah mich spöttisch lächelnd an und sagte nach einer Weile: «Ja, anfangs denkt man das immer. Genauso ist es, wenn man zu einem neuen Bataillon abkommandiert wird. Man denkt: O Gott, was für greuliche Menschen, was für scheußliche Gesichter mit den vorspringenden Kinnladen, was für mißgestaltete Saturne! Jesus, rette mich! Doch nach einiger Zeit verliert sich dieser Eindruck. Man lernt sich kennen und respektieren. Und nach ein paar Schlachten will man sich nie mehr voneinander trennen. Glauben Sie mir, Sie werden traurig sein, wenn der Moment des Abschieds kommt.» Ich glaubte ihm kein Wort. Doch die Gegenwart dieses ruhigen, zurückhaltenden Offiziers war tröstlich, einfach, weil uns so vieles gemeinsam war und weil wir beide eine schicksalhafte Zeit miterlebt hatten. «Warten wir's ab», sagte ich argwöhnisch, und Deeds schlug seine *Times* wieder auf und vertiefte sich mit der Miene eines Priesters, der sich auf sein Brevier konzentriert, in die Kricketergebnisse. Ich war in Versuchung, ihn zu fragen, wie Hampshire abgeschnitten hatte, aber das wäre falsch gewesen, denn ich hatte mich seit fünfzehn Jahren nicht mehr mit Kricket beschäftigt und wußte gar nicht, ob Hampshire noch als Bezirksmannschaft existierte. Ich wandte den Kopf und beobachtete, wie das Meer unter uns vorüberglitt und wie die Insel sich als ferner, verschwommener Fleck am dunstigen zitternden Horizont abzeichnete. Deeds knurrte von Zeit zu Zeit. Vor seinem geistigen Auge breiteten sich grüne Grasflächen aus, und er hörte das Klicken der Kricketbälle ...

Der Abend brach sanft herein, und das erregende graugrüne Licht des nahenden Sonnenuntergangs fing an, alles zu verfärben. Die Dämmerung schien vom Boden aufzusteigen wie ein dünner, grauer Rauch. Aus dieser Höhe sah das Meer völlig ruhig aus, und die Reliefkarte der südlichen Inselhänge hatte einen einheitlichen Farbton angenommen, so daß sie wie künstlich hergestellt, unecht aussah. Ehrlich gesagt, sah es nicht viel anders aus als bei einem Flug über Rhodos oder Kreta – zumindest noch nicht. Ich murmelte so etwas Ähnliches zu Deeds, der zustimmte, aber sagte: «Warten Sie, bis wir den Ätna erreichen – das ist ein sehr charakteristischer Anblick.» Und so wartete ich, während ich einen bitteren roten Campari trank. Wir gingen jetzt langsam tiefer; das sanfte, allmähliche Niedergleiten war eigentlich nur daran zu merken, daß man plötzlich Einzelheiten mit dem bloßen Auge wahrnehmen konnte und vertraute Formen wiedererkannte: Bauernhöfe und Seen und Täler. «Dort!» sagte mein Reisegefährte schließlich, und der Ätna erschien auf der Szene und fing unsere bewundernden Blicke ein. Er war sehr nah – denn wir flogen ziemlich tief, weil wir schon im Anflug auf den Flughafen Catania waren. Er sah wie ein Spielzeug aus – aber wie ein ziemlich gefährliches. Er stieß übrigens dunkle Rauchwölkchen aus – eine träge Willkommensgeste, als hätte er gehört, daß wir kämen. Obwohl wir ihn nicht direkt überflogen (vermutlich wegen der heißen Strömungen, die von ihm aufstiegen), waren wir doch nahe genug, um in seinen rußigen Krater hineinsehen zu können – ein schwarzes Loch, in dessen Tiefen etwas Unheimliches brodelte und blubberte. Als die Entfernung größer wurde, sah ich, daß es sich nicht nur um *einen* Krater, sondern um ein ganzes Netzwerk von Vulkanen handelte, von denen der Ätna der bei weitem größte und schönste war. Überall gab es noch andere kleine Löcher in der Erdrinde, man hätte meinen können, die ganze Pastetenkruste sei durch die Hitze kleiner Geiser geborsten. Sie war schön, diese Vulkankette, die da winzig wie ein Spielzeug unter uns lag, und doch ging etwas Bedrohliches von ihr aus, und ich hatte ein etwas unbehagliches Gefühl. Tatsächlich bestand aber, trotz der gelegentlich ernsthaften Lavaausbrüche, kein Grund dazu. Der Ätna war zu einem beinahe gezähmten Schaustück geworden, und man versprach uns einen Aufstieg zum Krater (Teilnahme freiwillig) in der letzten Woche der Tour.

Ich erinnere mich jetzt, daß der gleiche vulkanische Riß, der hier durch die südliche Spitze Siziliens ging, auch durch die Ionische See lief, unterhalb von Xante und durch einen Teil von Griechenland hindurch, nahe Korinth, und schließlich durch Zypern, wo er oft Zerstörungen in Paphos anrichtete. Zweimal während meiner Jahre dort war ich nachts durch seine Tätigkeit geweckt worden – durch das irre Dröhnen einer Untergrundbahn, die allem Anschein nach genau unter meinem Bett durchfuhr, während in dicken Wolken Staub aufstieg und die Balken meines alten Hauses im Schlaf stöhnten. Erdbeben. Ich habe eine ganze Menge erlebt! Die Vorzeichen sind besonders ungewöhnlich, wenn man an der Küste ist. Das Meer wird plötzlich spiegelglatt und leblos und fast undurchsichtig; hier und da quirlen einige kleine Wellen hoch, als versuche das Meer, sich zu übergeben. Und dann die glanzlos bleierne Tönung des Horizonts! Die Vögel hören jäh auf zu singen, und die Hunde trotten, von einem unerklärlichen Unbehagen erfüllt, zurück in ihre Hütten. Und dann, wenn es losbricht, bemerkt man zuerst nur das exzentrische Verhalten fester Gegenstände: ein elektrisches Kabel schwebt wie ein Pendel hin und her, oder ein Lehnsessel schwebt auf geheimnisvolle Weise in der Luft. Dann erst folgt das Dröhnen – wie von tausend Lawinen. Und die kleinen Vögel in den Obstgärten fallen auf den Boden und piepsen ... «Wenn man eine Linie an der Bruchkante entlang zöge, an der langen Verwerfung, die, nehme ich an, irgendwo in Persien endet – ob man dann bei den Einwohnern, die dort leben, Ähnlichkeiten im Temperament und im Verhalten feststellen könnte?» Deeds schüttelte den Kopf. «Dieser Art Fragen mißtraue ich», sagte er, «es sei denn, man sagte, sie seien alle ein bißchen kaputt. Revolutionäre Sezessionisten – davon gibt es in Sizilien ebenso viele wie in Kreta und Zypern.»

Die Inseln entlang der Mittellinie werden oft von Erdbeben heimgesucht, und ihre Bewohner sind irgendwie aufbrausend. Beschuldigen Sie nie einen Sizilianer, ein Römer zu sein, noch einen Kreter, woandersher zu kommen als aus Kreta. Das stimmte; aber mit dieser Art Betrachtung kommt man nicht weit. «Meine Soldaten waren aus irgendeinem sonderbaren Grund fest davon überzeugt, daß die Fußnägel in Sizilien schneller wachsen als irgendwo anders auf der Welt», fuhr Deeds fort, während das Flugzeug zur Landung ansetzte. «Es war eigenartig, an so etwas zu glauben, aber sie taten es. Sie glaubten weder an die Zehn Gebote noch an die Beschneidung, ihr Glaube konzentrierte sich einzig auf Fußnägel und deren Wachstumsgeschwindigkeit in Sizilien. Eines Tages ließ ich mein Bataillon zu einer Fußnägelinspektion antreten, um der Sache einmal auf den Grund zu gehen. Es gab eine Menge mißgestalteter Fußnägel oder eingewachsener Fußnägel oder entzündeter Fußballen, aber etwas wirklich Endgültiges kam nicht dabei heraus, außer einem Anranzer von meinem General, daß ich mich nicht genügend um den Feind kümmere.»

«Vielleicht war es deutsche Propaganda?»

Durch das Anschnallen der Gurte und die weiche Landung wurden wir daran gehindert, dieses ansprechende Thema weiter zu verfolgen. Nach den Verwüstungen des römischen Flughafens wirkte der von Catania, so klein und chaotisch er auch war, direkt anheimelnd. Er machte einen gemütlichen, provinziellen Eindruck, und es war ganz offensichtlich, daß die gesamte Familie eines ankommenden oder abreisenden Sizilianers bis hinunter zu den Blutsverwandten sechsten Grades sich dazu verpflichtet fühlte, ihn willkommen zu heißen respektive von ihm Abschied zu nehmen. Es war wie in Korfu, wo die Leute zu Fuß die ganze Insel durchquerten, um aus reiner Höflichkeit eine Abschiedsträne mit einem zu vergießen. Hier in Catania aßen sie alle Eiscreme und unterhielten sich lautstark in einem seltsamen Italienisch, das irgendwie schwerfällig, fast guttural klingt. Das beschwingte Geplapper der römischen Kadenz war hier einem Dialekt gewichen, der einen vage an Triest oder an das Tessin erinnerte. Aber die Luft war wunderbar, alles roch und fühlte sich echt und frisch an. Landschaftsnarren erkennen schon beim ersten Schnuppern – nicht des tatsächlichen Geruchs, sondern des geistigen Fluidums –, wie fruchtbar und gesegnet eine Gegend ist. Unfruchtbare Orte, wie schön sie auf den ersten Blick auch aussehen mögen, riechen entweder tot, oder sie haben überhaupt keinen Geruch und auch keinen Charakter. Sizilien roch gut, obwohl ein Pedant vielleicht gesagt hätte, es rieche nur nach dem Bohnerwachs, mit dem die Putzfrauen den Boden der Wartehalle einrieben.

Der Kampf um die Herausgabe des Gepäcks und die Auseinandersetzungen mit den Zollbeamten dauerten einige Zeit. Ich konnte sehen warum – es lag am Ankunfts-Abfahrts-Komplex der sizilianischen Seele: Jeder Sizilianer hatte sechs Verwandte mitgebracht, und jeder von diesen bestand darauf, den Koffer zu tragen. Dadurch entstand an den Ausgängen eine gewaltige Schnapp-und-Grabsch-Situation – jeder versuchte, den anderen an Familienwärme zu übertreffen. Sogar Graubärte betrachteten das Ganze als eine Art Rugbyspiel, in das sie sich mit flegelähnlichen Armbewegungen stürzten. Infolgedessen wurden wir – durch massiven Druck zusammengepreßt – so schnell wie Zahnpasta aus einer Tube in und aus Schwingtüren katapultiert. Aber es war ein gutartiges Geschiebe. Und bald entdeckten wir auch unsere Koffer und verfrachteten sie, auf Anweisung eines Mannes, der eine Mütze mit der Aufschrift «Reiseleiter» trug, in ein Taxi.

Die französischen Mikroskope nahmen widerstrebend neben uns Platz, offensichtlich mißfiel ihnen unser Anblick. Doch hier zahlte sich Deeds' Einfühlungsvermögen aus. Er tat etwas, was ich eigentlich hätte tun sollen. Er sprach sie in einem korrekten, aber ziemlich hölzernen englischen Französisch an. Das Ergebnis war verblüffend. Ihre Gesichter blühten auf wie frisch begossene Blumen. Ihre Erleichterung verwandelte sie in ein recht nett aussehendes Ehepaar mit einem nervösen Kind, das eines Tages Karriere als Steuerberater machen würde. Es ist komisch, wie man zuweilen eine Situation lesen kann, so wie man eine Zeitung liest. Es stand jetzt in ihren Gesichtern zu lesen, daß sie Frankreich zum erstenmal verlassen hatten, um eine Auslandsreise zu machen, und daß sie vor Angst schlotterten, weil sie keine Fremdsprache sprachen und sich deshalb nicht mit den barbarischen Stämmen verständigen konnten, durch deren Gebiet sie fahren mußten. Das Ergebnis war eine fast an Blokkierung grenzende Panik. Sogar ihre Gesichter wirkten wie verstopft aus schierer Furcht. Jetzt aber, nachdem sie wußten, daß Deeds einige französische Hauptwörter und Verben kannte, waren sie völlig verändert und überschütteten ihn mit freundlichem Geplauder. Ich war entzückt über meinen Freund – ich wagte bereits, ihn als solchen zu betrachten –, denn er hatte ihnen die Angst genommen und sie in ein normales Ehepaar verwandelt. Gutbürgerlich wie wir. Es war ein Fortschritt.

Aber Catania war heiß und schwül an diesem Abend, und es war gerade die Tageszeit, wo die Büros sich leerten und jeder zum Abendbrot nach Hause eilte. Die Häuser der Vororte wirkten wie Höhlen, alles war schmutzig und übervölkert, und unser Taxi kam kaum schneller voran als eine Rikscha mit einem betrunkenen Kuli. Immerhin, wir kamen voran, und ich vertrieb mir die Zeit durch Betrachten der seltsamen schachtelgroßen Plätze. Hier und da passierten wir einen hübschen, luftigen Platz und atmeten ein wenig Weite ein. Der Platz, auf dem das Wahrzeichen der Stadt steht – ein reizender, opernhafter Elefant und ein Lavaobelisk –, besaß großen Charme, und wir nahmen uns vor, dort nach dem Abendbrot ein wenig herumzubummeln, nachdem wir unsere anderen Mitreisenden kennengelernt hatten.

CATANIA

Unsere Mitreisenden! O Gott, was stand uns bevor? Doch das Hotel, in dem wir wohnten, war auf seine düstere Art durchaus annehmbar; zumindest hatte es reichlich heißes Wasser. Wir reparierten also die Schäden an unserer Schönheit und hielten uns mit einem sündhaft teuren Whisky am Bartresen fest, in der Hoffnung, daß er uns helfen würde, die Schrecken zu überstehen, die unser harrten. Aber als es immer später wurde und uns der Hunger zu plagen begann, gingen wir in den scheußlichen weiß beleuchteten, langen Speisesaal und bezogen Stellung an einem der Tische – die Gruppe hatte eine strategisch günstige Ecke des Raums für sich belegt –, auf denen *Carousello Siciliano*-Schilder standen. Wo immer wir hinkamen, waren unsere Tische auf die gleiche Weise gekennzeichnet. Später hatte das etwas Vertrautes, aber an diesem ersten Abend, während wir ungeduldig auf unsere Mitreisenden warteten (wäre es unerzogen, schon mit dem Essen anzufangen?), wirkte es irgendwie gespenstisch.

Der Whisky war jedoch so teuer, daß wir einfach nicht endlos nachbestellen konnten. Wir beschlossen daher, anzufangen – zum Teufel mit dem Rest des Karussells. In dem unerbittlichen weißen Licht, umgeben von einer Schar gelangweilter Kellner, fühlten wir uns wie gelähmt. Wir hatten am ersten reservierten Tisch Posten bezogen, und um unsere Nerven zu beruhigen, versuchte es Deeds auf seine besänftigende Art mit einem Scherz. Er sagte, diese reservierten Tische hätten etwas Opernhaftes an sich, und er würde am liebsten anfangen zu singen wie ein Gondoliere. Es klang schwerfällig, und er wußte es. Schließlich machten wir uns beherzt an das Menü, mit einer enttäuschend kleinen Portion Spaghetti oder Reis mit Soße. Vermutlich eine sehr gesunde Kost, die bestimmt den Segen der Britischen Eisenbahngesellschaft gehabt hätte. Überdies hatte der Kellner, der uns bediente, entweder einen schmerzlichen Verlust erlitten oder eine schwere Kränkung seiner sizilianischen Seele. Er konnte kaum sein Schluchzen unterdrücken; er rollte mit den Augen, sein Kopf hing tief herunter, und er schwankte. Er beherrschte sich, um servieren zu können, ja, aber gerade eben so, und als er den Parmesan über die Teller streuen sollte, hätte die unterdrückte Wut ihn fast überwältigt. Deeds faßte ihn sanft am Handgelenk, um ihm beim Austeilen des Käses zu helfen.

Als wir diese Einführung in die Freuden der Inselküche schon beinahe hinter uns gebracht hatten, drangen die Geräusche eines haltenden Busses und fremdländisch sprechende Stimmen zu uns – unsere Mitreisenden waren angekommen. Sie stapelten ihr Gepäck in der Halle auf und eilten wie hungrige Wölfe schnurstracks auf den Speisesaal zu, wo wir saßen und ihnen mutig durch einen Tränenschleier entgegenstarrten. «Mein Gott! Die sehen ja gespenstisch aus», gab Deeds zu. Und das taten sie. Das gleiche dachten sie vermutlich auch von uns, denn als sie uns an einem der Karusselltische sitzen sahen, wandten sich ihre Blicke gen Himmel, und ihre Lippen bewegten sich, zweifellos in einem Stoßgebet, bei dem Gedanken, daß sie zwei Wochen lang mit uns in einem Bus eingesperrt sein würden ... ja, dieser erste abschätzende Blick beruhte auf Gegenseitigkeit. Sie näherten sich in Grüppchen von zweien und dreien, bis schließlich fünfzehn bis siebzehn hungrige Wesen um uns herum saßen und von dem schluchzenden Kellner und seinen Kollegen bedient wurden. In dem weißen Licht, das sich über uns ergoß, sahen wir alle talgfarben aus. Doch Deeds hatte einen sehr ansprechenden Weißwein entdeckt, und das half. Ganz beiläufig fingen wir an, Salz und Pfeffer weiterzureichen, heruntergefallene Servietten aufzuheben und uns ganz allgemein ein wenig anzubiedern.

Später natürlich entfaltete jeder unserer Reisegefährten seine eigene ausgeprägte Persönlichkeit, doch an jenem ersten Abend in der trostlosen Beleuchtung war es unmöglich zu unterscheiden, wer nun der anglikanische Bischof war, der unter Glaubenszweifeln litt, und wer der schüchterne junge Archäologe oder der amerikanische Zahnarzt, der mit der attraktivsten seiner Patientinnen durchgebrannt war, oder das französische Ehepaar, das etwas mit Diplomatie zu tun hatte, ganz zu schweigen von all den anderen, die an der Peripherie unseres Tisches herumhockten wie wesenlose Gespenster. Später konturierten sich ihre Charaktere sehr viel schärfer. An diesem ersten Abend jedoch sammelten wir nur mehr zufällige Eindrücke: Der Bischof war reizbar und störrisch und war luftkrank gewesen. Er steckte ständig den Zeigefinger ins Ohr und schüttelte ihn energisch, «um die Gehörgänge zu reinigen», wie er sich ausdrückte. Seine Frau wirkte erschöpft und irgendwie verschüchtert. Wir wußten natürlich noch nichts über den Nervenzusammenbruch ihres Mannes auf der Kanzel. Er hieß Arthur. Der Zahnarzt war schüchtern und ließ den Kopf hängen, wenn man ihn mit starkem englischen Akzent ansprach; seine Partnerin dagegen sah sehr vielversprechend und sinnlich aus. Ich konnte ihn gut verstehen. Der Bischof sprach englisch, als hätte er eine heiße Kartoffel im Mund. Dann saßen da noch die recht vornehm aussehenden französischen Ehepartner an unserem Tisch, die aber doch keine Diplomaten sein konnten, wie ich inzwischen überzeugt war, da beide kein Englisch sprachen und froh waren, sich auf uns als Übersetzer verlassen zu können.

Und dann trat lässig Roberto in Erscheinung. Er schüttelte jedem von uns die Hand, ging lächelnd von Tisch zu Tisch, wechselte gewandt von einer Sprache in die andere und hakte unsere Namen auf der Touristenliste ab. Er verband Charme mit Herzlichkeit. Später stellte sich heraus, daß er auch sehr tüchtig war. Er kannte Deeds recht gut, von einer früheren Reise her, und die beiden begrüßten sich herzlich. Nachdem er uns verlassen hatte, erklärte mir Deeds, daß Don Roberto aus einer sehr vornehmen, aber bettelarmen Familie stamme und Dozent für Geschichte gewesen sei. Die Langeweile einer akademischen Existenz mit ihren ständigen Intrigen habe ihn aber nach einer Beschäftigung suchen lassen, die seiner lebhaften Natur mehr entsprach. Er hatte sie gefunden; er war Reiseleiter, Philosoph und Freund der Karussell-Reisenden geworden. Seine ausgeglichene Freundlichkeit übte sofort eine beruhigende Wirkung auf alle aus. Er fungierte als eine Art Katalysator.

Wir machten uns wieder über unser reizloses Essen her und gossen uns erneut Wein in die Gläser. Nachdem wir so viel für diese Reise gezahlt hatten, wäre es ein Jammer gewesen, sie nicht ein wenig zu genießen. Der Kopf des französischen Diplomaten schien von einer römischen Münze zu stammen – er hatte die wohlwollenden Züge eines der liebenswerteren Kaiser. Seine Frau war erschrekkend blaß und sah krank aus; offensichtlich befand sie sich nach irgendeiner geheimnisvollen Krankheit im Genesungszustand und machte den Eindruck, als könne sie jeden Moment ohnmächtig werden. Die Besorgnis ihres Mannes war unverkennbar. Der Zahnarzt aß sein Essen mit Begleitmusik, er war offenbar ein großer Kauer und vielleicht auch ein Gesundheitskost-Anhänger. Die französischen Mikroskope saßen weit von uns entfernt; sie hatten ein anderes Mikroskop zum Reden gefunden.

«Als ich jung war», sagte Deeds, zu niemand im besonderen, «hatten wir unter den Familienerbstücken eine große viktorianische Barttasse, aus der mein Vater seinen Weihnachtspunsch trank. Auf dieser Tasse hatte meine Familie den Wahlspruch eingravieren lassen: DEEDS NOT WORDS – Taten, nicht Worte. Vielleicht bin ich deshalb so schweigsam.»

Obwohl es verhältnismäßig spät war, als wir das Essen mit einem scharfen Grappa beendeten, hatten wir keine Lust, uns gleich hinzulegen. Einige unserer Mitreisenden ließen sich in der Halle nieder, wo es Kaffee gab und genug Licht, um Postkarten zu schreiben, Papiere auszusortieren und das ausländische Geld nachzuzählen. Roberto sprach mit dem hübschen deutschen Mädchen über Archäologie. Zwei auffallende, aber seriös aussehende Französinnen sandten Stadtansichten an Verwandte. Sie waren elegant gekleidet und offensichtlich dazu prädestiniert, sich dem Prokonsul und seiner distinguierten blassen Frau anzuschließen. Wir waren eine Gruppe, die drei Sprachen sprach – was aber für Roberto kein Problem darstellte. Er lächelte und winkte uns zu, als wir durch die Schwingtür in die warme, wohlriechende Dunkelheit traten. Es war angenehm, sich noch ein wenig die Beine zu vertreten. Die heiße Nacht war voller Blumenduft. Sehr bald jedoch steuerte Deeds auf den kleinen Bellini-Garten zu, den ich gehofft hatte, vor meiner Abreise in Augenschein nehmen zu können, denn hier war es gewesen, wo Martine im Hochsommer gesessen hatte, um mir einen Brief zu schreiben, und wo sie den zerrissenen Riemen einer Sandale repariert hatte!

Es war ein guter Brief, und ich hatte ihn mit nach Sizilien genommen, um zu versuchen, ihn hier nachzuempfinden. Er war nach fast zweijährigem Schweigen gekommen und nach verschiedenen, ausgedehnten Reisen. «Wir sind in dem Glauben erzogen worden, daß Tatsachen keine Träume sind – aber natürlich sind sie es.» Es war seltsam, sich vorzustellen, daß sie hier inmitten all dieses Grüns gesessen und diese Worte geschrieben hatte. Und da waren noch mehr anrührende Beobachtungen, die bewiesen, daß die Schriftstellerin in ihr sich weiterentwickelt hatte, lange nachdem ihr Ehrgeiz zum

Schreiben durch häusliche Sorgen abgetötet worden war. Eine Notiz über das seltsame vulkanische Gestein, das den Eindruck von Gewichtslosigkeit und Substanzlosigkeit hervorrufe und das Geräusch der Schritte verändere. Dann die andere Bemerkung, wie wunderbar vulgär in Sizilien Bellinis *‹Puritani›* aufgeführt werde, ungemein passend für die Insel und ihre Stimmung. Ich rauchte eine Zigarette und sann, neben einem schweigenden Deeds, über diese Dinge nach. Die Luft war schwer vom Duft unsichtbarer Blumen. Ich überlegte mir, wo die Menschen wohl hingingen, wenn sie starben. Vermutlich geradenwegs ins Gemälde zurück.

«Schlafenszeit», sagte Deeds mit einem Blick auf seine Uhr, und ich stand auf, um ihm durch die dunklen Straßen zum Hotel zu folgen. Dort beschlossen wir, uns sofort hinzulegen, denn am Morgen würden wir verhältnismäßig früh geweckt werden, und ich mußte meine Sachen für die bevorstehende, mühsame Reisewoche noch umpacken. ‹Mühsam› war natürlich lachhaft, wenn man an den Luxus der Karussellreisen dachte. Aber immerhin.

Doch bevor ich das Licht ausmachte, konnte ich der Versuchung nicht widerstehen, den grünen Aktendeckel mit ihren Briefen zu öffnen, um noch einmal die beiden zu lesen, die sie mir von hier aus geschickt hatte, als sie in ihrem kleinen Wagen die Insel bereiste. Sie enthielten ein paar gute Gedanken, Gedanken, die Assoziationen herstellten ... «Ich werde mich immer daran erinnern, wie Du das Wort ‹Unmöglich!› aussprichst. Aber Larry, Lieber, das Unmögliche hat seit jeher fast in Reichweite der Menschen gelegen – Glück und Gerechtigkeit und Liebe. Man fühlt es besonders stark zwischen diesen zertrümmerten Überresten. Aber es wurde immer um Haaresbreite verfehlt. O warum kann der Mann nicht nach dem Apfel greifen, statt auf Eva zu warten?» Ja, warum? «Das Universum zeigt immer die Sonnenseite des Lebens, wenn er es nur wüßte.»

Schlafen. Träumen. Leichte Lüfte, ein wenig schwefelig, schienen durch die Vorhänge hereinzuwehen. Hat Lava einen Geruch? Oder bilde ich mir das nur ein?

Ich träumte außergewöhnlich lebhaft von unseren längst verlorenen Ichs, von der kurzen Epoche unseres zyprischen Lebens. Das Haus stand auf einem Kap, dicht bei einer kleinen türkischen Moschee. Unten war ein winziger Strand, von dem aus wir die halbe Nacht badeten. Obwohl die Insel gegen unsere Herrschaft rebellierte, fand man noch stille Schlupfwinkel, wo man in Frieden schwimmen und plaudern konnte – doch besser man hatte eine Pistole in Griffnähe. Zu jener Zeit arbeitete ich in Nicosia, aber sooft ich konnte, fuhr ich über das Kyrenia-Gebirge, um sie zu treffen. Zu meiner Schande sei's gesagt, daß ich ihr sehr schlechte Gewohnheiten beibrachte – wir verließen nämlich oft die von der Armee kontrollierten Sektoren und drangen sozusagen tief in Feindesland ein, um irgendeine bestimmte Kirche zu sehen oder an einem besonders schönen Strand zu baden, den ich entdeckt hatte. Wie gefährlich war das? Nicht sehr. Doch immerhin problematisch, denn wenn der Zufall es wollte, konnte man auf eine mit Maschinengewehren bewaffnete Widerstandsgruppe stoßen. Dieses leise Unbehagen gab unseren Unternehmungen eine gewisse Würze. Man wußte eben nie.

Und dazu kam das schlechte Gewissen, wir fühlten uns wie ungehorsame Kinder, die etwas tun, was ihre Eltern ihnen verboten hatten. Doch diese Ausflüge brachten uns einander sehr nahe. Sie saß neben mir, meine Pistole lag auf ihrem Schoß – damit ich sie gleich zur Hand hatte, falls uns auf einer Landstraße eine Bande junger Hitzköpfe überfallen sollte. Mehr als einmal war ein Auto angehalten und von der EOKA-Jugend zusammengeschossen worden. So ausgerüstet fuhren wir also durch die schöne, hügelige Landschaft der Insel, unser Mittagessen in einem Deckelkorb und unsere Handtücher neben uns. Es ist uns nie etwas passiert. Gott sei Dank. Doch einmal bekam ich eine Ahnung davon, wie couragiert Martine war. Wir hatten einen Hügel erklommen, um eine Kirche zu besichtigen, den Wagen hatten wir unten am Rande eines Olivenhains stehenlassen. Wir waren länger als gewöhnlich dort gewesen, und als wir in der Dämmerung den Hügel hinuntergingen, sahen wir, nicht weit von uns entfernt, drei dunkel angezogene Gestalten auf den Hain zugehen, an dem unser Wagen stand.

Sie sahen einem Empfangskomitee, das endlich Kontakt aufgenommen hatte, verdammt ähnlich – vielleicht waren sie von einem der Dörfer verständigt worden, die wir durchquert hatten. Ich schätzte den Abstand zu unserem Wagen ab, und mir sank das Herz. Ich verfluchte mich, solche Risiken einzugehen, besonders, wo es um das kostbare Leben anderer ging. Wie dumm von mir, mir einzubilden, daß wir durch unterschiedliche Ausflugsziele und Fahrzeiten der Aufmerksamkeit der Terroristen entgehen könnten! Aber für Reue war es zu spät, denn sie hatten uns kommen sehen. Wir mußten um jeden Preis zu unserem Wagen gelangen. Sie hielten etwas in der Hand, vielleicht Waffen. Es war auf die Entfernung nicht deutlich zu erkennen. Meine Hand tastete nach der Pistole, die unter einer Serviette in der Provianttasche lag. Wir schritten Arm in Arm auf sie zu, mit gespielter Lässigkeit.

Ich hätte mir in dieser Situation eine leicht verängstigte Martine gut vorstellen können. Aber nicht die Spur. Die Hand auf meinem Arm war ruhig und fest und ihr Gang beschwingt und zuversichtlich. Es war ein spannungsreicher Augenblick – zum Glück von kurzer Dauer. Wir sahen, daß es Forstbeamte waren, die den Baumbestand aufnahmen – Forstbeamte und zweifellos zugleich Steuereinzieher. Die einzigen Waffen, die sie trugen, waren Federhalter, Tintenfässer und Schreibblocks. Sie waren ganz in ihr Gespräch vertieft und blickten nur flüchtig auf, als wir an ihnen vorbei zu unserem Wagen gingen. Ich ärgerte mich, daß mir eine solche Begegnung Furcht eingejagt hatte, und Martine, die meine Gereiztheit erriet, lächelte und zwickte freundschaftlich meinen Arm. «Diesmal ist es gutgegangen», sagte sie, als ich kuppelte und den Wagen vorsichtig aus dem Schatten der Olivenbäume auf die Asphaltstraße manövrierte. Die sonnigen Schneisen rochen nach Rosmarin und Staub – sogar im Traum –, ein willkommener Wind erhob sich während der Fahrt und kühlte unsere Stirn. Martine sah sehr nachdenklich aus – ihr schönes schneegebräuntes Gesicht, das sie ein wenig den vorbeifliegenden Olivenhainen am Straßenrand zuwandte, schien tief in Gedanken versunken. Niemand konnte so aussehen, ohne tiefe Gedanken zu hegen. Ich fragte, ob ich dreimal raten dürfe. «Ich habe mir gerade überlegt, was wir heute abend essen», erwiderte sie mit dem gleichen sokratischen Ausdruck. Und dann schlief sie ein wie eine weiße Sphinx.

Der Traum ging in einen ungestörten Schlaf über. Als ich am Morgen erwachte, war der Himmel wolkenlos, und es war kurz vor sieben, früh genug also, um noch vor dem Frühstück ins Hotelschwimmbassin zu springen. Und hier fand ich den wackeren Bischof vor, der jugendlich athletische Glanzstücke vollbrachte, während seine Frau im Liegestuhl saß und sein Handtuch hielt. Sein herzhaftes Guten Morgen bewies mir, daß er sich bereits akklimatisiert hatte und zu allen Schandtaten bereit war. Er wippte auf muskulösen Waden und war kühn genug, vom obersten Brett zu springen – wobei seine Frau sich nicht die Augen, sondern die Ohren zuhielt. Ich hoffte, er würde nicht aus lauter Kraftüberschuß beschließen, in der Hotelhalle protestantische Gottesdienste abzuhalten, wie Bischöfe es zu tun pflegen, wenn sie durch heidnische Länder reisen. Ich ging zurück, um zu packen und mich anzuziehen. Dann ging ich nach unten und fand Deeds vor einem ausgiebigen Frühstück, wie er sich langsam durch die italienische Lokalzeitung hindurchfraß, unterstützt von Roberto, der hin und wieder eine Passage in freier Übersetzung beisteuerte. Das französische Prokonsulpaar saß mit an unserem Tisch; sie sahen ausgeruht und erholt aus.

Ich fand jedoch, daß sie mich etwas zu neugierig musterten, so als dächten auch sie darüber nach, was ich im Leben wohl täte. Das deutsche Mädchen las Goethes begeisterten Bericht über seine eigene italienische Reise. Ich hoffte, das Buch auf französisch oder englisch zu finden, da ich kein Deutsch kann. Die Mikroskope schlangen ihr Frühstück in sich hinein und bestellten sich Kaffee nach, mit der Miene von Menschen, die wissen, daß alles im voraus bezahlt ist. Sie schienen fest entschlossen, keinen Brotkrümel unversucht zu lassen. Bald genug, das wußte ich, würden die ersten Beschwerden kommen: Die Engländer würden sich über den Tee empören und über das Fehlen von Fischmessern, und die Franzosen würden beißende Kritik am Essen üben. Armer Roberto! Zur Zeit jedoch herrschte noch Frieden und Eintracht. Das Ungewohnte unserer Situation hielt uns noch gefangen und bei guter Laune.

Die strahlende Helligkeit der sizilianischen Sonne draußen entzückte uns, da wir nur ihre nordische Variante kannten. Und dann erschien der kleine rote Bus, den wir bisher noch nicht gesehen hatten. Er fuhr vor dem Hotel vor und wartete auf uns. Es war ein hübsches kleines Fahrzeug, tiefrot lackiert und offensichtlich fast neu. Es war gut gepolstert und roch köstlich nach neuem Leder. Überdies war es auf Hochglanz poliert, und innen blitzte alles vor Sauberkeit. Die Hupe ertönte, der Lockruf eines Vogels – musikalische Hupen sind eine Spezialität der Italiener –, und auf dieses Signal hin schulterten die Hausdiener unsere Koffer und fingen an, sie zu verstauen.

Wir wurden mit dem Chauffeur bekanntgemacht, einem untersetzten, streng blickenden jungen Mann, der, nach seinem finsteren, brummigen Aussehen zu schließen, ein Berufsboxer oder Fischer hätte sein können. Sein Gesichtsausdruck war meist düster und traurig, und ich brauchte einige Zeit, um den Grund dafür herauszufinden: Mario war ein Bauer aus den Vorbergen des Ätna und verstand keine andere Sprache als seine eigene Mundart des Sizilianischen. Auch mißtraute er feinen Herrschaften, die sich gewählt ausdrückten – und Roberto war natürlich ein feiner Herr und drückte sich gewählt aus, wie alle Studierten. Doch von Zeit zu Zeit, wenn Mario ein Wort oder einen Satz verstand, ging eine erstaunliche Veränderung in dem finsteren, brummigen Gesicht vor sich. Es zerbarst plötzlich (wie mit einem Axt- oder Säbelhieb gespalten) in das breite, bezaubernd natürliche Lächeln eines gutmütigen Jungen. Es war nur sein Unvermögen, uns zu verstehen, das den Schatten warf. Sobald Licht in ihn eindrang, war er ein anderer Mensch. Aber seinen Beruf nahm er grimmig ernst. Er trank keinen Tropfen Alkohol während der ganzen Fahrt. Diese eiserne Pflichterfüllung stimmte Roberto, der ein geselliger Mensch war, zuweilen ein wenig wehmütig.

An diesem sonnigen Morgen also scharten wir uns um das kleine Fahrzeug und bewunderten es ausgiebig, denn schließlich würde es eine Woche lang mehr oder weniger unser Zuhause sein. Mir jedenfalls gefiel es – vor allem der Luxus, nicht selbst fahren zu müssen! Mario gab jedem von uns mißmutig die Hand: den Prokonsuln, den Mikroskopen, uns beiden, dem deutschen Mädchen, den zwei eleganten Französinnen und dem halben Dutzend anderen, die bislang noch in vagem Halbdunkel schwammen und – sozusagen – darauf warteten, daß ihre Fotos entwickelt wurden. Unter ihnen – ebenfalls noch nicht durch die Wissenschaft identifiziert – befand sich ein schauerlicher Bursche namens Beddoes, eine Miss Lobb aus London und ein über alles und jedes begeistertes japanisches Ehepaar mit leicht mondsüchtigen Bewegungen und rot beschuhten Füßen.

Deeds und ich setzten uns bescheiden auf die beiden hintersten Sitze, wo wir ein wenig mehr Platz für unsere Beine und ein kleines halbkreisförmiges Fenster ganz für uns allein hatten. Die anderen trafen ihre Auswahl mit der gleichen Umsicht, wohl wissend, daß jeder ausreichende Bewegungsfreiheit haben mußte, um sich auszustrecken, zu rauchen und zu dösen. Auf der anderen Seite des Gangs war eine Bank leer geblieben. Doch plötzlich wurde sie von einem Fahrgast mit Beschlag belegt, dem wir bislang wenig Aufmerksamkeit geschenkt hatten. Es war ein ziemlich schlampig aussehender Mann mittlerer Größe, in abgewetztem Tweed und mit verschmutzten Hosenaufschlägen, unter denen altmodische Stiefel mit Haken und Ösen und rote Socken hervorsahen. Auf dem Kopf trug er, verwegen auf ein Ohr geschoben, eine Baskenmütze, unter der ein Wust wirrer Locken hervorquoll – eines Dylan Thomas durchaus würdig. Zu jedermanns Mißvergnügen rauchte er Shagtabak aus einer kleinen stinkenden französischen Bruyèrepfeife. Er sprach leise zu sich selbst und lächelte dabei des öfteren, wobei er sehr gelbe Zähne entblößte. «Ein seltsamer Kauz», flüsterte Deeds mir vertraulich zu, und ich wäre jede Wette eingegangen, daß er nach einer kleinen Weile seufzend und resigniert hinzufügen würde: «Na ja, Gottes Tiergarten ist groß ...» Das Nette an Deeds war nicht nur seine Freundlichkeit, sondern auch seine totale Vorausberechenbarkeit. Ich hatte das Gefühl, ich kannte ihn inzwischen schon so gut, daß ich den Namen seiner Frau erraten könnte – Phyllis. Sie hieß tatsächlich so. Doch nun eröffnete der Kauz auf der anderen Gangseite eine Unterhaltung mit uns – eine witzige, intelligente Art der Unterhaltung. Er sagte, sein Name sei Beddoes, und er sei Vorschullehrer. «Bin gerade aus einer Vorschule in der Nähe von Dungeness herausgeflogen, weil mein Verhalten sich für einen Beamten und Heuchler nicht schicke.» Er lachte wiehernd auf und saugte an seinen stinkenden Tabakresten. Deeds sah nachdenklich aus. Ich konnte fast hören, was er dachte: wenn man ins Ausland reist, so tut man das, um neue Gesichter und neue Orte kennenzulernen.

Doch im Moment war alles harmonisch, voller glückseliger Ruhe und Nachsicht. Sogar Beddoes schien auf seine scharfkantige Art akzeptabel. Später natürlich würden wir Gott in unseren klagenden Gebeten befragen, womit wir einen solchen Mitreisenden verdient hatten. Doch heute noch nicht. Nicht an diesem heiteren, wolkenlosen Morgen, der strahlend heißen Sonnenschein und irgendwo unterwegs ein Bad im Meer versprach. Der kleine, herzblutfarbene Bus fädelte sich mit seiner Ladung in den Verkehr ein und schlängelte sich durch die Stadt, während Roberto auf dem Sitz neben dem Fahrer die Lautstärke des Mikrofons überprüfte, durch das er uns während der Karussellfahrt mit intellektuellen Anregungen zu versorgen gedachte. Für ihn fing die Zerreißprobe gerade erst an. Beim Frühstück mit Deeds hatte er das Schicksal eines Reiseleiters beklagt: ständig erzähle man den Leuten etwas, was sie bereits wüßten oder nicht zu wissen wünschten. Man könne es niemandem recht machen. Manchmal habe er, aus purer Hysterie, den Leuten falsche Dinge im Eilzugtempo heruntergerasselt, nur um zu sehen, ob irgend jemand wach genug sei, ihm zu widersprechen. Aber keiner hatte es je getan. Doch auf dieser Fahrt konnte er ein solches Risiko nicht eingehen, wegen des Bischofs, denn der saß vorgebeugt auf seinem Sitz, auf dem *qui vive* wie ein Schießhund, und war begierig, sich Robertos Informationen einzuverleiben. Aber er war auch ein wenig herablassend, denn seinem ganzen Gehabe nach war zu schließen, daß er schon eine ganze Menge wußte. Ja, es schien, als sei er im Begriff, einem Schüler den Katechismus abzuhören. Roberto ging auch gleich in die Defensive und sagte, er habe nicht genug Zeit, um auf alles genau einzugehen, da es so vieles gäbe, das unsere verständnisvolle Aufmerksamkeit verdiene. «Aber die beiden wichtigsten Bauwerke werden wir besichtigen, damit Sie Ihren Freunden, wenn sie Sie fragen, erzählen können, daß Sie den Duomo und St. Nicolo gesehen haben.» Das sei keine schlechte Ration, sagte Deeds zu mir; er habe allerdings einmal unvergeßliche Stunden im Bellini-Museum und auf dem Fischmarkt verbracht, die auf dieser Reise ausgelassen würden. Egal. Sizilien roch auf eine nicht leicht definierbare Weise gut. Ich war neugierig, einen ersten Blick auf diesen seltsamen architektonischen Mischling, den sizilianischen Barock, zu werfen, der Martine so entzückt hatte. «Man erwartet etwas Höllisches, aber dann findet man etwas Himmlisches – etwas irgendwie Inbrünstiges, so wie die Sizilianer selbst sind.» In diesem Moment fuhr der Bus unter einem Balkon vorbei, von dem aus Garibaldi offenbar eine seiner berühmten Reden mit den Worten eingeleitet hatte: «O Roma, o morte.»

Beddoes machte eine abschätzige Bemerkung über Demagogen, die ihm einen strafenden Blick von dem feinfühligen Roberto eintrug. An einer Stelle, wo früher ein griechischer Tempel gestanden hatte, fand unser Reiseleiter einige kluge Worte über Alkibiades, ein Name, bei dem der Bischof die Stirn runzelte. «Ein gräßlicher Schwuler», sagte Beddoes vernehmlich. Deeds warf ihm einen schockierten Blick zu und rutschte drei Grad ostwärts, als wolle er zu dem lästigen Kommentator auf Distanz gehen. Hoffentlich würde Beddoes sich nicht die ganze Fahrt über so benehmen. Aber er tat es. «Ein unerträglicher Bursche», sagte Deeds leise. Beddoes erwies sich als unzähmbar und gegen jede Kritik gefeit. Überdies hatte er sehr ärgerliche Manieriertheiten beim Sprechen, zum Beispiel legte er seinen Zeigefinger an die Nase, bevor er etwas sagte, was er für sehr gebildet hielt, oder er streckte kurz die Zunge heraus, bevor er zu einer Bemerkung ansetzte, die ihm geistreich vorkam. Apropos Aischylos – gerade jetzt streckte er die Zunge heraus und sagte, sein Stück ‹*Die Frauen von Ätna*› beruhe auf Tatsachen. «Die Frauen von Ätna», fügte er mit einem burschikosen Lächeln hinzu, «waren in der Antike bekannt für ihren enormen Hintern. Das ganze Stück oder zumindest der Chor dreht sich um sie, wenn ich mich so ausdrücken darf. Die Frauen ...» Aber das war sogar für Robertos bewundernswerte Geduld zuviel, er wurde merklich nervös. «Das Stück ist verlorengegangen», sagte er scharf und wiederholte den Satz auf französisch und deutsch, um sicher zu sein, daß jeder ihn verstand. Doch Beddoes' Bemerkung verfehlte nicht seine Wirkung, das deutsche Mädchen, das, wie ich später herausfand, Renata hieß und in Heidelberg studierte, wurde abwechselnd rot und blaß. Beddoes zwinkerte ihr zu, und sie wandte ihm den Rükken zu.

Das Mikroskopen-Elternpaar hielt Händchen und gähnte laut, was mich nicht störte. Aber Roberto sah niedergeschlagen aus. Ihre Reaktion war zumindest ehrlich und primitiv. Die Prokonsularischen machten den Eindruck, als hätten sie den ganzen Bildungskram bereits vor Antritt der Reise studiert – wie jeder vernünftige Mensch das zu tun pflegt. Ich ziehe es allerdings vor, die Dinge erst mal ohne Garnierung auf mich wirken zu lassen und mit dem Nachlesen zu warten, bis ich wieder zu Hause bin. Ich weiß, daß ich die Sache falsch angehe, denn man stellt unvermeidlich hinterher fest, daß man eine Menge verpaßt hat. Aber es gibt mir die Illusion, daß ich mir dadurch meine ersten Eindrücke frisch und unverfälscht erhalte. Abgesehen davon, war im Fall Sizilien Martine meine Reiseführerin, deren Geschmack sich, wie ich aus längst vergangenen Zeiten wußte, mit dem meinen fast immer deckte. Infolgedessen traf mich die Stilvermischung, die sie so entzückt hatte, nicht unvorbereitet: Der Anflug von nördlicher Strenge verband sich mit dem üppigen, überschwenglichen sizilianischen Barock, der seinerseits verschiedene fremde – maurische, spanische, römische – Einflüsse zeigte. Aber auch cataniscber Barock mischte sich in einer gewissen mundartlichen Version in den sizilianischen, obwohl seine Elemente, nach Naturkatastrophen in aufeinanderfolgenden Bauabschnitten hinzugefügt, eine bewegende Wärme in Linie und Proportion ausstrahlten, die sich gut zum übrigen fügte. Wir machten der Stadtpatronin, der Heiligen Agatha, in dem ihr geweihten Dom unsere Aufwartung. Er war zwar nicht so aufregend, wie Roberto es uns weismachen wollte, außer seinen edlen Proportionen, die allerdings Bewunderung verdienten, hatte er nicht viel zu bieten. Und Agatha selbst ... «Ich hatte eine Tante, die Agatha hieß», sagte Deeds. «Sie war eine höchst sauertöpfische

Person. Deshalb erweckt der Name in mir sehr unangenehme Gefühle.»

Die auf einem eigenartig geformten Hügel gelegene Kirche St. Nicolo dagegen war etwas ganz anderes; von ihr ging eine seltsame Atmosphäre aus, es schien, als hätte man sie mitten in ihrem Dasein aufgegeben, um sie im Sonnenschein verfallen zu lassen. Sie blickte auf einen der elegantesten und exquisitesten *piazze*, der den Namen Dantes trug. Offensichtlich fehlten ihnen die Mittel, um sie in dem traditionellen, erhabenen Stil zu vollenden – und in gewisser Weise war das nur von Vorteil. Sie ist, wie Roberto sagt, die größte Kirche Siziliens, aber man hätte ihr mehr freien Raum lassen müssen, um ihre großartigen Proportionen voll zur Geltung zu bringen – wie bei einem schönen üppigen, wohlproportionierten Mädchen. Wir trabten pflichtbewußt um sie herum, mit enormem Aufwand an Farbfilmen seitens des deutschen Mädchens und der Mikroskope. Sogar Beddoes schien sie zu bewundern, denn er enthielt sich jeglichen Kommentars, ging nur nachdenklich auf und ab und rauchte seinen greulichen Tabak. Roberto saß taktvoll zehn Minuten lang in einem Kirchenstuhl und überließ uns der Bewunderung. Anschließend hielt er uns einen gedrängten, kurzen Vortrag über die Kirche und ihren Standort, für den sich, wie ich beschämt zugeben muß, niemand interessierte. Es ist nicht so, daß Sonnenschein und Kultur sich gegenseitig ausschließen, keineswegs, aber das Wetter war schön, und es war der erste Reisetag, und die ganze Weite dieser unerforschten Insel lag noch vor uns. Der kleine rote Bus hupte kurz, um seinen Standort anzugeben, und wir bestiegen ihn mit einem angenehmen Gefühl der Vertrautheit, als reisten wir schon seit Wochen in ihm. Ich war sicher, daß sich einer von unserer Gruppe als anthropomorphisierende Seele erweisen (wie mein Bruder mit seinen Tieren) und ihn ‹Fido den Treuen› taufen würde. Ich war ebenfalls sicher, daß Deeds, wenn die Zeit des Abschiednehmens käme, Verse aus *‹Der Abschied des Arabers von seinem Hengst›* zitieren würde. Unbesonnenerweise teilte ich ihm die Gedanken mit. Er sah amüsiert, aber auch ein wenig beleidigt aus.

Aber inzwischen hatten wir die Stadt halb durchquert und fuhren durch den älteren Teil, der nichts besonders Bemerkenswertes bot, außer vielleicht einem Blick aus der Nähe auf das kleine catanische Wahrzeichen – den Elefantenbrunnen mit den hübschen Obelisken und Tiermotiven. Und dann war es an der Zeit, den kleinen Bus auf die Küstenstraße nach Syrakus zu lenken, wo wir eine Nacht und einen Tag auf der Suche nach der Vergangenheit verbringen sollten. Doch zuerst mußten wir uns mühsam durch das Netzwerk der trostlosen Vororte winden, die Catania ersticken wie Lianen einen Baum. Bei jedem Durchblick, der sich uns bot, tauchte der Ätna auf – er schien den Abschluß aller Hauptstraßen zu bilden und erinnerte einen daran, wie oft die Stadt von dem Vulkan heimgesucht worden war, was ihre jetzige Größe und Wohlhabenheit zu einem Wunder machte; denn der Ätna ist durchaus nicht erloschen, und Catania liegt direkt in seiner Feuerlinie. Aber die Vorstädte ... man hätte sonstwo sein können; die Trostlosigkeit war nicht einmal mediterran-malerisch, sie war einfach kleinbürgerlich. Und es gab die gleichen Probleme wie in jedem verstädterten Ort auf der Welt – die Verbrennungsmotoren, diese Geißel unserer Zeit, fraßen alles auf.

Doch Roberto war sehr zufrieden, denn wir, seine Schutzbefohlenen, gaben uns jetzt sehr viel gelöster. Der Bischof plauderte mit den beiden eleganten Damen aus Paris, die mit dem entzückenden Pariser Akzent, der das Herz jedes Briten höher schlagen läßt, englisch sprachen. Die Prokonsuln machten sich am Rand ihres ‹*Guide Bleu*› Notizen. Die Amerikaner wurden gesprächiger, nachdem sie ihre Schüchternheit überwunden hatten, und die Frau bemerkte gerade mit lauter Stimme: «Ja, Judy ist anpassungsfähig, aber auch wieder nicht *so* anpassungsfähig.» Der Rest der Unterhaltung ging im Hupen und im Geräusch des Gangwechselns unter – Mario brummte und schimpfte leise über ein Verkehrsproblem, er war der einzige von uns, der mißvergnügt aussah. Roberto erfüllte pflichtgetreu seine Aufgabe und beschrieb alles mit gewählten Worten durch den Lautsprecher. Die Stimmung wurde immer behaglicher und das Geplauder lauter, wir sprachen jetzt in natürlichem Tonfall miteinander, flüsterten nicht mehr, was zur Folge hatte, daß ich einige höchst beunruhigende Gesprächsfetzen auffing, hier und da einen Satz, der völlig aus dem Zusammenhang gerissen war und mich bis in den Schlaf verfolgte. Ich zerbrach mir lange den Kopf über Judys Anpassungsfähigkeit, die für mich so geheimnisvoll war wie ein japanischer Koan, bis ein gütiger Schlaf mich von diesem furchtbaren Problem erlöste. Dann bemerkte eine der französischen Damen mit heller Stimme: «Pour moi les Italiens du nord sont des hommes décafeinés», ein Urteil, das Robertos sizilianisches Blut in freudige Wallung brachte.

Endlich kam die Küstenstraße in Sicht. Wir legten Tempo zu und sausten oberhalb einer klaren, blauen See die gewundenen Straßen entlang. Nie habe ich mich sicherer gefühlt als mit Mario am Steuer; seine Reaktionsschnelligkeit war bewundernswert und sein Tempo so berechnet, daß er seine dösenden oder gar schlafenden Passagiere nicht aufweckte, wenn sie gelegentlich ein Nickerchen machten.

Das Anfangspensum unserer Reise war sehr vernünftig geplant; der erste Tag war, was Zeit und Entfernung anbetraf, mit geringer Anstrengung verbunden. Wir fuhren über die weite, grüne catanische Ebene und suchten den Horizont nach einem verirrten Lastrygonen ab – den menschenfressenden Ungeheuern der homerischen Legende. Soweit ich mich erinnerte, hatte Odysseus irgendein Scharmützel mit ihnen gehabt, aber ich war meiner Sache nicht ganz sicher und notierte es mir daher in meinem kleinen Schulheft, um mich später genauer darüber zu informieren. Ich wagte nicht, den Bischof oder Roberto danach zu fragen. Der Simeto, ein munterer kleiner Fluß, der die Ebene gemeinsam mit zwei Nebenflüßchen bewässert, ist bekannt dafür, daß er gelegentlich ausgesucht schöne Bernsteinstücke mit sich führt, die er irgendwo auf seiner Reise aufgelesen hat. Aber wo? Niemand weiß es.

Die alte Landstraße windet sich in Haarnadelkurven nach Lentini und Carlentini hinunter, von wo eine grausam staubige und holprige Straße uns in die Hügel zu unserer ersten griechischen Niederlassung bringt – einer ausgegrabenen Stadt, Cameirus auf Rhodos nicht unähnlich, aber längst nicht so schön; allerdings versöhnt einen die Lage und die alte Nekropolis. Was für Landschafts-Feinschmecker diese alten Griechen doch waren! Sie suchen sich ihre Bauplätze aus wie Soldaten Deckung suchen. Die wesentlichen Voraussetzungen waren immer die gleichen: Öffnung nach Süden, Schutz vor den vorherrschenden Winden, Höhe wegen der Kühle und um der Feuchtigkeit der Küste zu entgehen. Sie frönten noch nicht unserer (allerdings erst kürzlich entdeckten) Leidenschaft, im Meer zu baden. Das Meer war für sie etwas Geheimnisvolles, etwas, was zwischen Glücksgöttin und Handelsweg angesiedelt war. Es ist nicht schwer, sich vorzustellen, wie sie waren – eine Mischung aus Poesie und Praxis. Es gab anscheinend keine Trennungslinie zwischen der Vorstellung des Geheiligten und des Profanen.

Nach einer kurzen Einführung wurden wir auf die Ruinen losgelassen wie eine Herde Schafe – und kaum gescheiter als diese, konnte man denken, wenn man uns so herumstrolchen sah. Die Mikroskope bekamen allmählich Hunger, und so wurden all die Picknickbehälter und Chiantiflaschen ausgeladen und in den Schatten eines

Baumes gestellt, um verfügbar zu sein, wenn der Kultur Genüge getan war. Im hellen Licht der Sonne erinnerte mich das deutsche Mädchen ein wenig an Martine, denn sie hatte das gleiche dichte Butterblumen-Haar und den gleichen Weiße-Rose-Teint, denen meine Freundin ihre auffallende Schönheit verdankte. Aber nicht das zögernde, spitzbübische Lächeln mit den beiden Grübchen, mit dem Martine den harmlosesten kleinsten Scherz zu quittieren pflegte. Und auch nicht ihre blauen Augen, die bei einer gewissen Beleuchtung an Parmaveilchen erinnerten. Sicher hatte Martine hier auf einem der Gräber gesessen, während ihre Kinder zwischen den Ruinen spielten, vielleicht hatte sie geraucht oder nachgedacht, oder vielleicht hatte sie ein paar Seiten in eben jenem Goethe gelesen, der ein ebenso begeisterter Sizilienanhänger gewesen war wie sie selbst.

Dieser Rhythmus, diese Akzentverschiebung war jedoch wohldurchdacht – ich meine, daß wir den ersten Tag im Freien verbrachten, wo Bienen in der gleißenden Hitze umherflogen und der Schatten der Bäume sich einem wie ein feuchtes Tuch auf den Nacken legte. Es war unwichtig, daß die Pizza ein wenig feucht war – aber da hatte ich mich getäuscht: denn der erste leise gemurmelte Protest aus dem französischen Lager bezog sich genau auf dieses Faktum. Und die beiden eleganten Pariserinnen fügten hinzu, daß die Papierservietten vergessen worden seien. Roberto schluckte diese Kritik resigniert. In weiter Ferne, am Fuß der sanft abfallenden Hügel, glitzerte hinter einem ziemlich kümmerlichen schmalen Sandstreifen das Meer. Dort, versprach man uns, könnten wir später am Nachmittag baden, nachdem wir unser Mittagessen verdaut hätten. Eine Aussicht, die mich belebte und die Laune meines Reisegefährten sogleich verbesserte. Doch anderen schien dieser Gedanke zu mißfallen, und Beddoes verkündete rundheraus, er dächte nicht daran, in einem Meer voller Haie zu schwimmen, er wolle ein Schwimmbassin, und zwar ein Hotel-Schwimmbassin. Er habe für ein Schwimmbassin bezahlt, und auf ein Schwimmbassin würde er, verdamt noch eins, bestehen, sonst ... und so fort.

Was Deeds zu der Bemerkung veranlaßte, im Grunde genommen liefe doch alles recht gut, er persönlich erwarte weder große Schwierigkeiten noch irgendwelchen Streit, denn schließlich seien wir doch alle ganz nette Leute. Womit er recht hatte. Denn sogar der Bischof, der meiner Meinung nach der einzige war, der uns durch seine Gelehrsamkeit, seine Beschränktheit und sein gönnerhaftes

Getue hätte auf die Nerven fallen können, gab sich die größte Mühe und redete sogar mit Roberto wie mit einem Fachkollegen. Ich merkte bereits, daß er ein angenehmer, gewissenhafter Mann war, wenn man von seiner paulinischen Neurose absah, die in der anglikanischen Kirche fast endemisch ist und meist von der Lektüre der Paperback-Ausgabe von ‹*Lady Chatterley*› herrührt. Deeds hatte eine ganze Auswahl von Reiseführern durch die Insel bei sich, in Englisch und in Französisch, die wir beim Essen durchblätterten. Er fand sie alle höchst unbefriedigend.

«Es hat mich einige Zeit gekostet, bis ich feststellte warum – es liegt nur an der Vielfalt des Stoffes. Auf dieser verdammten Insel gibt es eine Unzahl von Beispielen für Kunstwerke des gleichen Genres – hier hat man immer gleich sechs Kathedralen, während man an anderen Orten seine Bewunderung für ein oder zwei erstklassige Beispiele aufsparen kann. Wie soll ein Reiseführer dem gerecht werden? Das ist unmöglich, mein Lieber. Hier bekommen Sie sechs zum Preis von einem. Und dieses Übermaß an Erlesenheit ermüdet einen zum Schluß.» Ich überlegte mir, ob er recht hatte. Die Illustrationen in seinen Reiseführern schienen seine Ansicht zu bestätigen. Vielleicht war das der Grund, warum Martine öfter in ihren Briefen geschrieben hatte: «Was uns hier fehlt, ist ein ‹Taschen›-Sizilien; so etwas hat es seit Goethe nicht mehr gegeben. Den heutigen Reiseführern fehlt es an Poesie, und das Einstufen nach Sternen, mit denen man die Ruinen klassifiziert, ist keine sehr gute Idee. Bitte, beeile Dich!» Aber das war eine Aufgabe, an die man nach so flüchtiger Bekanntschaft mit der Insel noch nicht denken konnte. Mehr als ein Reisetagebuch, mit gelegentlichen Schnappschüssen von ihr, der abwesenden Grundbesitzerin auf Naxos, traute ich mir nicht zu. Ich wagte ja nicht einmal, ihren Tod zu bedauern – ich konnte das Kichern hören, mit dem sie eine solche Sentimentalität aufgenommen hätte. Martine mochte es in vielen Bereichen an menschlicher Erfahrung fehlen, aber in den Dingen, die mir am wichtigsten erschienen – Liebe und Tod –, war sie über alle Erfahrung hinaus weise gewesen. Sie verschwand öfters nach Indien, ohne mir ein Wort zu hinterlassen. Es gab dort irgendeinen indischen Prinzen, der so eng mit ihr verbunden war wie ich. Und stets kehrte sie mit Teppichen, Schals und Wandschirmen von dort zurück, mit denen sie ihr Haus auf dem Vorgebirge ausschmückte. Doch das war nicht alles: ihr Prinz schickte sie immer mit Pali-Texten zurück, die kommentiert waren in der spinnwebartigen Handschrift seines Vaters und mit dem königlichen Exlibris versehen. Wir lasen sie dann zusammen und diskutierten sie eingehend, während wir im hohen Gras der verfallenen Abtei von Bellapais lagen oder zwischen den geborstenen Säulen von Salamis. Weite und Blumigkeit des indischen Denken mit seinem Versprechen auf innere Heiterkeit und Selbstverwirklichung faszinierten sie, aber ohne Selbstdisziplin kam man auf diesem Weg nicht voran. Deshalb hatte sie sich das Rauchen abgewöhnt und trank nur noch mäßig, ja, fast widerwillig, und nur aus Höflichkeit. Während sie meine heroischen Zechgelage mit einem Ausdruck beobachtete, den man als mitleidig, fast schon als geringschätzig beschreiben könnte.

Ihr Prinz unterstützte diese tastenden Bemühungen, die sie, wie sie hoffte, von einem verwöhnten, durch zu viele Parties abgestumpften Luxusgeschöpf in einen für sie selbst und andere wertvollen Menschen verwandeln sollten. Nein, ihr Ehrgeiz ging nicht so weit, eine Heilige zu werden. Aber sie strebte nach Ruhe, Ausgeglichenheit und persönlicher Freiheit in ihrer Abgeschiedenheit. Sie hatte sich, wie ich, immer in Griechenland niederlassen wollen, doch die Kapricen der Devisenbewirtschaftung hatten ihre Pläne durchkreuzt. Zypern hingegen war griechisches Sterlinggebiet, und das gab bei uns beiden den Ausschlag ... Offiziell machte ich zwar erst nach sechs Monaten ihre Bekanntschaft – während dieser Zeit waren wir beide damit beschäftigt, ein Haus zu kaufen und ein Stück Land sowie die Möglichkeiten für eine Aufenthaltsgenehmigung zu erkunden –, aber ich war ihr schon öfter in dem kleinen Hafen von Kyrenia begegnet, für gewöhnlich las sie in einem Buch, und immer war sie allein gewesen. Bekleidet war sie mit einer weißen Uniformjacke mit Messingknöpfen des Woman's Royal Navy Service und einem dunklen Badeanzug, der nicht nur ihre Figur, sondern auch die zarte, von der Sonne kandiszuckerbraun gefärbte Blondinenhaut vorzüglich zur Geltung brachte. Niemand konnte mir sagen, wer sie war – ich kannte auch niemanden, den ich hätte fragen können. Ein-, zweimal in der Woche ging ich, selbst ebenfalls mit Buch und Handtuch ausgestattet, an ihr vorbei, wenn sie auf der Mole schlief. Eines Tages dann saßen wir unversehens bei einer Lunchparty nebeneinander und verspürten den Magnetismus der Vertrautheit, dem wir unserer guten Erziehung wegen bisher nicht nachgegeben hatten. Wir kannten uns schließlich ganz genau vom Sehen. Sie war amüsiert und erfreut, als sie erfuhr, daß ich griechisch sprach und dadurch ein freundlicher Caliban für sie werden könnte.

Und ich, der ich gerade durch eine besonders einsame Periode meines Lebens ging, war entzückt über diese zufällige Bekanntschaft. Von da an trafen wir uns ein- bis zweimal in der Woche zum Abendessen – und wenn sie einmal einen Dolmetscher brauchte, zögerte sie nicht, nach Bellapais zu kommen und mich zu holen.

Unsere Freundschaft blühte schon durch das Wissen, daß wir Nachbarn sein würden; und daß wir beide allein waren und arbeiten wollten. Ich zeigte ihr einen halbfertigen Roman von mir mit dem Titel ‹*Justine*›, und sie vertraute mir – nach langem Zögern – einen halbfertigen Reisebericht mit dem vorläufigen Titel ‹*Die Bambusflöte*› an, der von ihrer ersten Flugreise nach Indonesien und Bali handelte, die sie allein unternommen hatte. Er war aufgebaut wie eine Folge von schnellen Filmszenen und wirkte in diesem Stadium zwar gescheit, aber noch ziemlich provisorisch. Doch enthielt er gute Beobachtungen über Farben und Gerüche. Ich erinnere mich an einen treffenden Vergleich von dem Geruch eines überfüllten Überlandautobusses in Indonesien mit dem einer Londoner Untergrundbahn. Die Indonesier, schrieb sie, seien gezwungen, unter den primitivsten Verhältnissen zu leben, röchen aber überhaupt nicht und wären erstaunlich sauber, während die Londoner Untergrundbahn nach nassen Regenmänteln, Zement und feuchten Frisuren rieche.

Natürlich fügten sich unsere Diskussionen über Bücher bald automatisch in unsere anderen Aktivitäten ein – in die Lektüre der indischen Texte, die laienhaften Bemühungen, in die Welt der Atemübungen einzudringen, und unsere Meditationsversuche. Es war eine idyllische Zeit, die wir unter blauem Himmel auf dem grünen Gras der alten Abtei verbrachten. Ich war zu einem – wie die Chinesen das nennen (so sagte sie) – ‹Freund des Herzens› erwählt worden. Piers übrigens auch, der häufig während dieses Sommers erschien, um sie bei der Gestaltung ihres Hauses zu beraten und nachträgliche Einfälle seinem eigenen bildschönen Haus in Lapithos einzuverleiben. Es war der letzte Sommer vor dem Fall – bevor die politische Situation, vergiftet durch Nachlässigkeit und Dummheit, sich entzündete und offener Aufruhr losbrach. Eine Zeitlang jedoch hielten sich die Äußerungen der Unzufriedenheit durchaus in Grenzen, denn die griechischen Zyprioten sind friedfertige Leute, und sie wußten, daß die Engländer, die auf der Insel lebten, nicht die Urheber der herrschenden Politik waren. Doch mit der Ankunft der Truppen und mit steigender Zahl der Opfer von

Überfällen und Gegenüberfällen wurden sie immer gereizter, bis sie schließlich überreizt waren. Und unsere Hoffnungen auf ein friedliches, produktives Leben an diesem paradiesischen Ort lösten sich in Rauch auf.

Da sich der Kauf ihres Grundstücks und die Bauerlaubnis als langwierig und problematisch erwiesen – die Regierung war zwar ehrlich, aber ziemlich saumselig –, überredete Piers Martine, einen pseudo-indonesischen Hütten-Komplex auf ihrem Stück Land zu errichten, in dem sie den Sommer über wohnen und zusehen könnte, wie ihr Haus aus dem Gestrüpp und den Erdbeerbäumen auf dem Kap emporwuchs. Wir entdeckten, daß auf der Insel ausgezeichnete Binsenmatten in verschiedenen Stärken produziert wurden, und die stabilsten erwiesen sich als widerstandsfähig und wetterfest genug, um als Wände und Dächer zu dienen. Die Idee war genial in ihrer Einfachheit – die ortsansässigen Arbeiter konnten ein ganzes Zimmer an einem Tag fertigstellen. Es war, als spiele man mit Puppenhäusern. Für ein paar hundert Pfund baute sich Martine ein provisorisches Mattenhaus, mit genug Platz für Sommergäste, mit Küchen und Badezimmern und allem, was sonst dazugehört. Es gab Quellen auf ihrem Grundstück, die Piers dann später für das große Haus anzapfen konnte.

Begeistert stürzte sie sich sofort in dieses neue Unternehmen, das sich nach und nach fast zu einem Miniaturdorf entwickelte, mit einem Hauptplatz, von dem aus man die einzelnen Hütten erreichen konnte, und mit verschiedenen Wasseranschlüssen, Entwässerungsgräben und Sickergruben. Piers, der geborene Architekt und Planer, war voller Bewunderung und Neid über diese freigestaltete Bauart, und oft, wenn er mit dem großen Haus irgendwelche Probleme hatte, fluchte er und fragte sie, warum, zum Teufel, sie nicht ständig in einem Mattenhaus leben könnte; es verfiele zwar schnell, wäre aber ebenso schnell und billig wieder zu reparieren. Es gab Momente – immer dann, wenn ihr das große Haus zu solide und zu sorgfältig geplant schien –, wo sie nahe daran war, ihm zuzustimmen. Denn im Grunde genommen hatte Martine, wie ihre ganze Familie, die Gainsboroughs, etwas Zigeunerhaftes an sich. Der Instinkt war vielleicht schon etwas abgestumpft – obwohl ihr Vater, der alte Sir Felix, sich absichtlich einen mit Reisen verbundenen Beruf ausgesucht hatte (Diplomatie), der es ihm ermöglichte, alle paar Jahre in einem anderen Land zu leben. Sie war von diesem Wanderleben gezeichnet und sprach mit großer Beredsamkeit und Kenntnis darüber, was dieses Leben für sie und ihren Bruder bedeutet hatte: Immer in elegant eingerichteten Häusern zu wohnen, in denen ihnen nie etwas gehörte, wo alles Staatseigentum war, bis zum letzten Prunkserviceteller. Man brachte seine eigenen Bilder und Bücher mit, sicher, aber eine Botschaft konnte trotz allen Komforts nie ein Zuhause sein. Auf diese Weise hatte sie zwar Rom, Moskau und Buenos Aires kennengelernt und sprach daher viele Fremdsprachen, aber während ihrer ganzen Kindheit hatte sie dieses seltsame Gefühl der Nicht-Zugehörigkeit gehabt. Nachts hatte sie wach im Bett gelegen und auf den Rolls gewartet, den Dienstwagen, der meist erst nach Mitternacht knirschend vorfuhr, um ihre Eltern nach irgendeinem langweiligen Empfang zu Hause abzusetzen. Sie waren so erschöpft von ihren gesellschaftlichen Verpflichtungen, daß sie kaum ein Wort miteinander wechselten und oft sogar schweigend allein zu Abend aßen, einfach, um sich von dem aufreibenden, ermüdenden Leben zu erholen, das doch nur ein Schein-Leben war. Nur während der Ferien schienen sie lebendig zu werden, aber das Cottage in Devon war auch ihr *Eigentum*, es gehörte ihnen, so wie die Mühle in Irland und die Wohnung auf Capri. Dieser feine Unterschied war anscheinend ungemein wichtig; aber mußte einem das Haus, in dem man wohnte, wirklich gehören, wenn man sich darin glücklich fühlen wollte? Irgend etwas mußte an dieser Behauptung falsch sein. Dann hatte es vielleicht nur an der Künstlichkeit und Enge des diplomatischen Lebens gelegen? Martine betrachtete Diplomaten als eine Art freundlicher Neunaugen, die sich in den dunklen Teichen ihres Berufs zwischen dem Blasentang und den Treibalgen des Protokolls und der Prätentionen hindurchschlängelten. Was eigentlich nicht ganz fair war, denn Sir Felix war alles andere als ein Scharlatan, weshalb er auch so oft als Lebensretter oder Lebensspender an ganz kleine Missionen geschickt wurde – um sie aufzumöbeln oder um neue Beziehungen anzuknüpfen, wie er es in Lateinamerika getan hatte. Aber Martine erstrebte auf eine vage, verschwommene Weise ein anderes Leben. Und hier hatte sie es gefunden.

Diese lange vergessenen Ereignisse, von meinem Gedächtnis so nachlässig und unzuverlässig gespeichert, kehrten jetzt mit voller Kraft wieder in meine Erinnerung zurück, während wir an unserer trockenen Pizza kauten und in herzhaften Schlucken Chianti tranken; ausgelöst sicher durch die Tatsache, daß wir hier – genauso wie in Zypern – auf den heißen, von der Zeit zerfressenen Steinen einer versunkenen, griechischen Zivilisation saßen, in der lähmenden

Hitze der Mittelmeersonne. Ausgeplünderte Tempel, von Erdbeben zerstörte Zitadellen, verfallene Burgen, versiegte Brunnen – der gleiche vertraute tragische Anblick, eine lange, sinnlose Lektion in der Geschichte, die immer nach Beständigkeit sucht, aber von der Unstetheit und dem Verrat des menschlichen Bewußtseins geschwächt wird, wie es sich in dem Auf und Ab zeitlicher Ereignisse widerspiegelt. Und doch, wozu war er nicht alles fähig, der Mensch? Jeder wohlmeinende Tyrann, dem eine dreißigjährige Regierungszeit vergönnt war, konnte der Menschheit eine neue Richtung geben, ihr Streben und Trachten auf friedliche Ziele lenken – auf Landwirtschaft, Kunst und Wissenschaft. Und dann kam plötzlich der Ausbruch irgendeines Ätnas des Geistes, und das Ganze wurde umgestoßen, und Schuldige wie Unschuldige ertranken im Blut. Man muß schon sehr stark an die Natur glauben, wenn man hofft, daß sich aus diesem sinnlosen Gemetzel ein Sinn ergeben könnte; wenn man ehrlich ist, kann man in ihr eigentlich nichts anderes als eine bösartige, verrückte Sau sehen, die bei jedem Wurf ihre eigenen Jungen verschlingt. Doch Martine, hinter ihrer Fassade der verwöhnten Frau oder Modepuppe, war auf der Jagd nach einem absoluten Glauben an die Gerechtigkeit des kosmischen Ablaufs – und nur die indische Philosophie schien ihr dies zu bieten.

Auf einem halb abgestorbenen und von der Sonne ausgedörrten Maulbeerbaum in unserer Nähe fand eine große Versammlung von Raben und Krähen statt – ich konnte sie nicht so genau unterscheiden. Sie glichen Methodistenpfarrern auf einer ihrer amüsanten Tagungen in einem Hotel in Harrogate. Sie ließen mit höflicher Aufmerksamkeit die theologischen Ansprachen von zwei Kollegen – offensichtlich Kirchenältesten – über sich ergehen. Fast machten sie sich Notizen. Wir beobachteten sie neugierig und fasziniert und versuchten uns vorzustellen, was wohl das Thema dieses ernsthaften Kolloquiums sein mochte. Vergeblich. Nach einiger Zeit und ohne augenfälliges Signal kurvten sie plötzlich in den Himmel, wo sie langsam und unentschlossen Kreise zogen, als wollten sie einen Lichtstrahl oder Laut orten, einen elektrischen Impuls, der ihnen die Richtung angeben sollte. Sie kreisten einige Male anscheinend völlig ratlos, plötzlich löste sich eine kleine forsche Gruppe heraus und flog nordwärts, und der Rest, nun vollkommen beruhigt, schwenkte ein und folgte ihnen. Nachdem die Richtung feststand, teilten sie sich in kleine Cliquen auf, um besser plaudern zu können. Wir vernahmen ihr ernstes Geplauder, während sie sich allmählich in der Ferne verloren und das Feld dem Gesumme der Bienen und den laut schnarrenden Zikaden überließen. Ich döste vor mich hin und wäre um ein Haar eingeschlafen. Es war eine gute Art, die Reise zu beginnen – mit einer Siesta in Sizilien.

Es war sehr heiß geworden dort oben in den staubigen Vorhügeln, heißer als in der Provence um diese Stunde im Sommer. Die leichte Brise, die uns am Morgen kühlend umweht hatte, hatte sich jetzt gelegt, und die gesamte Natur schien selbst in die totenähnliche Ruhe der Siesta-Stunde versunken zu sein. Vernünftige Leute ziehen es vor, an Orten wie diesem in verdunkelten Räumen fast bis zum Sonnenuntergang zu schlafen, um dann, wenn es wieder kühl wird, den unvermeidlichen Gang über den Corso anzutreten und einen Cinzano in einem Café zu trinken. Ich lag eine Weile mit geschlossenen Augen im Schatten, wobei mir eine andere Anekdote einfiel, die mir Martine während einer unserer zwanglosen Plaudereien einmal erzählt hatte. Vor langer Zeit, als sie noch Kinder in irgendeiner fremden Hauptstadt waren, hatte man sie und ihren Bruder zum Spielen zu einem anderen Diplomatenehepaar geschickt, das ein kleines Mädchen und einen kleinen Jungen im gleichen Alter hatte. Sie wurden, wie verabredet, von ihrer Kinderschwester in der japanischen Botschaft abgeliefert, wo die beiden japanischen Kinder, höflich lächelnd, ihrer harrten. Nachdem sie sich bekannt gemacht hatten, wurden sie von ihren kleinen Gastgebern ins Kinderzimmer geführt – einen großen Atelierraum mit hohen, hellen Fenstern. «Du darfst nicht vergessen, daß wir wie alle englischen Kinder ein Kinderzimmer hatten, das vollgestopft war mit Spielzeug, vom Schaukelpferd bis zum Fahrrad und Tretwagen war wirklich fast alles vorhanden. Als wir nun das japanische Kinderzimmer betraten, waren wir sprachlos, wie vom Donner gerührt. Es war vollkommen leer, bis auf einen einsamen Gegenstand, der vor dem hellen Viereck des Fensters auf dem Fensterbrett stand: ein großes, weißes Schiff, eine aufgetakelte japanische Galeone mit voll gehißten Segeln. Das war alles, was es in diesem blitzsauberen Zimmer gab. Wir standen unseren japanischen Gastgebern still gegenüber und fühlten uns plötzlich tief beschämt.»

Ich war fast eingeschlafen, als eine Hand sich mahnend auf meinen Arm legte. Roberto stand lächelnd vor mir. «Wir fahren weiter», sagte er, und fast gleichzeitig ertönte die Hupe des kleinen Busses, als wolle er Robertos Worten Nachdruck verleihen. Gemächlich schlendernd gingen wir zum Bus und fanden Mario, auf dem

Trittbrett sitzend, mit nachdenklicher Aufmerksamkeit seinen Erste Hilfe-Kasten aufräumen. «Ja», sagte Roberto, der meinen Blick aufgefangen hatte, «wir müssen alle erdenklichen Vorsichtsmaßnahmen treffen. Bei euch Touristen muß man auf alles gefaßt sein, angefangen vom Durchfall bis zum Sonnenstich, vom Fieber bis zu Knochenbrüchen. Und immer ist es unsere Schuld! Daher führen wir einen kompletten Arzneikasten mit.» Er hatte die Worte kaum ausgesprochen, als der amerikanische Zahnarzt an uns herantrat und ein Heftpflaster verlangte, da er sich aus irgendeinem unerfindlichen Grund in den Finger geschnitten hatte. Üblicher dagegen war der Wespenstich, den eine der französischen Damen bekommen hatte. Roberto förderte, voller Stolz, sein medizinisches Geschick beweisen zu können, in Windeseile eine Pinzette zutage und zog den Stachel heraus, bevor er die Wunde in Ammoniak badete. «Er hat recht», sagte Deeds, «die Leute sind so blöde, daß man wirklich auf alles gefaßt sein muß.» Und so rollten wir die staubigen Hänge hinunter auf die ferne, blaue Verheißung zu: auf unser erstes Bad im Meer. Obwohl ich, ehrlich gesagt, schon reizvollere Orte gesehen hatte als diesen kleinen Strand. Das Meer war ziemlich bewegt. Beddoes würde einiges zu bemängeln haben.

Aber nein. Er saß nur brummig da, starrte mißmutig auf den Kies und saugte an seiner Pfeife. Wir übrigen bewiesen eine höchst lobenswerte Energie: wir zogen uns in einem nahe gelegenen Gebüsch die Badeanzüge an und schritten beherzt auf das Meer zu, dessen Ausgelassenheit etwas beunruhigend wirkte, besonders auf diejenigen, die nicht durch die Wellen, die sich am Strand brachen, tauchten oder tauchen konnten, um zu den dahinter liegenden ruhigeren Wassern zu gelangen. Die Freundin des amerikanischen Zahnarztes war ein wenig zu zaghaft und bedächtig, so daß eine Woge sie umriß – oder hatte sie sich womöglich absichtlich auf diese entzückende, weiche wächserne Art fallen lassen? Wir alle eilten ihr zu Hilfe, in der Hoffnung, diese wohlgerundeten Formen zu befingern, doch ihr Kerl, in weiser Voraussicht dieser Möglichkeiten, war längst vor uns zur Stelle. Deeds stieß sich den Zeh an. Die Steine waren glühend heiß, und wir hüpften alle von einer brennenden Sohle auf die andere und kühlten sie schließlich in der wohltuenden Brandung. Ich schwamm ein wenig herum und bedauerte, daß ich nicht in besserer körperlicher Verfassung war, ein mit französischer Küche verbrachter Winter hatte mich total verweichlicht. Vielleicht würde das einfache sizilianische Essen – wenn ich den großen Portionen widerstand – das Kunststück fertigbringen? Nein, wohl kaum. Denn bei unserer Art zu reisen hatte man immer einen Wolfshunger, und es gab nur die Wahl zwischen Reis und Spaghetti ...

Das Meer schmeckte nach Austern und Salzwasser; versehentlich schluckte ich einen Mundvoll. Und dann erregte die deutsche Schönheit unsere Besorgnis. Sie hatte augenscheinlich beschlossen, nach Piräus hinüberzuschwimmen – so weit war sie bereits vom Ufer entfernt. (Später erklärte sie, daß sie einfach mit der untergehenden Sonne Schritt gehalten hätte.) Aber wie konnte Roberto das ahnen, während er nach ihr rufend am Ufer stand und seine verantwortungsvollen Hände rang? Doch endlich ließ sie sich zur Umkehr bewegen, was sie in einem flotten Kraulstil tat. Roberto empfing sie mit heftigen Vorwürfen: nie wieder würde er Briefe für sie befördern, sagte er, es sei denn, sie bewiese etwas mehr Verstand. Doch sie schien gar nicht zu begreifen, daß sie etwas Besorgnis- und Ärgererregendes getan hatte. Sie schüttelte nur ihr blondes Haar, und natürlich schmolz das edle Herz Robertos, sein Zorn verglühte wie Lava. Doch nun war die Sonne bereits hinter den Hügeln verschwunden, und die Nacht sank langsam hernieder. Wir sollten kurz nach Einbruch der Dunkelheit Syrakus erreichen – diese Stadt, die Martine mehr geliebt hatte als alle anderen Städte Siziliens. Wir zogen uns wieder an, entspannt und angenehm müde von Sonne und Wasser, dann kehrten wir zu dem schwermütigen Mario zurück und zu unserem kleinen Bus und zu all unseren Habseligkeiten, die wir dort gelassen hatten. Im Wageninneren herrschte bereits ein wenig Unordnung – die Unordnung von Zigeunern, die keine Zeit haben aufzuräumen, wenn sie auf der Walze sind. Feldstecher, Schals, Thermosflaschen, Picknickkörbe und Fotoapparate: all diese unnützen Dinge, die wir, wie alle modernen Pilger, mit uns führten, und die in unserer Abwesenheit von Mario bewacht wurden. Er saß zumeist vor einer Patience, die er auf einem Brett legt, das er über dem Lenkrad anbrachte, oder er las, langsam und mit größter Sorgfalt, eine sizilianische Zeitung, während er an einem Streichholz lutschte, das er sich zu einem Zahnstocher zugespitzt hatte.

Die Dämmerung sank während der Fahrt. Die vertrauten Tageslicht-Formen verblaßten und verschmolzen langsam mit dem düsteren Hinterland, das uns umgab. Wir zogen unsere Mäntel an, banden uns Schals um und kuschelten uns tief in unsere Sitze, dankbar für den gemütlich beleuchteten Bus, der, spürbar über eine sehr holprige Straße, Syrakus ansteuerte. Mario betätigte seine melodische Hupe, manchmal wie mir schien aus schierem Spaßvergnügen, denn es gab fast keinen Verkehr auf der Straße. Es war eine Zweiton-Hupe, die wie der muntere Ruf einer Elster klang. In den stillen Dörfern ließ er dieses hübsche Signal ertönen, um unsere Gegenwart zu verkünden. Antworten kamen jedoch keine. Dann erklommen wir einen Hügel und nahmen weich eine Kurve. Roberto gab bekannt, daß wir in Augusta seien. Wir richteten uns im Sitz auf, und das lohnte sich …

Er war von ganz ungewöhnlicher Schönheit, dieser kleine Ölhafen. Millionen von Lichtern und buntfarbiger Rauch umspielten die Kräne, Türme und zylindrischen Behälter – ein Wald von Raffinerien, und diese Schönheit bekam etwas Unheimliches dadurch, daß alles völlig menschenleer war. Keine Menschenseele war am Hafen zu sehen, kein Hund und keine Katz; es gab nicht mal einen Nachtwächter. Und doch tanzten überall die Lichter. Der Rauch wallte und wirbelte hoch, als käme er direkt aus der Schmiede der Titanen, oder als seien hier tausend unsichtbare Trolle am Werk. Es war von atemberaubender Schönheit. Ich betrachtete es mir in der verkleinerten Form, in der sich die Anlage im Busfenster widerspiegelte – und hatte plötzlich die Vision von tausend Wachslichtern, die auf den Wassern des Chaos schwimmen. Zwei Tage später fuhren wir bei Tageslicht am gleichen Hafen vorbei, und unsere nächtliche Begeisterung verflog beim Anblick der ungelenken, spinnenartigen Maschinen und der trostlosen Häßlichkeit. Doch zweifellos war er ein stolzer Beweis für Siziliens wirtschaftlichen Fortschritt. Die Insel war nicht mehr die arme Verwandte des Nordens. An diesem Abend ersparte uns Roberto die genauen Statistiken, wohl aus Rücksichtnahme, aber auch weil er wußte, daß er sie zwei Tage später bei Tageslicht anbringen konnte. «Augusta», sagte Deeds kopfschüttelnd. «Während des ganzen verdammten Krieges haben wir versucht, die Stadt zu bombardieren, keine einzige Bombe hat getroffen. Wieso blieb sie verschont? Aber sie blieb es.» Ich dachte, ich wüßte die Antwort. «Jedesmal, wenn unsere Marine-Luftstreitkräfte versuchten, Augusta oder Catania zu bombardieren, schlugen die Italiener zurück und rissen ein Stück von meinem Balkon in Alexandria fort. Zum Schluß war nichts mehr vom Balkon übrig.» Die vielen Lichtflecken von Augusta glitzerten in den fernen Hügeln, fast sah es aus wie ein kleiner Waldbrand oder wie ein gestreiftes Tigerfell. Eine Weile lang blieben die Lichter in der Nacht hängen wie ein sinkendes Sternbild – dann verloschen sie. Und dann leuchteten vor uns, grüßend, wenn auch weniger eindrucksvoll, die Lichter von Syrakus auf. Wir waren inzwischen hungrig geworden und beobachteten nicht ohne Neid, wie die Amerikaner sich Kaffee aus einer Thermosflasche eingossen und gemächlich ein Sandwich verzehrten. Ich tröstete mich mit dem Gedanken, daß ich nachts, sobald ich etwas im Magen und einen Drink intus hatte, bleiern schlafen würde wie ein Bleisoldat.

SYRAKUS

Die Stadt wirkte still und unbelebt, obwohl es früh am Abend war; im Hotel gab es ein kleines Durcheinander, als wir herausfanden, daß die Portiers an diesem Tag streikten. Wir mußten unsere Koffer an diesem Abend selber schultern.

An sich wäre das nicht weiter schlimm gewesen, wenn nicht der Lift so überfüllt gewesen wäre und wenn das französische Diplomatenpaar die einfache Kunst des Packens beherrscht hätte. In jedem ihres halben Dutzends Koffer schien sich etwas zu befinden, was für ihren nächtlichen Seelenfrieden unbedingt notwendig war, und so mußte der arme Ehemann etliche Male herauf- und herunterfahren. Deeds und ich konnten eine gewisse Selbstgefälligkeit nicht unterdrücken, da wir unser Nachtzeug in einem kleinen Koffer verstaut hatten und das übrige Gepäck vergessen konnten. Doch sogar dieser eine kleine Koffer wurde zum Problem, da wir im gleichen Lift mit dem Franzosen waren, der zwei große Koffer und ein Dutzend Papiertüten mit sich schleppte. Wir kollidierten wiederholt, erst mit den Köpfen (beim Austausch gegenseitiger Höflichkeiten) und dann mit unseren prallen Koffern. Auch das Ein- und Aussteigen war äußerst schwierig, da die Lifttüren sich automatisch schlossen, wenn man sie nicht mit dem Fuß offenhielt. Als wir draußen waren, stießen wir noch einmal im Korridor zusammen, wobei mein Mitreisender zischend vor Verlegenheit sagte: «*Cher maître*, entschuldigen Sie.»

Mir stockte das Herz: er hatte mich erkannt! Schuld daran war vermutlich mein zu häufiges Auftreten im französischen Fernsehen. Doch er fuhr fort: «Ich versichere Ihnen, daß meine Frau und ich Ihre Anonymität wahren werden. Niemand wird je erfahren, daß Lawrence Durrell mit uns reist.» Es klang, als wären sich Stendhal und Rossini im Fahrstuhl begegnet. Er hätte fast vor mir gekniet. Wahrscheinlich schwoll ich vor Stolz an wie eine Kröte. Er ging rückwärts den Korridor entlang auf sein Zimmer zu – als sei ich eine königliche Hoheit oder der Papst. Ich betrat nachdenklich das meinige und packte aus. Deeds kam mit einer Reiseflasche herein und bot mir einen Apéritif an, als Auftakt für den kalten Imbiß, der im Speisesaal des Hotels für uns bereitstand. Er lobte mich für meinen ordentlich gepackten Koffer und verriet eine nicht unbeachtliche psychologische Einfühlungsgabe, denn als ich sagte: «Vermutlich halten Sie diese Ordnungsmanie für ein Zeichen von Altjüngferlichkeit?» antwortete er: «Im Gegenteil, sie beweist mir nur, daß Sie entweder oft zelten oder ein kleines Boot besitzen. Das erzieht einen zur Ordnung, ich meine, wenn man nicht in der Armee war.»

Nach dem Abendessen rauchten wir eine Zigarre im Hotelgarten, und ich sog die reine, geruchlose Nachtluft ein und versuchte, den Charakter der Stadt zu erraten. Wir wohnten an einer netten Vorstadtstraße, die reizvoll wirkte durch den blühenden Oleander, der mich an Rhodos erinnerte – an das moderne Rhodos, dessen Städte ebenfalls verschönt werden durch diese anmutigen und widerstandsfähigen Büsche, die auf nacktem Felsen oder sogar auf dem bröckligen Brandschiefer ausgetrockneter Flußbetten gedeihen wie hier auf Sizilien oder auf Zypern. Die Nacht war ruhig und lind. Als wir auf und ab schlenderten, erschien der Franzose und kam, als er uns entdeckte, mit einer Visitenkarte in der Hand auf uns zu. «Als ein *ancien préfet de Paris*», sagte er, «erlauben Sie mir, mich selbst vorzustellen. Graf Petremand, es ist mir eine große Freude, Sie kennenzulernen.» Er hatte einnehmende Manieren, und jegliche Tücke lag ihm fern. Dann fuhr er fort: «Ich hatte die große Ehre, Ihrem Freund Henry Miller einmal einen Dienst erweisen zu dürfen. Er war mir so dankbar, daß er mich in einer Kurzgeschichte mit meinem richtigen Namen verewigte – Sie können sich vorstellen, wie entzückt ich war. Er war von der Polizei festgenommen worden, weil er keine Aufenthaltsgenehmigung besaß – dabei lebte er schon zwei Jahre in Paris! Zum Glück arbeitete ich an der Préfecture und ... nun, ich brachte die Sache in Ordnung.» Ich erinnerte mich jetzt undeutlich an ihn. «Aber Miller war damals noch vollkommen unbekannt», sagte ich. «Er hatte noch nichts veröffentlicht.» Graf Petremand hob die Hände und lächelte. «Er war ein Künstler», sagte er, «und das genügte uns.» Was bei den tüchtigen Behörden anderswo, außer vielleicht in Griechenland, nicht der Fall sein dürfte, dachte ich. Er zündete sich ebenfalls eine Zigarre an, und wir gingen zu dritt in dem warmen, ruhigen Garten auf und ab. «Ich war sehr gerührt, daß Sie mein Inkognito zu wahren verspracheno», sagte ich dankbar. «Bislang hatte ich damit nie große Schwierigkeiten. Ein-, zweimal allerdings hat man mich fast zur *persona non grata* erklärt. Aber das war auch alles. Das einzige Kreuz, das ich zu tragen habe, ist vielmehr, daß man mich, wo immer ich auftauche, bittet, eines der Bücher meines Bruders zu signieren. Und das mit schöner Regelmäßigkeit.» Das muß ziemlich heftig geklungen haben, denn Deeds sah mich etwas erstaunt an und sagte: «Es ist noch nicht passiert.» – «Es wird passieren, Deeds, es wird.» (Zwei Tage später passierte es. Gefällig wie immer signierte ich das Buch, schwungvoll, wie es sich gehört, mit Marcel Proust.)

Näher lernten wir uns an diesem Abend nicht kennen, denn die Frau des Grafen tauchte mit einem Stapel Briefe auf und bat ihn, sie zu adressieren und zu frankieren. Er verabschiedete sich von uns, wiederum mit ausgesuchter Höflichkeit.

Ich blieb noch ein Weilchen im Garten, um – sozusagen – die Temperatur von Syrakus zu messen. Ich sog die warme Luft in mich ein wie ein Hund, um den salzigen Geruch des nicht sichtbaren Meeres zu erahnen (oder es mir einzubilden). Alles strahlte Ruhe und einen gewissen Wohlstand aus, der Mond würde erst lange, nachdem ich eingeschlafen war, hoch genug stehen, um die lieblich blühenden Eibisch- und Oleanderbüsche, die die Straße umsäumten, mit seinen Strahlen zu berühren. Im gewissen Sinn begann die Reise erst jetzt. Es war die erste große Stadt, deren Altertümer wir bis in alle Einzelheiten besichtigen würden. Der heutige Tag war nur ein Auftakt gewesen, wir hatten uns miteinander bekanntgemacht, improvisiert, doch nun war das Eis gebrochen; wir bildeten eine einheitliche Gruppe. Als ich ins Hotel zurückkehrte, um ins Bett zu gehen, sah ich die Mikroskope in der Halle sitzen; der Ehemann war tief in die *Equipe*, versunken, eine wöchentlich erscheinende Sportzeitung, die er kaum aus den Augen gelassen hatte, seit wir unterwegs waren. Entweder besaß er mehrere Nummern, oder er las einen bestimmten Artikel immer wieder von vorn bis hinten. Jedenfalls war er durch die geradezu wütende Aufmerksamkeit, mit der er sich seiner Lektüre hingab, gefeit gegen alle anderen Genüsse, die man ihm hätte bieten können – gegen Ruinen und Landschaften zum Beispiel, und sogar gegen Essen und Trinken. Denn er las auch während der Mahlzeiten. Als ich an ihnen vorbeiging, sah ich, wie seine Frau die Hand auf seinen Arm legte und tief bewegt sagte: *«Eric, si tu continue comme ça, je sens que je perderai l'oriflamme.»* Die Bemerkung war so grotesk, daß sie mir den Atem verschlug.

«Ich erinnere mich, daß Du mir einmal sagtest, unsere Mittelmeerbegeisterung habe etwas leicht Suspektes – ich meine die Islomanie, die wir in Zypern erfanden, und die alle Deine früheren poetischen Beziehungen zu Rhodos und Korfu geprägt hat. Deine Bemerkung fiel mir plötzlich an einem sonnigen Nachmittag wieder ein, als ich im griechischen Theater von Syrakus saß und strickte und las, während die Kinder nach Grashalmen suchten, auf denen sie kauen konnten.»

Sie hatte vergessen, was dieser Bemerkung vorausgegangen war, aber ich wußte es noch genau. Mir war eines Tages aufgefallen, daß wir eigentlich kaum darüber nachgedacht hatten, wie diese Inseln – Zypern und Sizilien – wohl ausgesehen haben mochten, bevor die große Blütezeit der Tempel und Statuen einsetzte – dieses ganze Drum und Dran einer voll erblühten, selbstbewußten Kultur, die aus Öde Fülle, aus dem Chaos wild wuchernder Natur Schönheit geschaffen hatte, Ehrfurcht, Literatur, Kunst. Man braucht nur einen Blick auf die Reste früherer Kulturen zu werfen, um die schwungvolle Entschlossenheit des griechischen Vorstoßes zu begreifen, den glorreichen Mangel an Selbstzweifeln und zögernder Unsicherheit. Und dies trifft gleichermaßen zu für das, was sie in die Erde pflanzten, wie für das, was sie auf ihr errichteten in Gestalt von Städten, Tempeln und Häfen. In gewisser Weise kristallisieren sich unsere Vorstellungen vom Mittelmeer alle um die Formen, die die Griechen hier ansiedelten, hier in diesem «Groß-Griechenland», wie man es so richtig nennt. In Sizilien sieht man, daß die Mittelmeerwelt sich im gleichen Rhythmus mit dem Menschen entwikkelte. Sie entwickelten sich gemeinsam. Sie befruchteten sich gegenseitig, und aus diesem Zusammenspiel entstand die griechische Kultur. Wenn sich dies in Sizilien klarer abzeichnet als anderswo, so liegt es daran, daß sich die Kultur der Griechen, als sie hierherkamen, auf dem Höhepunkt befand, und daß die Ähnlichkeit von Landschaft und Klima ihnen keine Umstellung aufzwang, weder hinsichtlich des Glaubens noch der Rechtsprechung, noch der Politik. Athen entwickelte sich hier genauso gottesfürchtig und streng gesetzlich wie in Griechenland selbst. Ich benutze den Namen dieser Stadt in einem weiten Sinn, denn die ersten Siedler kamen aus verschiedenen Städten, aber die kulturellen Probleme, mit all ihren bitteren Auseinandersetzungen und Meinungsverschiedenheiten, wurden zuerst in Athen von Athenern ausgetragen. Das Wort ‹Grieche› und das Wort ‹Athener› ist gewissermaßen austauschbar, außer für Puristen und Historiker.

Vergleicht man in Sizilien die Ausgrabungsstätten aus der Jungsteinzeit mit den griechischen, dann stößt man auf die Tatsache, daß die Menschen, bevor die Griechen kamen, in ständiger Angst vor der gewalttätigen Natur lebten, vor ihrer Unmäßigkeit und ihrer Unberechenbarkeit. Keine Entfaltung war möglich – der Mensch lebte, geduckt in der Furcht, unter der ständigen Drohung der Vernichtung. Und dann geschah etwas: Die Hoffnung wurde geboren. Aber wie? Und aus welchem Grund? Niemand kann es uns sagen. Aber mit den Griechen begannen die Menschen, die Natur nicht mehr als Gefahr und Feindin zu betrachten, sondern als Gattin, sogar als Muse, denn ihre Zähmung durch den Ackerbau ermöglichte erst die Muße (mit all ihren Künsten). Hier beginnt, was wir meinen, wenn wir den Begriff Mittelmeerkultur verwenden; es beginnt an dem entscheidenden Wendepunkt, wo die Athener die Olive zur regierenden Königin erheben und die griechische Landwirtschaft ihren ersten Atemzug tut ...

Gelehrte werden sich an diesem Punkt einschalten und vor Vereinfachungen warnen – und in der Tat ist meine Wahl dieses Wendepunkts im menschlichen Bewußtsein ziemlich zufällig –, trotzdem ist er vertretbar, wenn auch nicht unanfechtbar. Unanfechtbar jedoch ist, daß es einen solchen Wendepunkt gab, und die Wahl der Olive in Attika ist so gut wie jede andere Wahl. Natürlich gab es in jener Zeit auch die verschiedensten Götter und Religionen – einheimische wie importierte. Und diese Widersprüche und Hypothesen machen den Fall so wenig beneidenswert für den Gelehrten. Doch es gibt einen triftigen Grund, der für meine Wahl der Olive spricht: sie war auf geheimnisvolle Weise mit dem Schicksal des gesamten griechischen Volkes verbunden. Der heilige Olivenbaum in der Akademie war ein Sprößling des ursprünglichen Baums auf der Akropolis, und in ganz Attika nannte man alle Olivenbäume, von denen man glaubte, daß sie vom heiligen Ölbaum abstammten, ‹moriai› oder gesäte Bäume. Sie waren Staatseigentum, und ihre religionsbedingte Unantastbarkeit half, eine große nationale Quelle des Reichtums zu bewahren. Sie standen unter der direkten Aufsicht des Areopages, des höchsten Gerichtshofs im alten Athen, und wurden monatlich kontrolliert. Die Strafe für die Entwurzelung eines solchen Baumes war entweder die Verbannung des Schuldigen oder die Beschlagnahme seiner gesamten weltlichen Güter. Sie standen unter dem besonderen Schutz von Zeus Morios, dessen Schrein sich neben dem von Athene befand. Eines seiner Attribute war ein Donnerkeil, den er über den Köpfen solcher Missetäter schwang.

Doch sogar die Herkunft der Olive ist eine ungeklärte Frage. Wo kam sie her? Aus Ägypten? Mit Sicherheit können wir es nicht sagen. Über ihre Qualitäten jedoch, die sie wertvoll genug machten, um die Muse und Göttin der Athener zu werden, kann ich mit der Autorität eines Menschen reden, der mehr als einen Winter in Griechenland, und sei es auch nur im modernen Griechenland, verbracht hat. Die Widerstandsfähigkeit des Baums ist sprichwörtlich, er scheint ohne Wasser leben zu können, obwohl er auf Feuchtigkeit und Dünger, wenn vorhanden, dankbar reagiert. Er verträgt starke Hitze erstaunlich gut und verliert nichts von der Schönheit seines silbergrauen Laubs. Die Baumwurzel sieht wie eine überdimensionale Granate aus, deren Ausmaße jeden erstaunen, der zusieht, wie die abgestorbenen Bäume aus dem Boden gezogen werden wie gewaltige Backenzähne. Sogar eher kümmerliche Exemplare haben Wurzeln von der Größe eines Klaviers. Die Zweige geben erstklassiges Holz zum Feueranmachen ab, und das Holz brennt so schnell und lichterloh, daß die Bäcker es mit Vorliebe zum Anheizen ihrer Öfen benutzen. Aber das Holz hat noch andere Vorteile: es ist leicht zu bearbeiten und hat eine sehr schöne Maserung, nachdem man es geschnitzt und eingeölt hat. Über die Frucht ist es müßig zu sprechen, es sei denn, man stimme einen Lobgesang über ihre Eigenschaften an – eine Aufgabe, die die griechischen Dichter nicht vernachlässigt haben. Er ist ein genügsamer und wetterfester Baum, empfindlich ist er nur während der kurzen Blütezeit; denn schon ein plötzlicher Windwechsel oder Schneefall während der Blüte genügt, um die Früchte zu vernichten. Er ist ein Baum, der einem ans Herz wächst, wenn man mit ihm lebt, und wenn der Nordwind sein Inneres nach außen stülpt, wenn Graugrün zu Silber wird, dann kann man sich sehr genau die Färbung von Athenes lächelnden Augen vorstellen.

All dies, und die menschliche Einstellung, die daraus erwuchs, wurde auf langen Booten nach Sizilien importiert und hier eingepflanzt, hier in diesen voll und ganz griechischen Städten Syrakus, Agrigento und Gela. Gewiß, wenn man an Zeus als an den Wächter über den Olivenbaum denkt, hat man das Gefühl, daß er eigentlich einer älteren religiösen Kultur angehörte, für die die Eiche oder andere Gebirgsbäume vielleicht ein passenderes Symbol gewesen wären. Der Olivenbaum bleibt eben einfach ein Phänomen, ein Geschenk von Athene, das sie nach dem siegreich beendeten Wettstreit mit Poseidon um die Schutzherrschaft über Attika überreichte. Dem alten Meeresgott gehörte vielleicht der Salzwasserbrunnen auf der Akropolis, ein geheimnisvolles Gebilde, das Pausanias in seinem Bericht über die Akropolis erwähnt. Was uns nicht viel hilft ... wenn man uns andrerseits erzählt, daß Athene selbst dem Ohr des Zeus entsprang (wie Gargarmelle?). Wie Deeds einmal bemerkte: «Das Ärgerliche an den alten Griechen ist – am liebsten würde man ihnen dafür einen Tritt versetzen – ihre Fähigkeit, an zwei sich widersprechende Dinge gleichzeitig zu glauben.» Das kommt davon, wenn man ebenso neugierig wie gastfreundlich ist – alle fremden Götter wurden willkommen geheißen, wo immer sie auch herkamen, daher das Durcheinander, wenn man versucht, etwas Konkretes über die einheimischen Götter festzustellen.

Jedenfalls ist auf den antiken Münzen Athens der Olivenzweig mit der kleinen Eule abgebildet, dem *skops*, deren possierliche Nachkommen noch immer die Löcher und Ritzen der Akropolis bevölkern und abends und morgens in der Dämmerung ihre seltsam melancholischen Schreie ausstoßen. Auch im modernen Athen tragen die Gymnasiasten ein besonderes Abzeichen mit der athenischen Eule, die zum Symbol der Weisheit geworden ist – nicht unbedingt der esoterischen Weisheit, sondern eher der mehr weltlichen Variante des gesunden Menschenverstands. Und wo wir schon beim Thema Olivenbaum sind, möchte ich noch hinzufügen, daß der kultivierte Baum, der im November und Dezember abgeerntet wird, auf den wilden Stamm gepfropft ist, daher sollten wir vielleicht seine Herkunft in der Geschichte der Pflanzenveredlung suchen, die in dem Land, wo sie zum erstenmal angewandt wurde, sehr genaue landwirtschaftliche Kenntnisse voraussetzte. War es Indien? Wenn ja, wie gelangte er in den Bereich der alten Griechen? Ich bin nicht genug Fachmann, um all diese Fragen beantworten zu können, obwohl mich diese und andere Fragen während der Reise sehr beschäftigen. Ja, ich führe sogar lange Gespräche darüber mit Martine, mit ihrem entschwundenen Geist, da sie immer Antworten parat gehabt und nie gezögert hatte, von mir aufgestellten Behauptungen zu widersprechen. Sicher hätte sie sofort schwache Stellen in meiner

Oliventheorie entdeckt. Und trotzdem – würde man mich fragen, wie das Wort Mittelmeerraum zu definieren sei, würde ich wohl antworten: «Als das Gebiet, wo der Olivenbaum verbreitet ist und das gesamte landwirtschaftliche Konzept wie die Küche von seiner Frucht abhängen, entweder in Form von Öl zum Kochen, oder von Öl für die Beleuchtung, oder von der Frucht, die mit Brot gegessen wird. Diese Funktionen hat der Olivenbaum seit Menschengedenken erfüllt, und er tut es auch heute noch in den Ländern, die an das Binnenmeer angrenzen.»

Doch meine Gedanken sind ein wenig abgeschweift, und ich bin nicht auf die Hauptfrage eingegangen, die ihre Bemerkung aufgeworfen hatte: Was geschah vor alldem? Wie mochte die Insel ausgesehen haben?

Lange bevor die eulenäugige Athene in Aktion trat, war die Insel von Menschen besiedelt, deren Geschichte im dunkeln bleibt, weil sie uns nichts hinterlassen haben, was wir bewundern können. Viele Geschlechter, viele Einfälle von Stämmen aus den verschiedensten Himmelsrichtungen müssen berücksichtigt werden, aber die historisch wichtigsten Einwohner waren die Sikuler, deren Alphabet, wenn ich mich nicht irre, noch nicht entziffert ist; allerdings sind ihre Inschriften nicht sehr zahlreich. Es ist eine Sackgasse, und der Vorgeschichtler muß sich mit Hilfe von kühnen Mutmaßungen ein paar spärliche Tatsachen zusammensuchen: ein paar Gräber, ein paar Haine und Steinhäuser, dem Dschungel angemessen, reichen nicht aus, unseren Geist oder unser ästhetisches Gefühl zu beflügeln. Es ist wirklich müßig, sich mit ihnen abzugeben. (Ich spreche im Schlaf mit Martine, aber nur mit halbem Verstand, die andere Hälfte versucht, die Grundzüge einer kurzen Geschichte der Insel zu entwerfen, um die sie mich einmal für ihre Kinder gebeten hatte.) In solchen Fällen sollte man sich auf das Auffallende beschränken und den Rest fortlassen. Gute Geschichtsbücher über die Insel, in einer zum Gähnen langweiligen Ausführlichkeit, gibt es genug; und mit ‹gerefften Segeln› würde ich sicher nur etwas wie einen Leitfaden für die Landschaft und kein richtiges Geschichtsbuch zustande bringen.

Interessant sind also nicht so sehr die Sikuler, die alten Einwohner Siziliens, sondern interessant ist es, sich den Zustand der Insel vorzustellen, die sie übernahmen – ein vormediterranes Sizilien, wenn ich es so nennen darf. In der jungsteinzeitlichen Periode, zum Beispiel, muß es eine trostlose, abstoßende Gegend gewesen sein, deren Natur dem Menschen durch die närrische Fülle ihrer Einfälle hoch überlegen war. Das einzige, was dem Menschen übrigblieb, war, sich voller Angst abergläubisch vor ihr zu ducken; denn er besaß weder die Geräte noch die Intelligenz, um sie zu formen oder sich ihrer zu erwehren; ja, er konnte nicht einmal gegen die wilden Tiere kämpfen, gegen die Eber, Leoparden und vielendigen Hirsche, die es in Unmengen in den riesigen Eichen- und Birkenwäldern gab, ganz zu schweigen von den Schlangen, Wölfen und Insekten, die die einsamen kleinen Behausungen aus vulkanischem Kalkstein zerstörten, in denen es als einziges Haushaltsgerät nur den Obsidian gab – ein vulkanisches glasiges Gestein –, dessen Nützlichkeit sich auf das Schneiden von Fleisch und Gemüse beschränkte. Man muß wohl von der Tatsache ausgehen, daß der Mensch zu jener Zeit – vom kulturellen Standpunkt aus gesehen – ein würdeloses Geschöpf war, unglücklich zu Land wie zu Wasser, da er weder das eine noch das andere beherrschte. Ich stelle ihn mir wie eine Art Caliban der Wälder vor, der sich, wenn er nicht gerade einen abgenagten Tierkadaver fand, von Würmern und Käfern ernährte. In Afrika und Australien gibt es noch bis heute solche Kulturen. Vielleicht waren die Sikuler nicht ganz so primitiv, aber da wir nichts Bestimmtes über sie wissen, können wir unserer Phantasie freien Lauf lassen. Nichts, was sie taten, wies darauf hin, daß eines Tages, weiß und glitzernd zwischen zwei natürlichen Häfen auf einem grün-blauen Gebirgsvorsprung, Syrakus entstehen würde, eine Stadt, die einen, wenn man aus Rhodos, Korinth oder Athen kam, so sehr heimatlich berührt …

Das ist natürlich ein gewaltiger Sprung der Phantasie; aber es ist kaum weniger kühn, sich vorzustellen, wie die Landschaft ohne die meisten der Blumen und Früchte ausgesehen haben mag, die heute charakteristisch sind für das, was wir unter einer Mittelmeerlandschaft verstehen. So vieles von dem, was uns heute umgibt, kam in einer sehr späten Epoche der Geschichte auf die Insel, einiges sogar erst im sechzehnten Jahrhundert. Die langen, wuchernden Feigenkaktushecken stammen aus den beiden Amerikas, ebenso die Agave und die Tomate. Die Araber führten Zitronen, Orangen, Maulbeeren und Sumach ein; an vereinzelten Stellen gedeiht auch heute noch die aus Ägypten stammende Papyrusstaude. Das Land ist fruchtbar und durch den ständigen Wechsel von Hügeln und Ebenen erstaunlich verschiedenartig. Und dann darf man nicht vergessen, daß sogar die Olive und der Wein ursprünglich nicht zu der heimischen Flora von Athen gehörten, obwohl man nur mutmaßen kann, woher sie stammen. Was nun Sizilien betrifft, so ‹schlägt hier eben alles an›, und irgendwo gibt es immer eine Stelle, wo das Zusammenspiel von Boden und Temperatur es fast allen Pflanzen erlaubt, sich anzusiedeln. Deeds hatte gesehen, daß hier Tabakpflanzen ebenso gediehen wie Avocatobirnen.

Tatsächlich ist ein ausgeglichenes, subtropisches Klima für jede Art von Feldfrüchten ideal – wenn man schon wünscht, das Beste aus aller Welt zu genießen. Hier zum Beispiel kann man Bananen, Pampelmusen und Zuckerrohr in den heißen Niederungen sehen, und sogar Johannisbrotbäume, die aus einem Land wie dem Libanon stammen müssen ...

Es fällt einem schwer, sich diese ‹Kornkammer Roms› ohne Zitronen, Orangen oder Weintrauben, ohne den Kaktus oder die echte Aloe vorzustellen, während auf dem kühlen, dunstigen Hochland Koniferen und Beeren an Österreich oder England erinnern. Sogar die Apfelsine wurde hierher gebracht, aus China, von Portugiesen im sechzehnten Jahrhundert.

Kein Wunder also, daß die Sikuler, die ohne die Labe dieser köstlichen Früchte ihr kümmerliches Leben fristeten, uns nichts hinterlassen haben, was wir bewundern können. Weder gelang ihnen die endgültige Eroberung des Bodens, die Weizen und Gerste bringt, noch die Beherrschung der Meere, die Produkte aus anderen Ländern, aus anderen Kulturgebieten ins eigene Land bringt: Sie waren in ihre Einsamkeit eingesperrt wie die Bewohner eines anderen Planeten, und man kann weder Sympathie für sie empfinden, noch Einblick in ihren Charakter gewinnen.

Aber die Ankunft der Griechen, so ausschlaggebend sie für die Landwirtschaft und das Aufblühen der Städte auch gewesen sein mag, hat sozusagen nur die oberste Schicht des Mutterbodens der Geschichte verändert; das Klima, das dem von Attika oder vielleicht dem von Argolis gleicht, war die grundlegende Voraussetzung für alles. Die Kalksteintäler waren voller Süßwasserquellen, das Land so schön wie Griechenland und genauso fruchtbar. Und während der ersten Frühjahrsregen sprossen die wilden Blumen in Sizilien vermutlich gleich üppig wie in Attika. Heute noch. Der griechische Garten, den Homer in der Odyssee beschreibt, könnte auch hier in Sizilien geblüht haben, und hat es vielleicht: «In diesem Garten gedeihen hohe Bäume schwer behängt mit Birnen, Äpfeln und Granatäpfeln, doch auch süße Feigen gedeihen und üppige Oliven.

Überdies hat man ganz in der Nähe hinter der letzten Baumreihe reichtragende Rebstöcke angepflanzt, und dann gibt es Gärten, die das ganze Jahr über blühen ...»

Dieses Neue, Malerische, was zu der ursprünglichen Landschaft hinzukam, brachte Muße und Überfluß, und damit begann die erste Blütezeit der Vasenmalerei, und es entstanden erste Verse von Poeten, die die Flüsse mit Nymphen bevölkerten, die Eichenhaine mit Dryaden, die Höhlen mit Pans und Zentauren und die Wälder mit Satyren und Silenen. In der folgenden Kulturepoche hatten jede Pflanze und jede Blume ihre Geschichte, ihre Verbindung zum mythenschaffenden inneren Wesen des Menschen – das er nur verwirklichen kann, wenn er träumen kann. Ja, Martine, das war es! Träumen können! So verwandelte Daphne sich in einen Lorbeerbaum, und so brach Persephone ihr Fastengelübde, als sie die Kerne des Granatapfels knabberte – und die Poesie selbst wurde gezähmt.

Doch die Ergebnisse all dessen waren keineswegs hochgezüchtete Gartenblumen, sondern die einfachen Früchte und Blumen der Erde. Es ist vielleicht bezeichnend, daß die ersten Abhandlungen über die Pflanzenzucht erst in der späten hellenistischen Periode geschrieben wurden. Andere über Tempelhaine und Gärten folgten – ich kann mir denken, daß Plato (der in Sizilien von dem dort gerade regierenden Tyrannen fast umgebracht worden wäre) entzückt war, als seine Akademie im Tal von Kephissos in ‹einen gut bewässerten Hain mit eingefaßten Wegen und schattigen Pfaden› umgewandelt wurde. Ganz in der Nähe befand sich die Akademie seines Rivalen Epikur, deren Anlagen, wie berichtet wird, 7000 Drachmen gekostet haben soll. (Eine Drachme entsprach einem Tageslohn.) Dort lebte er und lehrte von seinem dreirädrigen Stuhl aus, und als er starb, vermachte er den Garten und sein kleines Haus seinen Philosophenkollegen. Garten und Haus sind verschwunden. Alles ist verschwunden. Der pedantische alte Cicero war der letzte, der beides noch gesehen hat, als er nach mehr als zweihundert Jahren zufällig daran vorbeiging, während er mit Freunden durch Athen schlenderte. Die Wirkung von Schatten und Wasser und Zeit auf die Philosophie – darüber könnte man eine ganze Abhandlung schreiben. Außerhalb der Stadt, im Nordosten, in einem großen grünen Park lag das Lyceum, wo Sokrates unterrichtet hatte und wo Aristoteles mit seinen Anhängern heftig diskutierend umhergewandelt war, woraufhin man ihnen den Spitznamen ‹Peripatetiker› gegeben hatte. Sie wußten genau über die unterschiedliche Beschaffenheit von Schatten wie von Wasser Bescheid – wie die modernen Athener und Sizilianer heute noch. Und dieses differenzierte Wissen kann man in der modernen Folklore noch aufspüren, wenn man den Schatten einer Pinie mit dem einer Platane vergleicht, den Schatten eines Feigenbaums mit dem einer Zypresse. Probieren Sie es aus, und entscheiden Sie selbst, welcher Schatten Ihnen den tiefsten Siesta-Schlaf verschafft und welcher Sie mit Träumen und Visionen beunruhigt ...

Der Garten des Hephaistos hat in Sizilien ein Gegenstück, nämlich dort, wo die Chronik einen heiligen Hain für den Gott auf dem Ätna vermerkt. Er wurde von wilden Hunden bewacht, die jedoch darauf dressiert waren, sittsame Leute willkommen zu heißen und nur die Besucher anzugreifen, die entweder Tempelbeschmutzer waren oder unter dem Fluch eines Aktes der Gotteslästerung standen. Hephaistos teilte die Verantwortung für die Akropolis mit Athene (als ihr Bruder?), und sein Schrein befand sich dicht neben dem ihren.

Aber dieser Garten war, sozusagen, eine öffentliche Anlage – eine Art Äquivalent zu den öffentlichen (oder religiösen) Steinbauten –, ähnlich wie der Lorbeer- und Olivenhain, der den Altar des Mitleids umgab, wo Bösewichte und entlaufene Sklaven oft Zuflucht suchten; oder wie der Weißpappelwald, wo Diebe oder philosophische Scharlatane ihre zwanglosen Treffen abhielten. Aber was ist mit den wilden Blumen?

Im Vorfrühling und dann wieder im Herbst, wenn die ersten Regenfälle den Winter ankündigen, liegt über Sizilien – wie über ganz Griechenland – ein Teppich wilder Blumen. Über sechstausend Sorten sind registriert, von denen einige nur im arkadischen Flußtal des Styx wachsen. Sie sind uns noch alle bekannt, diese Blumen, die die Gärten der alten Griechen füllten: Krokus, Veilchen, Hyazinthen – doch Nordländer werden die zarteren Anemonen und Alpenveilchen vorziehen. Manchmal sieht man die kleinen weißen Spitzen der Alpenveilchen sich durch den Neuschnee bohren wie die Ohren eines zarten Fabeltiers aus einem Märchenbuch. Dann gibt es noch den Weihnachtsstern, wie wir die Pflanze nennen, und die Tulpe und die verschwenderische Narzisse, das bescheidene Gänseblümchen und die vornehme Lilie ... doch für Martine gab es nichts Schöneres als die Rose. Sie liebte ihre Vielfalt und Zähigkeit, denn sie hatte sie oft auf trockenem, dürrem Boden, auf einem fast kalkartigen Gestein unverzagt blühen sehen. Und sie hatte sich selbst, wo immer sie hinzog, einen Rosengarten versprochen. Die Geschichte der Rose ist so hübsch wie ihre Blüte. Sie reicht – in der Malerei – zurück bis ins Bronzezeitalter, wo sie auf kretischen Fresken zu sehen ist. Sie erscheint in der *‹Ilias›* als Blume der Hektors Wunden mit Rosenöl heilenden Aphrodite. Dadurch heilig geworden, ging sie von Aphrodite auf Eros und Isis über und tauchte schließlich als *rosa mystica* der Mutter Gottes wieder auf.

Sie ist vermutlich die einzige Blume, die intensiv gezüchtet und gehandelt wurde. Die Römer entwickelten eine wahre Leidenschaft für die Rose, sie war die große Mode. Frische Blüten wurden im Winter auf schnellen Booten aus den ägyptischen Gärtnereien nach Italien gebracht. Die Insel Rhodos erhielt ihren Namen von der Rose und bildete die Blume auf ihren Münzen ab. Sie blühten dort so üppig, daß sich die Legende bildete, die Seefahrer röchen den Duft der Rosen, längst bevor sie die Küste von Rhodos sehen konnten. Während Athen – nein, sag es mir nicht, ich weiß es – Athen war für Pindar immer «die violett gekrönte Stadt», obwohl er damit vielleicht das violette Magnesiumlicht meinte, das bei Sonnenuntergang über dem Hymettus flimmert, und nicht die Blume.

Doch hier rief ich mir eine Warnung ins Gedächtnis zurück, die Martine in einem späteren Brief geäußert hatte – die Warnung vor Agrigento, das ich noch nicht gesehen hatte: «Das Vorbild ist Athen, wenn du so willst, doch wir vergessen immer, daß fast *alles*, was wir über Athen als Stadt wissen, von einem sehr späten Zeugen stammt, von Pausanias, der im zweiten Jahrhundert schrieb. Ich stelle ihn mir als behäbigen, pingeligen, römischen Gibbon* vor, der seine Reisenotizen in einem trostlosen Büro in Kleinasien ausarbeitet. Doch Gott sei Dank gab es ihn, denn natürlich war er der erste Tourist und vielleicht der bedeutendste.»

Ja, die Warnung war beachtenswert, und glücklicherweise konnte ich zu diesem Thema die großartig formulierte Einleitung von Jane Harrison zu Rate ziehen – denn für sie war er der einzige authentische Reiseführer durch das alte Athen. Kaiser Hadrian (der, nebenbei gesagt, bei den Sizilianern sehr beliebt war, weil er viel für die Insel getan hatte) hatte den kühnen Versuch unternommen, Athen von Grund auf zu erneuern, seinen alten Glanz durch den Bau neuer

* Englischer Historiker: The Decline and Fall of the Roman Empire.

Tempel und Restaurieren alter Denkmäler wiederherzustellen. Er war ein leidenschaftlicher Altertumkenner, was uns sehr an die heutige britische und deutsche Einstellung erinnert. Doch so sehr er sich auch bemühte, die Seele der Stadt war entflohen, und das einzige, was er erreichte, war die snobistische Einbalsamierung einer einst prachtvollen Leiche. «Er versah die Stadt wieder mit all den für ein rühriges städtisches Leben erforderlichen Einrichtungen, aber er konnte ihr fortschreitendes inneres Sterben nicht aufhalten. Infolgedessen litt diese hadrianische Blütezeit unter der Ironie einer rein äußerlichen Prachtentfaltung. Pausanias fühlte das Pathos der Situation natürlich nicht, vielleicht konnte kein zeitgenössischer Dichter genügend Abstand haben, um zu sehen, wie hohl diese neo-attische Wiederbelebung war. Griechenland erduldete bis zur Neige die letzte Schmach der Größe: es kam bei Krethi und Plethi in Mode.»

Ich fürchte, diese letzten klugen Sätze waren in gewisser Weise auch auf uns anwendbar – auf die Fahrt dieses kleinen, roten Busses mit Mario am Steuer und den ungefähr zwanzig Gefangenen des Tourismus, die gemeinsam auf Zehenspitzen Denkmäler umkreisen, die sie nicht verstehen, mit einer ernsten Ehrfurcht, die sie nicht empfinden. Pausanias selbst beklagt sich verdrossen über den Tourismus seiner Epoche, denn die Römer konnten nicht das Gefühl loswerden, daß Griechenland ihnen etwas voraushatte, daß sie aus irgendeinem unerfindlichen Grund für immer Provinzler bleiben würden, daß sie abgeschnitten waren von der kulturellen Hauptströmung, trotz ihrer Größe und ihrer mächtigen eigenen selbständigen Kultur. Unwillkürlich zog es sie nach Griechenland, und schon die jungen Römer müssen eine Art «Bildungsreise» in dieses längst verfallene und zerstörte Land gemacht haben, getrieben von dem Verlangen, in seine Mysterien eingeweiht zu werden (die all ihr *numen* verloren hatten, all ihre geistige Kraft), oder um einen Preis beim Wagenrennen in Olympia zu gewinnen oder für ein nachempfundenes Stück in einem griechischen Theater. Sie waren gekennzeichnet durch den Daumenabdruck einer ungeheuren Gewöhnlichkeit, die sie nie überwinden konnten.

Aber was Pausanias anbelangt, so kann man nur dankbar sein für sein leidenschaftliches Interesse an alten Kunstwerken. Immerhin gelang es ihm, uns ein ausführliches Notizbuch zu hinterlassen über all das, was uns verlorengegangen ist. Und das soll etwas heißen. Denn die meisten von uns tendieren dazu, sich zum Beispiel die

Akropolis als einen imposanten Marmor-Hügel vorzustellen, dem man sich durch die Propyläen näherte und der gekrönt war von der schlichten, fast abstrakten Schönheit des weißen Katafalks, dem Parthenon. Doch dank der Notizen dieses kleinen römischen Altertumsforschers können wir uns eine genauere Vorstellung davon machen, wie das Original zu der Zeit aussah, als es noch ‹in Betrieb› war, noch seine prophetische Funktion für das ganze griechische Volk erfüllte. Es bietet sich uns ein völlig anderes Bild! Der gesamte Komplex war ein Sammelsurium von Stilen, ein Durcheinander, das einen unwillkürlich an das entsprechende Durcheinander im modernen Lourdes erinnert oder im heutigen byzantinischen Tinos.

«Nur Pausanias berichtet uns von der Farbe und dem Leben, dem Realismus und der Eigentümlichkeit, dem Wald von Votivfiguren, dem Gold, dem Elfenbein, der Bronze, den Wandgemälden, den goldenen Lampen, der ehernen Palme, dem seltsamen alten Hermes, verborgen in Myrtenblättern, dem alten Stein, auf dem Silenos saß, von den rauchgeschwärzten Skulpturen der Athene, von Diitrephes, durchbohrt von Pfeilen, von Kleoitas mit seinen Silbernägeln, von Helden, die verstohlen aus dem trojanischen Pferd herausschauen, von Anakreon, der in seine Becher singt. All dies können wir, wenn wir uns die Wahrheit vorstellen und nicht unserer eigenen Phantasie folgen wollen, von Pausanias lernen.»

All jene, die heute zu Tausenden auf Zehenspitzen um die Akropolis herumlaufen, sind sich kaum darüber im klaren, daß sie so etwas wie eine leere Scheune betrachten ... «Und aus dem gleichen Grunde», sagte ich zu Deeds, der auf dem angrenzenden Balkon kopfstand, denn er machte wie fast alle indischen Offiziere Yogaübungen, «ist es die reinste Selbsttäuschung, wenn wir uns einbildeten, irgend etwas in Syrakus noch so vorzufinden, wie es die Griechen hinterlassen haben – es ist nur eine leere Schale, aus der die Seele entfloh Sogar die Tempel sind zum größten Teil zerfallen, bis auf die Fundamente zernagt – wie die Backenzähne eines alten Hundes.» Ich wiederholte und erweiterte nach eigenem Gutdünken eine Kritik Martines über Pausanias' Randbemerkungen, die die minoischen Rekonstruktionen auf Kreta betrafen. Sie waren ihr geschmacklos vorgekommen. «Sie haben meine Phantasie ihres Rechts beraubt und etwas herabgewürdigt, von dem ich erwartet hatte, daß es elegant, spröde und trutzig, daß es etwas für die Festlandkulturen, die von Minoa beeinflußt vielleicht sogar erschaffen waren, wirklich Bewahrendes sei.»

«Wenn Sie das Beddoes sagen», bemerkte Deeds, «wird er sofort sein Geld zurückverlangen.» Ich merkte, daß er sich nicht durch diese kritischen Betrachtungen sein wohlverdientes Vergnügen an der Insel verderben lassen wollte, die er so liebte, wie Martine sie einst geliebt hatte. In gewisser Weise hatte er recht. Selbst wenn die Griechen verschwunden und ihre Bauten zu Staub zerfallen waren, konnte man Spuren ihrer Lebensart noch in Speisen und im Wein und in den wilden Blumen des Landes entdecken, das sie bewohnt und geliebt hatten.

Heute also wartete Syrakus darauf, daß wir seine alte Pracht wiederentdeckten – mit Hilfe unserer Phantasie und dem, was Roberto uns zu erzählen hatte, was nicht viel war. Oleanderbüsche und sonnige weiße Straßen führten hinunter zu einem hellen, tänzelnden Meer! Heiterkeit lag in der Luft, und ich brauchte nicht den Horizont zu beschnuppern, um zu wissen, daß wir an einer von diesen heilsamen Stätten waren, die zum Glücklichsein einladen und «alle Künste – sogar Liebe und Innenschau» fördern, wie Martine zu sagen pflegte, wenn sie auf dem grünen Gras der Abtei aus kurzem Schlaf erwachte. Heute machte sich das Karussell eilig und gut gelaunt ans Frühstück; der Bischof vergaß sogar, der Welt mitzuteilen, daß er des Morgens Speck und Tomaten vorziehe – ein gutes Omen, da die Brötchen, weiß Gott, nicht sehr frisch waren und der Kaffee recht fade schmeckte.

Sogar Beddoes ... Beddoes hatte sich *gewaschen*. Er hatte sich einen Mittelscheitel gezogen und seinen dichten Schopf feuchter Locken energisch und kundig nach unten gekämmt. Er trat zu mir, als ich mit der Kaffeetasse in der Hand auf dem Balkon stand und Mario beobachtete, der mit den Hausdienern schimpfte, und mir die warme Morgensonne auf Stirn und Finger scheinen ließ – gute Vorzeichen für einen schönen Tag. Miss Lobb saß bereits im Bus, was Beddoes bemerkte. Er sagte: «Wenn Sie mich fragten, warum man sich unwillkürlich von Miss Lobb angezogen fühlt, würde ich antworten: Weil sie so vollkommen sie selbst ist. Ich habe sie direkt liebgewonnen. Vielleicht liegt es auch an der Hitze.» Es lag nicht an der Hitze. Wir alle hatten Miss Lobb liebgewonnen. Ihre eindrucksvolle Persönlichkeit hatte sich uns im sizilianischen Sommer nach und nach erschlossen. Sie hatte eine füllige, aber gute Figur und war heute morgen in einem jener ziemlich teuren blumenbedruckten Sommerkleider von Liberty oder Harrods erschienen, das ihr gut stand. Sie erinnerte ein wenig an ein kretonbezogenes Sofa, was irgendwie zu ihrer Lebenseinstellung paßte. Sie stellte sich jedem schlicht als Miss Lobb vor, fügte jedoch stets «aus London» hinzu, als sei das eine glückbringende Zauberformel. Und tatsächlich, sie war die Verkörperung Londons – das Beste, was diese regnerische und doch warmherzige Stadt zu bieten hat.

Miss Lobb war Bardame, sie arbeitete am «Strand», in einem, wie sie es nannte, «respektablen Etablissement», wobei sie wiederum eine erklärende Bezeichnung hinzufügte: «und zwar in einem ‹brauereieigenen Betrieb›», was immer das heißen mochte. Ihre Wärme und ihre gute Laune waren ansteckend, und sie sprach mit jedem in einem lauten, aber charmanten Englisch, sogar wenn sie genau wußte, daß ihre Gesprächspartner die Sprache nicht verstanden. «Ich glaube, was mir an ihr gefällt», bemerkte Beddoes, «ist die Art, wie sie ‹AUTSCH› sagt, wenn sie über Gestrüpp stolpert und dann ihren Rock auf kokette Weise hochrafft.» Ja, aber das war nicht alles. Sie hatte auch eine ganz besondere Art «Richtig!» zu rufen, die alle Männer auf Deck brachte, um die Segel zu reffen. Beddoes beobachtete sie liebevoll, wie sie dort saß und einen Roman von Marie Corelli las, den sie aus dem vorigen Hotel gestohlen hatte. Vielleicht aus der Erinnerung an Bars? Obwohl Miss Lobb selbst nicht trank oder es zumindest behauptete. Nichtsdestoweniger war ihre Figur füllig und vollbusig und ihr Gesicht breit und rot mit einer stark gebogenen Nase und kräftigen, gesunden Zähnen. Später erklärte sie Deeds, daß es, selbst wenn man selbst nicht tränke, schon genüge, ständig mit dem Zeug zu tun zu haben, man atme es durch alle Poren ein – und das sei der Grund, warum Barmädchen immer recht füllig seien. Ich habe vergessen, was er darauf erwiderte. Aber auch er war, wie wir alle, ein williger Gefangener ihrer Reize. Und wenn sie einen Satz mit den Worten begann: «Der Herrgott mög's gut mit Ihnen meinen», dann kringelte er sich vor Vergnügen – die wahre Seele Londons sprach aus ihr. «Ich fürchte, ich habe mich schrecklich in die kleine Lobbie verliebt, zum erstenmal in meinem Leben bin ich wirklich verliebt», sagte Beddoes, und ich starrte ihn beunruhigt an und fragte mich, ob er womöglich schon vor dem Frühstück getrunken habe. Die kleine Lobbie!

Die gute Laune war so ansteckend – und ich bin geneigt, das Syrakus zuzuschreiben, denn die ganze Stadt strahlte gute Laune und Sanftmut aus –, daß sogar der Bischof mitteilsam, ja fast überschwenglich wurde. Er schlenderte auf uns zu und fragte Beddoes, womit er sich sein Leben verdiene. «Im Moment bin ich auf der

Flucht vor der Polizei», antwortete Beddoes höchst unerwartet. Nach einer Sekunde peinlichen Schweigens lachten wir alle herzlich über diese offensichtlich als Witz gemeinte Bemerkung. «Ich wurde aus der Dungeness-Vorschule herausgeworfen, weil ich Prüfungsaufgaben gestellt habe, die, wie mir gesagt wurde, viel zu schwierig für die Kinder waren.» Der Bischof sah bestürzt und besorgt aus. «Aber es gab auch noch andere Gründe», sagte Beddoes mit seinem schiefen Lächeln. «Zum Beispiel hieß eine Aufgabe: zählt möglichst viele Streiche auf und erklärt, warum sie, zum Teufel noch mal, soviel Spaß machen.» Die Frau des Bischofs rief ihren Mann, und er verließ uns, offensichtlich erleichtert. Es war Zeit, in den kleinen Bus zu kriechen. Heute hatten wir keine Schwierigkeiten mit unseren Habseligkeiten, da wir zwei Nächte oder so in Syrakus blieben. Das einzige, was Mario und Roberto zu organisieren hatten, waren die Medikamente und die Picknicksachen.

Wir fuhren gemächlich die sanft abfallenden Hänge hinunter auf die kleine Insel Ortygia zu, das ursprüngliche Kerngebiet, aus dem sich das alte Syrakus zu einer Hauptstadt von 500000 Seelen entwickelt hatte – eine Gigantin unter den Städten des Altertums. Es gab nicht viel Verkehr auf den breiten Straßen, aber ich war froh, daß Mario ein gemäßigtes Tempo einhielt – ich fühlte, daß dieser Ort etwas ganz Besonderes an sich hatte und daß man seine Atmosphäre nicht durch gieriges Kilometerfressen zerstören dürfe. Die moderne Stadt hatte sich diffus zum Landesinneren ausgedehnt, und die kleine Insel Ortygia würde wohl bald entvölkert sein, obwohl gegenwärtig noch voller zerfallener Häuser, die großen Charme haben – wie ein italienisches Hügeldorf, das auf einer ehemaligen Festung entstanden ist. Die Nähe des Wassers, des blauen Meeres, verlieh der Stadt Glanz und Harmonie. Wie so viele der herrlichen griechischen Hafenstädte (Lindos, Korfu, Samos usw.) hat man auch diese zwischen zwei idealen Ankerplätzen auf einer Landzunge erbaut. Wegen der Beständigkeit und Berechenbarkeit des mediterranen Wetters kann man von solchen Doppelhäfen immer leben, denn sobald Südwind aufkommt, legt sich der Nordwind, so daß man immer im Windschatten anlegen kann. So auch auf Ortygia. Die Insel muß den Griechen, die die Schönheit und Sicherheit von Lindos auf Rhodos oder Paleocastrizza auf Korfu kannten, sofort ins Auge gesprungen sein. Die Erosion in Kalksteingebieten, die das ständige Anbranden des Meeres hervorruft, erzeugt diese Art von geologischen Formationen; mir fallen Dutzende solcher Häfen ein, und ich habe mich oft gefragt, ob nicht das kretische und minoische Symbol des Doppelbeils eine Wiedergabe dieser Art idealen Hafens war ... Das hat auch Alexandria den Seeleuten zu bieten, sowohl einen sicheren Ankerplatz während der Winterstürme als auch ein sicheres Anlegen während der Frühlings- und Herbststürme der Tagundnachtgleichen. Ich nahm mir vor, diese meine Theorie, sobald sich die Gelegenheit dazu böte, Roberto vorzutragen. Im Moment beschrieb er ziemlich ungenau die Straßen, durch die wir fuhren, während wir den schmalen Damm ansteuerten, der zur Insel führte.

«Ich habe eine verschwommene Erinnerung an das Wort Ortygia», bemerkte ich zu Deeds. «Ich glaube, ich habe irgendwo gesehen, daß es eigentlich ‹Wachtel-Insel› heißt und möglicherweise die Insel war, wo Odysseus (der, was Frauen betraf, immer zu Pech neigte) eine Menge Ärger mit Circe hatte.» Hier wäre ein Lexikon nötig gewesen, um diesen vagen, beunruhigenden Gedanken zu prüfen. Deeds sagte, es gäbe ein paar kleine, unzugängliche Inseln entlang der türkischen Küste, die für ihre Wachteln berühmt seien. Die Frauen dort fingen sie mit seltsamen kleinen Netzen, auf die zwei große Augen aufgemalt wären. Das ähnelte merkwürdigen, primitiven Totems. Sobald die Wachteln diese Augen sähen, schienen sie sich wie hypnotisiert hinzuhocken und wären dann leicht zu fangen. Er hätte sich oft gefragt, ob diese ausgefallene Jagdgewohnheit wohl ein Überbleibsel aus längst vergangenen Zeiten sei.

Heute jedoch war die Wachtel-Insel erfreulicherweise belebt; die Leute tranken Limonade und winkten uns zu, als wir langsam über den schmalen Damm auf den Apollotempel zufuhren. Er war enttäuschenderweise sehr verfallen und stand quer zur modernen Stadt, als sei er nur zufällig in sie hineingeraten. Er hatte eine gewisse hilflose Anmut, wie er da in der Sonne lag, doch man hätte schon ein verzückter Romantiker sein müssen, um von ihm tief ergriffen zu sein. Mario hielt für die festgelegte Pause an und legte den Kopf auf die Arme. Er würdigte den armen Apollo keines Blicks. Ich denke, er hatte noch nie einen Blick oder einen Gedanken an ihn verschwendet. Zu Recht oder zu Unrecht, fragte ich mich? Wir verrenkten alle höflich den Hals, während die Eifrigen unter uns ihre Nase in den Reiseführer vergruben. Der Bus zog eine Anzahl von Kindern an, die Apollo ebenfalls gleichgültig ließ, während sie uns sehr viel interessanter fanden. Sie versuchten, uns Geld für Getränke abzuluchsen und eröffneten die Verhandlungen in einer seltsamen *lingua franca*, die halb schwedisch, halb englisch klang. Doch sie kamen über den Anfang nicht hinaus, denn plötzlich, wie ein Löwe, der erwacht und von seinem Lager hochschnellt, sprang Mario aus dem Bus mit einem tiefen, furchterregenden Knurren auf sie zu, und sie zerstoben in alle Winde. Der Sieg war so eindeutig wie bei der Schlacht von Himera; die versprengten feindlichen Truppen rannten schreiend in die Seitenstraßen, während Mario, grinsend wie ein Erntemond, wieder in den Bus kletterte und den Motor anließ.

Deeds Reiseführer war sorgfältig markiert mit Symbolen, die stark an das Alphabet der Sikuler erinnerten oder an das Linear B. Neugierig erkundigte ich mich nach ihrer Bedeutung. «Ich habe eine eigene Wertskala für Sizilien entwickelt», sagte er. «Es gibt vier Bezeichnungen, vier Bewertungen für die Denkmäler, zusammen bilden sie das Wort: MOSS. M steht für: muß; O für: OK, wichtig; Sg für: sollte gesehen werden; Sl für: sein lassen. Im Laufe der Jahre hat sich mein Geschmack ein wenig verändert, aber nicht sehr. Ich sehe, zum Beispiel, daß ich dem alten Apollo ein ‹OK, wichtig› gegeben habe ... Man kann ihn nicht ganz ‹sein lassen›, aus historischen Gründen, aber er regt einen nicht sehr an. Aber warten Sie nur.» Ich wartete, und nicht einmal lang. Denn Mario fuhr vorsichtig durch ein paar Straßen, die so eng waren, daß man – ohne sich hinauszulehnen – die Mauern hätte berühren können, und landete schließlich auf dem schönen luftigen Domplatz. Er war nicht nur geräumig, sondern auch übersät mit Oleander – hochgewachsenen Bäumen, diesmal in voller Blüte. Ich war nicht überrascht, in dieser friedlichen Atmosphäre ein Mädchen singen zu hören und das Gurren von Tauben sowie das scharfe Klipp-Klapp der kleinen, bunten *fiacres*, die ihre Dienste anboten in diesem verzauberten Winkel der Wachtel-Insel, wie ich sie im stillen nannte. (Bis mich Liddell oder Scott – oder beide – belehrten, daß das ein völliger Irrtum sei.) Wir hielten vor der Kathedrale, und Roberto wurde plötzlich von Hoffnungslosigkeit übermannt. «Es gibt *soviel* zu erklären», sagte er und rang die Hände vor der Größe der Aufgabe. «Eigentlich müßten wir eine Woche hier bleiben oder einen Monat ... Doch das Wichtigste ist, sich erst einmal alles anzusehen!»

Das war ein trefflicher Ratschlag. Wir kletterten aus dem Bus in den blumenduftenden Sonnenschein und folgten ihm in das dunkle, hallende Innere der alten Kathedrale, die überraschend und unwirklich war – und vor allem von majestätischer Schönheit. Man spürte dieses bestimmte Herzklopfen, das einem sagte: Hier ist das Herz der Insel, das wesentliche, das eigentliche Sizilien. Warum ist dieser Ort so erstaunlich? Man mußte einige Zeit darüber nachdenken und hundert Schritte die kleine Seitenstraße entlanggehen, um seine Einzigartigkeit genau zu untersuchen. Denn der alte, griechische Tempel, oder was davon übriggeblieben ist (und das ist beträchtlich), ist unauffällig und weiträumig in das christliche Bauwerk einbezogen, ohne die Modernität des späteren auf Gelons* edler Konstruktion errichteten Gebäudes verbergen zu wollen.

Man könnte denken, daß das Resultat dieser einfachen, aber gewagten Idee nur in einem furchtbaren Fiasko enden konnte. Doch erstaunlicherweise stellt man fest, daß das Ergebnis völlig harmonisch und folgerichtig ist, das Ganze strahlt den Frieden des Unvermeidbaren aus, als sei es im Schlaf erschaffen worden. Unbeirrbar. Ich glaube, jeder von uns war hingerissen vor Bewunderung beim Anblick dieser vollkommenen Proportionen und der schlichten Würde dieses Gesamtkunstwerkes. Es war auch eine Art lebendiges Röntgenbild unserer ganzen Kultur, oder sagen wir, der Geschichte des religiösen Impulses, in einem bildhaften Querschnitt. Gewöhnlich gelingt es jeder Epoche, alles Vorhergehende zu zerstören und auszutilgen, wenn schon nicht mit Stumpf und Stiel, so doch zumindest durch einen neuen Überbau. Hier jedoch standen wir an einer Stelle, die schon vor den Griechen geheiligter Boden war, und dann während der griechischen Herrschaft, und schließlich auch für die Christen ... Die Vergangenheit war nicht ausradiert worden, sondern akzeptiert und einverleibt, mit sicherem Taktgefühl und natürlicher Großzügigkeit. Ich hatte plötzlich Lust zu schmunzeln, als ich durch das Innere dieses wabenartigen Baus spazierte – er war so voll von Schätzen, eine wahre Arche der menschlichen Verheißung. Zum erstenmal in meinem Leben hatte ich keine antichristlichen Gefühle. Roberto mußte an den tiefen Eindruck, den dieser herrliche Bau auf seine Touristen machte, gewöhnt sein, denn er tat nichts, sagte nichts, stand nur da, die Hände in den Hosentaschen, und wartete darauf, uns zu belehren, falls wir es wünschen sollten.

In einer Seitenkapelle las ein junger, schlanker Priester laut aus dem Meßbuch vor. Seine Gemeinde bestand aus zwei alten Waschfrauen, die halb zu schlafen schienen. Im dunklen Hintergrund der

* Gelon, 540–478 Kommandant unter dem Tyrannen Hippokrates, der 480 in der Schlacht von Himera die Karthager besiegt und Syrakus verschönt hat.

Kirche tollten ein paar Kinder herum, und ihre schrillen, hellen Stimmen ließen den Priester tadelnde Blicke in ihre Richtung werfen. Doch er fuhr unbeirrt in seiner Lesung fort, und sein salbungsvoller Tonfall verriet nicht nur, daß er viel Vergnügen an der Sprache hatte, sondern auch daß er wußte, wie geeignet seine Stimme für Poesie war. Er war ganz in Grün gekleidet, eine Farbe, die ich für gewöhnlich mit byzantinischen Roben in Verbindung brachte. Wie er so dastand an seinem reich geschnitzten Lesepult, sah er aus wie ein geschmeidiger, selbstgefälliger, grüner Salamander.

Während wir noch alle in der großen Kathedrale herumgingen, angenehm erregt von dem unerwarteten ästhetischen Vergnügen, fand Miss Lobb die passende Geste, unseren Gefühlen Ausdruck zu verleihen. Sie ging still ins Mittelschiff, kniete in einem Kirchenstuhl nieder, bedeckte ihr Gesicht und betete. Das Instinktive dieser Handlung hatte etwas Rührendes. Nach einem Moment des Zögerns folgten der Zahnarzt und seine Dame ihrem Beispiel. Und dann sah ich, wie der Bischof tief bewegt schluckte und einen hörbaren Schluchzer ausstieß, der seltsam kindlich klang – wie von einem vierzehnjährigen Knaben. Und es war ein enthüllender Moment, als seine Frau mit einer Geste der Sorge und Liebe seinen Arm nahm. Dieser Schluchzer eines Chorknaben vor dem Stimmbruch zeigte mir blitzartig, daß er unter schwerem, innerem Druck litt, mit Problemen gekämpft hatte – kurz gesagt: mit ZWEIFELN. Später, als mir Roberto von seinem Nervenzusammenbruch erzählte – den Gedächtnislücken, der zehrenden Schlaflosigkeit, den Tränenausbrüchen auf der Kanzel ... kam mir dieser Augenblick der Erregung, das Aufseufzen, wieder ins Gedächtnis zurück. Doch jetzt hatte ich das Gefühl – oder irrte ich mich? –, daß er den starken Wunsch empfand, es Miss Lobb gleichzutun und sich zum Beten hinzuknien, aber zurückgehalten wurde von irgendwelchen unbewußten, unformulierbaren Skrupeln gegen die heidnischen Überreste, die in die Kirchenwände eingebettet waren. Genauer gesagt, durch die Gegenwart Athenes. Aber vielleicht stimmt das auch nicht, vielleicht ist es nur eine romantische Idee von mir. Jedenfalls besteht kein Zweifel, daß er Miss Lobb mit einer Art hungrigen Neides beobachtete. Er stand still da, die mitfühlende, beschwichtigende, tröstende Hand seiner Frau auf dem Arm.

Ich selbst scheute mich nicht, Miss Lobbs Beispiel zu folgen, obwohl die Gebete, die ich anzubieten hatte, sich eher an Athene wandten als an die Heilige Jungfrau, was jedoch die Freude an der

Schönheit der Kathedrale nicht minderte. Hier hatte Martine versucht, ihre Kinder für die Geschichte des griechischen Siziliens zu interessieren – was eigentlich heißt: für die Geschichte von Syrakus –, denn hier war es, wo alles begann, auf dieser seltsamen, kleinen Insel. Am Anfang war sie sehr verzweifelt über die Banalität der Reiseführerbeschreibungen, doch als sie ihren Kindern die Geschichte vor Augen führte, fing sie an, diese als etwas sehr Reales und Farbenfrohes ‹zu sehen›. Es ist nicht Schuld der Reiseführer, denn sie sind gezwungen, trocken und genau zu sein; sie können sich die bunten Ausschmückungen nicht leisten, durch die Meisterjournalisten wie Suetonius so prägnant und visionär wirken. Suetonius weiß genau, wann er ein kleines, typisches, augenfälliges Detail einfügen muß, um eine Person lebendig zu machen. Mit einer Hasenscharte, einem Leberfleck, einem Silberblick, einer Glatze ... mit einer winzigen Eigentümlichkeit haucht er der Schilderung Atem ein. Der Reiseführer, den ich jetzt in Syrakus lese, erlaubt es sich, von dem großen Gelon von Gela lediglich wiederholt den Namen zu nennen – den Namen dieses bemerkenswerten, aber unbekannten Mannes, mit dem hier alles anfing, was Bedeutung hat und was Grundlage war für die große Blütezeit der griechischen Kultur, die uns sogar noch heute, im Verfall, anregt und tief berührt. Und nach all diesen Erklärungen – wer zum Teufel war Gelon?

Der ehrgeizige und energische Tyrann von Gela hatte seinen Tatendrang und sein administratives Talent schon früh bewiesen, als er eine diplomatische Ehe mit Damarete einging, der schönen Tochter seines Nachbarn Theron, des Tyrannen von Akragas. Doch seine große Chance erhielt er, als die aristokratische Partei von Syrakus ihn aufforderte, die Regierung der Stadt zu übernehmen. Er griff mit beiden Händen zu, nur zu glücklich, seine Macht in diesem diplomatischen Dreiecksbündnis, dem eine schwere Bewährungsprobe bevorstehen sollte – nämlich der Angriff der Karthager auf Himera –, weiter ausdehnen zu können.

Die Numerologen behaupten, daß es sowohl im Leben des einzelnen wie im Leben von Nationen schicksalhafte Tage und schicksalhafte Jahre gibt, für England waren das 1066, 1588, 1814, 1940 ... Für die alte griechische Kultur gab es einen solchen Tag im Jahre 480 vor Christi, als sich schließlich der griechische Geist durchsetzen und zur vollen Blüte entfalten konnte. An dem Tag, als Gelon und seine Bundesgenossen für Sizilien einen fast ein Jahrhundert lang währenden Frieden erfochten, besiegten die Athener die persischen

Armeen und verschafften sich dadurch einen gleich langen Zeitraum, in dem sie sich kulturell entwickeln und als Nation etablieren konnten. Es wird nirgends berichtet, ob die Astrologen diese beiden unsterblichen Siege vorausgesagt haben. Sogar heute, nach so langer Zeit, erscheinen einem diese Siege keineswegs voraussehbar – wenn man an die massiven Kräfte denkt, die gegen die Griechen zu Felde gezogen waren, und zwar gegen die in Sizilien wie gegen die auf dem Festland. Doch die Historiker scheinen nicht sonderlich erstaunt darüber zu sein, oder vielleicht verstehen wir ihre Ausdrucksweise nicht richtig. Denn etwas Umwälzenderes als diese Siege ist kaum vorstellbar, sie führten zu einem Triumphtaumel und der Errichtung von Triumphbauten, von denen diese großartige Kathedrale einer der späten Zeugen ist. Tausende von Sklaven wurden nach dem Sieg bei Himera gefangengenommen und bei diesen Projekten eingesetzt. Der neue Tempel der Athene wurde speziell zu Ehren und zur Glorifizierung dieser entscheidenden Schlacht konzipiert. Gelons Herrschaft war von erstaunlich kurzer Dauer – sie war so kurz wie einschneidend. Doch er hatte die Tore der griechischen Geschichte aufgestoßen.

Die Fertigstellung des berühmten Tempels erlebte Gelon nicht, da er 478 starb. Er vererbte alles, was er besaß, seinem Bruder Hieron I., der sein Vertreter in Gela gewesen war. Auch dessen Herrschaft dauerte nicht lange. Doch der Sieg über die Karthager bei Himera war so entscheidend gewesen, daß er es sich erlauben konnte, Atem zu schöpfen. Ein Zeitalter friedlichen Gedeihens und kultivierten Lebens begann in Syrakus. Hieron erwies sich als kenntnisreicher Kunstmäzen, und die Liste der zu Besuch kommenden Geistesleuchten ist höchst eindrucksvoll. Sie läßt einen das abstoßende Porträt, das der ehrenwerte Diodurus von ihm skizziert hat, mit gewissen Vorbehalten lesen. Er schreibt, der Geiz halte sich bei Hieron die Waage mit seiner Grausamkeit, und Offenheit wie Edelmut seien ihm mehr als fremd gewesen. Diesem Charaktermord müssen wir die Tatsache entgegensetzen, daß sowohl Pindar wie Aischylos und Simonides mit offenen Armen an seinem Hof aufgenommen worden sind. Pindar (bin ich im Unrecht, wenn ich ihn für einen eher schwerfälligen Dichter halte?) blieb ein ganzes Jahr lang und rühmte die Talente seines Gastgebers auf einigen recht ungewöhnlichen Gebieten, wie zum Beispiel dm des Wagenrennens. Aischylos scheint direkt verliebt in Sizilien gewesen zu sein. Es heißt, daß er das Glück hatte, seinen *‹Gefesselten Prometheus›* und seinen ‹*Befreiten Prometheus*› hier im Theater aufgeführt zu sehen, vermutlich zu einer Zeit, als man sein Werk noch für zu modern und für zu revolutionär im Stil hielt. Aber es gibt so vieles, was wir nicht wissen und vermutlich nie wissen werden. Von achtzig seiner Stücke kennen wir nur den Titel, und nur sieben haben überlebt. In dem rätselhaften Epitaph, das er über sich selbst schrieb, scheint er seinen Militärdienst auf Kosten seiner Kunst zu rühmen – was Deeds stark an seiner Aufrichtigkeit zweifeln läßt. Als Soldat hatte er eine geradezu absurd hohe Meinung von Männern, die schreiben können, und konnte wenig mit – wie er es nennt – ‹militärischem Geist› anfangen. Aber so ist es – Zivilisten sind immer stolzer darauf, Waffen getragen zu haben, als ein Berufssoldat. Nun, jedenfalls beschloß der Dramatiker, seine Tage in Gela zu beschließen, und vermutlich zogen ihn gerade die Dinge an, die den alten Gelon fuchsteufelswild gemacht hatten: der nicht vorhandene Hafen, die Abgeschiedenheit der ruhigen, kleinen Stadt hoch auf dem Vorgebirge über dem Meer, das Fehlen des üblichen politischen Rummels – das waren vermutlich genau die Dinge, die Gela für Aischylos so anziehend gemacht haben. Oder war es vielleicht etwas anderes, von dem der Tyrann selbst gar nichts wußte? Ich meine, das Bestehen einer religiösen Sekte, die sich zum pythagoräischen Leben und Prinzip bekannte? Wir wissen daß es in Gela eine solche Sekte gab.

Aber genug von diesen müßigen Betrachtungen; eines Tages (nahm ich mir im stillen vor) würde ich Martines Tochter fragen, wieviel sie sich von der Geschichte Siziliens gemerkt hatte – von dieser Kurzfassung, die ihre Mutter ihr gegeben hatte, während sie im kühlen Dunkel der Kirche saßen und dem Gurren der Tauben draußen im strahlenden Sonnenlicht lauschten.

Die Sonne schien tatsächlich so hell, daß diejenigen von uns, die dunkle Brillen hatten, sicher froh darüber waren. Mario war mit dem Bus weggefahren und hatte uns gesagt, er würde uns in ungefähr einer Stunde bei der Quelle der Arethusa auflesen, was uns genügend Zeit gab, ein bißchen im Museum herumzuschlendern, das genau gegenüber der Kathedrale lag, oder wo immer es uns sonst hinziehen mochte. Die Mikroskope, zum Beispiel, erschauerten schon bei dem Wort ‹Museum› und verschwanden in einer gemütlichen Bar. Ich hätte vielleicht das gleiche getan, aber Deeds hatte das Museum mit ‹OK, wichtig› gekennzeichnet, und ich dachte, es würde ihm Freude machen, wenn ich es mir kurz ansähe. Ehrlich gesagt, war es ziemlich enttäuschend, trotz der schönen Räume und der weiten Ausblicke auf den Hafen – eine wunderliche Ansammlung von allen möglichen Stein- und Tonwaren, meist ohne jede ästhetische Bedeutung, einfach aufbewahrt als historische Illustration für eine Epoche oder Entwicklungsstufe. Das Ganze wirkte wie ein Sammelsurium, und ich dachte mit einer gewissen Sympathie an Martines Bemerkung: «Wir laufen oft Gefahr, zuviel unnützes Zeug aufzuheben.» Immerhin amüsierte es mich, Beddoes zu beobachten, der leeren Blicks irgendein paläolithisches Fossil anstarrte und dann zu Deeds gewandt sagte: «Ich kann keinen Sinn darin sehen. Sie?» Vermutlich hatte er recht.

Ich besah mir pflichtgemäß die berühmte Venus Anadyomene in Saal neun, von der mein Reiseführer mir versicherte, sie sei beachtenswert wegen des ‹anatomischen Realismus› – was eine höfliche Umschreibung der ziemlich groben Stilelemente war. ‹Gesäßmäßig›, wie sie in New York sagen würden, ist sie alles andere als kallipygisch. Sie ist weicher als Zellulitis, und ihre träge Pose wirkt auf eine etwas lüsterne Art abgeschmackt. Man könnte sie ins Depot zurückstellen, ohne daß die Welt einen großen Verlust erlitte. Diese uninteressante Dame verdankt ihren Ruhm nicht den Dichtern, sondern den Historikern.

Es gab ein, zwei schöne kleinere Stücke, aber ehrlich gesagt, es war die Kathedrale, die mich beschäftigte, und ich konnte der Versuchung nicht widerstehen, mich davonzuschleichen, um sie mir noch einmal anzusehen. Der Gottesdienst war vorüber, aber in den Seitenkapellen brannten noch Kerzen mit ihrem typischen Geruch verbrannten Wachses. Eine Fliege flog in eine Flamme und starb mit dem Geräusch, das ein Streichholz auf einer Reibefläche macht. Was war es eigentlich, was mich an der Kathedrale so fesselte? Es war das harmonische Zusammenwirken von so vielen verschiedenen Stilelementen, die sich zu einem vollendeten Kunstwerk verbanden. Denn das war sie – ein Kunstwerk. Die Erbauer großer Kathedralen erlebten meist nicht die Vollendung ihres Werks, doch sie hielten sich an einen bestimmten Grundplan; hier dagegen war das Wunder durch eine Reihe von reinen Zufälligkeiten entstanden. Und das mit geradezu unvereinbaren Bestandteilen! Beginnen Sie mit einem griechischen Tempel, errichten Sie über dem Ganzen ein frühchristliches Gebäude, dem Sie später eine normannische Fassade hinzufügen, die beim großen Erdbeben 1693 zerstört wird. Und ohne davon entmutigt zu sein, machen Sie sich erneut ans Werk und ersetzen – unter völliger Verschiebung der Aspekte – die alte Fassade durch eine hochelegante Barock-Komposition, ungefähr in den Jahren 1728/54. Und das Ganze, beschädigt wie es ist, lächelt und atmet noch heute und beweist der Welt täglich seine Wirkungskraft, als ob es von einem Michelangelo oder Leonardo entworfen sei. Ich holte die anderen in einer Seitenstraße ein, als sie ihre Schritte träge zu dem Treffpunkt mit Mario lenkten.

Nicht viele hatten die Pause der Kultur gewidmet wie wir. Die französischen Damen hatten Tausende von Postkarten erstanden und gackerten vor Freude über deren Billigkeit wie die Hühner. Und der Bischof – wo war der Bischof? Im Museum hatte ich ihn nicht gesehen, und ich fragte mich, ob er tatsächlich die Hüfte der Venus im Vorbeigehen gestreichelt hatte. Beddoes schwor, er habe ihn dabei ertappt, doch man konnte ihm nie ganz trauen. Als wir zu dem kleinen Platz mit der Fontäne kamen, sahen wir, daß sie alle schon da waren und sich über das Geländer beugten. Und hier sollte eine Tragödie über uns hereinbrechen. Der Bischof, ein praktischer Mann, hatte ein kleines Opernglas bei sich, durch das er die architektonischen Einzelheiten mit gewissenhafter Aufmerksamkeit betrachtete – ‹Abstand gewinnen› nannte er das. Er nahm eine ganz bestimmte Körperhaltung ein, während er zu den Wasserspeiern und Heiligen der Gebäude hinaufstarrte, die wir gerade besichtigten. Das war wirklich praktisch. Wie sonst sollte man Orte wie zum Beispiel Chartres richtig genießen? Ich bedauerte, daß mein eigener Feldstecher zu groß und zu plump zum Mitnehmen war; er eignete sich für Landschaften, das ja, war aber zu unhandlich für Feinheiten.

Seine sanftmütige Gattin war schon unten gewesen, um die Temperatur des Wassers in der Fontäne zu prüfen; sie verkündete, es sei ziemlich kalt. Ich für mein Teil hatte lebhafte Befürchtungen, daß die Italiener die Fontäne bald in eine Mülltonne verwandeln würden – ich übertreibe, aber eine Coca-Cola-Flasche und eine Zeitung schwammen bereits im Strudel des Brunnenbeckens, aus dessen Mitte ein starker Strahl hochschoß. Wäre die Fontäne in einem besseren Zustand gewesen, hätte sie zweifellos sehr hübsch ausgesehen. Auf die Nymphen-Legenden, die sich an sie knüpfen, gehe ich hier nicht ein, da man sie in allen Reiseführern finden kann. In dem Bekken schwammen einige dunkle, große Fische mit Tupfen – sie erinnerten ein wenig an Forellen –, die sich in den Strudeln drehten und tummelten und sich ihnen mit sichtbarem Vergnügen seitlich entgegenstellten. Es wuchsen Büschel von kräftigem Papyrus aus dem

Wasser. Aber das reizvollste an der Fontäne war ihre Lage, sie lag auf gleicher Höhe mit dem Meeresspiegel, so daß man den Eindruck hatte, die kleinste Welle könnte in sie überschwappen und den Frieden Arethusas stören – falls sie noch dort hauste. Die Frau des Bischofs lehnte ganz entzückt in dem wohligen Sonnenlicht über der Brüstung, und dann plötzlich entglitt der armen Person das kleine Opernglas, und sie mußte, starr vor Schrecken, zusehen, wie es die Treppe hinabpolterte und ins Wasser fiel. Niemand sprach. Sie erbleichte, in das Gesicht des Bischofs trat ein Ausdruck fassungsloser Wut – als sei ihm diese Ungerechtigkeit von den Göttern widerfahren, vielleicht sogar von Arethusa selbst? Und seine Frau sei nur das ausführende Instrument der Nymphen gewesen. (Vielleicht als Strafe dafür, daß er die Rundungen Anadyomenes gestreichelt hatte?)

Tödliches Schweigen senkte sich über uns. Es war klar, daß dies ein Grund für eine Scheidung war, wenn nicht für Ärgeres. Im Gesicht der armen Dame arbeitete es – wie sich die Massenpresse auszudrücken pflegt. Sie öffnete die Lippen, wollte sprechen, brachte aber nur ein verzweifeltes, angstvolles, dümmliches Lächeln zustande.

Wir alle empfanden tiefstes Mitleid mit ihr, als wir unsere Blicke dem Bischof zuwandten und seine ergrimmte Miene sahen. Und all dies, so lang in der Beschreibung, spielte sich innerhalb einer Sekunde ab. Die Rettung kam von Mario. Er stieß einen Freudenschrei aus, als hätte er schon seit einem halben Jahrhundert auf dieses Ereignis gewartet, stürmte die Stufen hinunter, zog die Hosenbeine hoch, entledigte sich seiner Schuhe und Socken und watete ins Wasser, schaudernd vor Kälte, aber grinsend vor Vergnügen. Er gab dem Bischof das Opernglas zurück, der bedankte sich herzlich und sagte, es müsse erst einmal trocknen, und selbst *dann* könne man nicht sicher sein (ein zornfunkelnder Blick zu seiner Gattin), ob es nicht beschädigt sei. Möglicherweise müsse man es völlig auseinandernehmen und reinigen. Nun, das würde sich erweisen.

Und dabei blieb es. Mario drehte sich auf dem Absatz um, und wir schlenderten zu unserem Bus zurück, der in einer schattigen Ecke stand – die Hitze hatte bereits eingesetzt. Wir machten eine gemächliche Rundfahrt um die kleine Insel, was mich ein wenig an die Rundfahrten um die Stadt Korfu und ihre Befestigungen erinnerte. Das Meer glitzerte und zwinkerte, und hie und da, an einem schattigen Ort, leuchteten plötzlich Drillingsblumen oder Oleanderbüsche auf, um das Grau der Steine zu mildern. Doch alles wirkte verlassen – das alltägliche Treiben der Stadt konzentrierte sich auf den Apolloplatz. Hier oben dagegen öffneten sich die Gebäude nach innen, sie waren voller Zurückhaltung, was sich in ihren Höfen und Patios ausdrückte. Die Erklärung ist natürlich das salzhaltige Meer, das alles zerfrißt. Ich denke unter anderem an das riesige Castello Maniace, das in Stil und Epoche im krassen Kontrast zu den griechischen Überresten steht, auf die wir uns spezialisiert hatten. Laut Roberto gab es noch viele andere Beispiele dieser Bauart auf der Insel. Und wenn die Leute nicht so versessen wären auf griechische Ruinen, könnten sie von einer Besichtigung der *palazzi* auf Ortygia sehr profitieren. Wir warfen nur einen kurzen Blick auf zwei dieser *palazzi*, die von zurückhaltender Vornehmheit waren und Robertos Urteil vollauf bestätigten. Dann ging es wieder durch ein Netzwerk enger Straßen, durch die Mario uns mit wirklich erstaunlich müheloser Geschicklichkeit steuerte; an manchen Stellen war sein Seitenspiegel nur wenige Zentimeter von der Mauer entfernt, ohne sie je zu berühren. Vermutlich war seine jahrelange Praxis die Erklärung dafür. Ich fragte mich, wie viele Karussellreisen im Jahr wohl auf ihn entfielen.

Wir rollten zurück über den Damm und hinein in einen ziemlich starken Verkehr. Mario hielt sich die ganze Zeit rechts, und allmählich ließen wir die Häuser hinter uns und erreichten das Meer und zugleich ein freundlich aussehendes Fischrestaurant, das direkt am Strand lag. Es hatte seinen eigenen Landungssteg und Holzflöße, die in Ufernähe dümpelten. Ein Bad in dieser Bläue würde uns die kleine Mißhelligkeit vergessen lassen, dachte ich, und offensichtlich hatten andere die gleiche Idee, zumindest nach der Munterkeit zu urteilen, mit der sie auf die Terrasse eilten und sich nach Umkleidemöglichkeiten umsahen. Dankbar nahmen wir einen zeitlich gut geplanten Apéritif ein, den Roberto aus eigener Tasche zahlte, obwohl er schwor – nicht sehr überzeugend –, daß er das Geld von den Reiseveranstaltern zurückbekäme. Er war so überglücklich. Wir hatten uns vorbildlich benommen, es hatte weder Streit noch Verstimmung gegeben. Das Mittagessen erwies sich als eine der guten, typisch italienischen Mahlzeiten – verschiedene gegrillte Fische mit frischen Zitronen, gefolgt von einem Auberginenauflauf, der mich jedoch mehr an Griechenland und Anatolien als an Italien erinnerte. Der Wein – ein Rotwein mit einer kleinen ‹Blume› – war durchaus trinkbar, nicht zu fruchtig, wie er in Ländern, in denen die Menschen mit Vorliebe pures Zuckerwasser mit einem winzigen Spritzer Alkohol trinken, sonst nur zu gern angeboten wird. Wir rühmten den Wein und benahmen uns wie hochgemute Sikuler, indem wir laut mit den Lippen schmatzten und das Glas gegen das Licht hielten. Vino! Nicht alle von unserer Gruppe badeten, so daß wir warten mußten, bis alle versammelt waren, ehe die warmen Gänge serviert werden konnten; *amuse-gueules* in Gestalt von Gurken und Radieschen besänftigten das nagende Hungergefühl. Das Licht war wunderbar, und die leichte Brise, die vom glitzernden Meer herüberwehte, verlieh allem eine pulsierende Gewichtigkeit. Was immer wir von Sizilien vergessen mochten, dieser Tag würde uns in Erinnerung bleiben.

Die Höhlen und Steinbrüche, Latomie genannt, sind heutzutage eine der Sehenswürdigkeiten der Stadt. Früher brach man hier die Steine für Tempel und Paläste. Doch seit sie nicht mehr genutzt werden, haben sie sich in unterirdische Grotten verwandelt, mit üppiger Vegetation, die so dicht wuchert, daß man das fachmännische Können von Landschaftsgärtnern benötigt, um sie in Schach zu halten – ja, sogar die Hilfe von Technikern, die Wege freilegen und asphaltieren, damit das Publikum ausgedehnte Spaziergänge durch diesen unterirdischen Dschungel unternehmen kann. Doch dieser Ausflug war erst für die kühlen Abendstunden vorgesehen, jetzt, nach dem Mittagessen, sollten wir eine Siesta im Hotel einlegen. Ein höchst angenehmer Gedanke, der anscheinend bei allen Anklang fand. Der französische Graf war erfreut, als ich sagte, wie sehr ich es bedauerte, daß es keinen amüsanten Reiseführer durch Sizilien von Stendhal gäbe, ein Gegenstück zu seinen *‹Spaziergängen durch Rom›*. Er wäre, in der Tat, ein idealer Gefährte für die Reise gewesen – er, und dazu vielleicht noch ein bißchen Goethe.

Vermutlich existierte auch irgendwo ein guter sizilianischer Kandidat, doch unsere Unkenntnis der Literatur der Insel war abgrundtief. Ja, Pirandello und Lampedusa und jemand, der Lawrence erfolgreich übersetzt hatte; ich hatte auch von anderen gehört, deren Ruf weit verbreitet war, aber mir fielen ihre Namen nicht ein. Und außerdem war Roberto ungeduldig und aß sein Essen irgendwie erschöpft und zerfahren. Er hatte einen langen, morgendlichen Marsch hinter sich und war nicht für beiläufiges Geplauder vor seinem Mittagsschläfchen zu haben.

So kehrten wir, gut genährt und erholt durch ein stärkendes, kaltes Bad im Meer, ins Hotel zurück. Im Gegensatz zur Küste war es im Hotel, das ein Stück landeinwärts lag, ziemlich heiß. Ich öffnete die Fensterläden und trat auf den Balkon, um zu prüfen, wie es um die Siesta-Voraussetzungen stand. Zu meiner Linken hängte der vorsorgliche Deeds seine Badehose auf, unmittelbar rechts neben mir hatte der Bischof sein Opernglas auf die Balustrade zum Trocknen gelegt, es zeigte seine Anwesenheit im Nebenzimmer an. Hinter dem bischöflichen Balkon stand die Gestalt Beddoes, in irgendeine häusliche Beschäftigung vertieft – er schien Socken zu stopfen. Ich beschreibe diese Zimmerverteilung mit einer gewissen Genauigkeit, weil sich ein kleiner Zwischenfall ereignete, der dem Porträt des geistlichen Ehepaars Tiefe und Perspektive verlieh – sie in ein irgendwie interessantes Licht rückte. Keiner der beiden war auf dem Balkon, doch die Fensterläden standen offen. Beddoes schickte sich an, mir über die Distanz eine muntere Bemerkung zuzurufen, aber ich gebot ihm Schweigen, indem ich auf den Balkon des Bischofs deutete und schlafende Leute mimte. Er schloß gehorsam den Mund, und in diesem Augenblick hörten wir die Stimme der Dame, laut und vorwurfsvoll. Sie sagte: «O ja, du *bist* – und du weißt es – *gegen das gesamte Universum!*» Diese gewichtige Anklage, ätzend genug, um ein neues Konzil von Nicäa zu veranlassen, hallte in der Stille wider und blieb dort hängen, sozusagen unmodifiziert durch ein weiteres Geräusch oder eine Geste. Beddoes und ich starrten uns an. Deeds zog sich diskret zurück. Ich schickte mich an, das gleiche zu tun, als ich das Klatschen eines Schlags vernahm – es war deutlich und unmißverständlich ein Schlag, und wiederum folgte eine Welle des Schweigens. Wir blieben einen Moment lang unschlüssig stehen, Beddoes und ich, wie flüchtig mit der Spritzpistole skizzierte Figuren, oder wie Götzenbilder, flimmernd in einem Sonnenstrahl reflektiert. Danach geschah nichts mehr, und wir verzogen uns beide taktvoll in unsere jeweiligen Zimmer, wo ich fast sofort einschlief, nachdem ich meinen Wecker auf vier Uhr gestellt hatte. Einen Moment überlegte ich mir, wer wen geschlagen haben mochte – war sie es, die ihn geohrfeigt hatte? Es war kaum vorstellbar, daß er ihr für die unverschämte Bemerkung eine gelangt hatte. Und überhaupt, was hatte sie gemeint? Haben Frauen denn keinen angeborenen Respekt vor dem Priestergewand? Doch der Schlaf kam, kam barfuß, lautlos über den Fliesenboden, und vertrieb diese sinnlosen Fragen. Der Wecker gellte mir in den Ohren und ließ mich erschreckt hochfahren – es war wie ein Donnerschlag aus heiterem Himmel.

Als ich auf die Terrasse kam, waren wir fast alle versammelt; wir tranken ausgezeichneten Tee und verdrückten verschiedene Arten von Kuchen. Der Stimmungsumschwung des Bischofs glich einem Wunder, er lächelte und war überschwenglich freundlich und völlig entspannt. Er liebkoste den Arm seiner Frau wie ein täppischer, ergebener Jagdhund. Und auf ihren Wangen schimmerte eine leichte Röte – hatte sie sich geschminkt? Jedenfalls war sie nicht so blaß wie sonst. Beddoes warf uns vom Nebentisch her einen Blick zu und machte ein verschwörerisches Gesicht, was Deeds ignorierte, Beddoes jedoch nicht davon abhielt, zu uns herüberzukommen und uns heiser zuzuflüstern: «Nach dem Schlag haben sie sich den ganzen Nachmittag geliebt, auf eine entkörperlichte Weise – vielleicht zum erstenmal seit ihrer Heirat vor fünfzig Jahren; aber ich habe nicht herausbekommen, wer wen geschlagen hat. Sie? Auf jeden Fall, dieser harmlose Schlag hat eine unirdische Lust entkorkt ...» Deeds wurde ärgerlich und sagte: «Ich wünschte, Sie würden abhauen, und nehmen Sie Ihre Gerüchte mit.» Beddoes sah ihn beleidigt an. «Es sind keine Gerüchte», sagte er, «ich habe sie durchs Schlüsselloch beobachtet.»

Der Mann war unverbesserlich. Und Deeds sagte es ihm, so unverblümt und grob, wie seine gute Erziehung es ihm erlaubte. Aber auch das schüchterte den Burschen nicht ein, er folgte uns stur und setzte sich im Bus neben uns. Es war eine kurze Fahrt, trotzdem verlor ich meinen Orientierungssinn, ich hätte nicht sagen können, ob wir nach Osten oder Westen fuhren. Doch heute erwartete uns etwas ganz Besonderes: wir wurden auf einem schattigen Weg abgeladen, wo ein anderer Führer unser harrte – zu Robertos großer Erleichterung. Es war ein älterer Herr mit Sonnenbrille, der wie ein Polizist aussah oder wie ein Spion in einem Detektiv- oder Spionageroman. Sonnenbrille, mit so dunklen Gläsern, daß man seine Augen nicht sehen konnte. Er trug eine Fliege und einen Homburg zu seinem gut geschnittenen, aber ziemlich abgetragenen Anzug. Und Manschettenknöpfe. Er war anfangs schwer einzuschätzen, da sein Benehmen etwas Grandseigneurhaftes hatte. War er ein verkrachter Aristokrat, der diese Arbeit der Trinkgelder wegen tat? Ich glaube, Deeds hatte die richtige Idee, als er sagte, er sei ein emeritierter Universitätsprofessor der klassischen Philologie, der sich im Ruhestand langweile und froh sei, sein Wissen auf diese Art zu nutzen. Er war zweifellos ein hochgebildeter, gelehrter Herr, und sein Englisch wie sein Französisch waren, trotz eines leichten Akzents, ausgezeichnet. Überdies liebte er sein Thema und verstand es, seine Begeisterung anderen mitzuteilen. Wir waren in guten Händen für die Besichtigung der römischen und griechischen Schätze: des römischen Amphitheaters und des griechischen Theaters, die günstigerweise Seite an Seite lagen, obwohl sie verschiedenen Epochen angehörten. Es war für uns äußerst lehrreich, sie beide zugleich vor Augen zu haben, zum Vergleich – und der alte Herr sagte uns das auch.

Doch ich gehe zu schnell vor, denn zuerst wurde unsere Aufmerksamkeit auf den riesigen, von Hieron erbauten Zeus-Altar gelenkt, von dem nichts erhalten geblieben ist außer den Fundamenten und einigen verstreuten Steinresten, die auf seine ursprüngliche Funktion hindeuten – an ihm wurden den Göttern Mengen von Opfern dargebracht. Man kann noch die Rampe sehen, über die man die Tiere nach oben trieb, wo die Priester warteten, um sie zu töten. Dies gab unserem Führer die Gelegenheit zu einem kleinen Vortrag über die Natur und den Zweck des griechischen Opfers – und hier natürlich konnte man den großen Unterschied zwischen ihm und Roberto sehen. Er kannte sein klassisches Griechenland und hatte das moderne ausgiebig bereist, so daß er einen Maßstab besaß, den er an Sizilien anlegen konnte. (Diodor berichtet, daß ein typisches hiesiges Opfer 450 Ochsen zählte – eine stolze Zahl.) Doch unser Führer beeilte sich, uns zu erklären, daß diese Sitte nichts Schauriges, Grausames oder Deprimierendes an sich hatte, denn die gesamte Stadt verzehrte die Opfertiere, nachdem sie von den Priestern geweiht worden waren. Es war wie ein Fest, bei dem niemand zahlte. «Griechische Dichter des fünften Jahrhunderts haben eine sprachliche und seelische Einstellung zur Religion, die voll von fröhlicher Zuversicht ist – eine freundschaftliche Verbundenheit mit den Göttern, deren Verehrung nichts weiter als ein hoher Festtag für die Menschen ist.» Das war natürlich ein Zitat, und Deeds, der diese Fahrt schon einmal mitgemacht hatte, flüsterte mir zu, daß es von Jane Harrison stamme. (Friede ihrem Schatten!) Doch nun war der Führer in vollem Schwunge, er warf uns einen Brocken Xenophon hin, den ich später aus seinem kleinen, schwarzen Notizbuch abschrieb. Es war sehr treffend formuliert: «Was nun die Opferungen, Heiligtümer, Festlichkeiten und heiligen Haine betrifft, so hatte das Volk entdeckt – wissend, daß es für den einzelnen armen Mann unmöglich ist, zu opfern und zu feiern und Heiligtümer in einer schönen, reichen Stadt zu haben –, wie es in den Genuß dieser Privilegien kommen konnte: Der Staat als Ganzes opfert, auf gemeinsame Kosten, eine große Anzahl von Tieren, während das Volk sie verschmaust und durch Los unter sich verteilt.» Der alte Herr machte keinen Hehl aus der Tatsache, daß er zitierte, denn er schlug mit den Fingern den Takt zum englischen Text und fügte auf englisch und französisch hinzu: «Die Religion war damals wie eine große *fiesta*. Noch heute haben wir Sizilianer uns einen Nachklang dieses Gefühls erhalten – ganz im Gegensatz zu den Italienern.» O je, noch ein fanatischer Nationalist!

Doch er beherrschte sein Thema voll und ganz, und an diesem heißen Nachmittag, der sich langsam dem Abend zuneigte, schilderte er uns eindrucksvoll diese einst großartigen Bauten, die jetzt aller Ornamente entblößt, aller Bildwerke beraubt, ungeschützt von Schatten vor uns lagen. Trotzdem ist es ungemein schwierig, sich vorzustellen, wie dieser große Altar einmal ausgesehen haben muß. Alle Statuen sind verschwunden und ebenfalls die Säulen. Doch selbst wenn diese erhalten geblieben wären, sähen sie vermutlich so aus wie die in den noch existierenden sizilianischen Tempeln: ihrer falschen Marmorverschalung entkleidet, nun von der Farbe getrockneten Tabaks. «Es ist vermutlich dumm zu bedauern, daß die einander ablösenden Kulturen alle schönen Dinge zerstören; denn wenn nichts zerstört würde, wo zum Teufel sollten wir alles unterbringen?» Das waren Deeds' grüblerische Betrachtungen, während wir in dem heißen römischen Amphitheater saßen, Grashalme kauten und den starken, harzigen Geruch der heißen Pinien einatmeten, was mich spontan an die Hänge der Akropolis erinnerte oder an Lycabettos, wo ich als junger Mann oft in warmen, windstillen Sommernächten, unter blitzenden Sternschnuppen im Freien geschlafen hatte. Hier muß es genauso sein.

Der Fremdenführer sprach unentwegt von dem großen Glück für uns, daß wir hier in Sizilien, wie nirgendwo sonst, die römische und die griechische Kulturwelt Seite an Seite sehen könnten. «Allein die architektonischen Formen zeigen Ihnen zwei völlig verschiedene Auffassungen. Dieses große Amphitheater war von den Römern für das Auge angelegt, für eine *Schaustellung*, eine Schaustellung fürs Publikum. Und hier, nur ein paar Meter entfernt, haben Sie den griechischen Halbkreis – angelegt in einem anderen Zeitalter und für das *Ohr*. Der Unterschied zwischen Kunst als quasi religiös-intellektuellem Ereignis und Kunst als Volksspektakel. Aischylos und seine Götter gegen Brot und Spiele. Hier können Sie die beiden Auffassungen studieren, als existierten sie historisch zur gleichen Zeit, während in Wirklichkeit Jahrhunderte dazwischenliegen.» Es war witzig und anregend, diese verfallenen Bauten einer verlorenen Welt unter diesem Gesichtspunkt zu betrachten. Die Hitze der untergehenden Sonne war noch immer drückend, die Felsen blendeten. Kapernsträucher wuchsen auf den weißen Felsen, wie in Athen. Es gab sogar eine kleine Eule, die auf eine Zypresse flog und den unverkennbaren, melancholischen, kleinen Schrei der *skops* ausstieß. Aber es ist erstaunlich, mit welcher Schnelligkeit der Ur-Zustand und die Funktion der Dinge verlorengehen. Der Archäologe versucht, eine Art von Palimpsest von sich überlagernden Kulturen vorzutragen, deren eine die andere verdrängt oder entstellt – und dann versucht er, dem, was er sieht, eine *raison d'être*, eine Funktion, zuzuschreiben. Vergebens. Oder zumindest in Sizilien und ganz besonders hier in Syrakus. Die Ruinen wahren ihr Geheimnis. Die Bauten sind so abgenutzt wie die Zähne eines alten Kieferknochens. Was exportierbar war, war entbehrlich, was schön war, war wert, geplündert zu werden. Nur der heiße, nackte Fels bewahrt noch hier und da die Spur einer halb verwitterten Inschrift, oder den Sockel einer verschwundenen Statue, oder das ausgemeißelte Loch für den steinernen Verbindungszapfen. Es war alles vergangen, so wie das Fleisch in der Erde vergeht. Doch wenn man in diesem alten römischen Theater sitzt, bedarf es keiner großen Anstrengung der Phantasie, um sich die Menschenmassen, die jetzt ihrerseits von den Jahrhunderten verschlungen sind, beim Zuschauen der Spiele vorzustellen, die der Staat für sie veranstaltete – blutige Spiele.

Rund um die Arena liegen die düsteren und verschwiegenen Käfige, in denen die Löwen und Tiger für die Kämpfe untergebracht waren. Die Gladiatoren oder Sklaven konnten die Türen nach Belieben öffnen – und dabei konnten sie Glück haben, denn nicht hinter jeder Tür befand sich ein Tier. Das hatte ich nicht gewußt. Laut unserem alten Führer respektierten die Zuschauer eine glückliche Wahl und ließen den Sklaven frei, falls er nicht sein Geschick unter Beweis stellen wollte. Auch solle man nicht denken, fuhr er fort, daß diese Art Kämpfe für einen erfahrenen Gladiator besonders gefährlich gewesen seien – es waren meist ehemalige Soldaten im Ruhestand. Sich einem Löwen zu stellen und ihn zu töten, sei nicht gefährlicher gewesen, als wenn heutzutage ein Boxer versuche, einen Kampf gegen einen Schwergewichtsmeister zu gewinnen. Na, ich weiß nicht. Das deutsche Mädchen schien damit auch nicht ganz einverstanden zu sein. Sie war sichtlich aufgeblüht, seit sie entdeckt hatte, daß einer von den eher langweilig wirkenden, semmelblonden Männern unserer Gruppe (ich hatte ihn für einen Holländer gehalten) in Wirklichkeit ein Landsmann von ihr war, ein Architekturstudent. Er hatte während unseres Mittagessens am Meeresstrand auf einer Papierserviette eine Skizze von ihr gemacht. Dieses plötzliche *rapprochement* war ein harter Schlag für Roberto, der seine Freundschaft zu der blonden Schönheit durch diskrete Gaben wie Bonbons oder durch kurze, nur für sie bestimmte Berichte nach und nach gefestigt hatte. Alles ganz sittsam – es war reine Sympathie, die zwischen ihnen aufblühte. Sie beugten die Köpfe über eine Landkarte oder einen Stadtplan, bis sie sich berührten ... aber ganz zufällig natürlich. Und nun dieser verdammte deutsche Student mit seinen Sommersprossen und X-Beinen ...

«Wir wissen nicht genug über diese Dinge, aber es besteht kein Grund zu der Annahme, daß die Gladiatoren immer umkamen. Einige, die mehr Glück hatten als andere oder mehr Geschick, haben sogar einen Broterwerb daraus gemacht. Warum eigentlich nicht?»

Ich mußte an die moderne Version der römischen Gladiatoren denken – an die *razateurs* der Provence, die sehr gut von den Geldpreisen leben, die sie für das gefährliche Spiel des ‹Konkarde-Schnappens› bekommen: Diese *Course de vaches* ist eine harmlose Variante des Stierkampfs, weit verbreitet im Midi, bei der der Stier nicht getötet wird.

«Sogar der Sklave oder Christ, der das Glück hatte, sagen wir, zweimal hintereinander einen Käfig zu öffnen, in dem kein Tier war, bekam höchstwahrscheinlich das Zeichen des nach oben gekehrten Daumens und wurde freigelassen. Zugrunde lag dem allem sicher die Ehrfurcht vor dem Schicksal oder der glücklichen Fügung – die einmalige Chance übt immer eine gewisse Anziehungskraft aus – *rouge ou noir*, Leben oder Tod ...»

Das deutsche Mädchen war inzwischen hinuntergestiegen und stand jetzt im Zentrum des Amphitheaters, um die Akustik auszuprobieren. Sie sang einen Vers aus einem Volkslied, mit einer wunderbar modulierten Altstimme, die Robertos Blut gewaltig in Wallung brachte. Dann wandte sie sich lächelnd ihrem greulichen Landsmann zu und tätschelte seinen Arm. *Sie tätschelte seinen Arm!* Miss Lobb hatte einen Stein im Schuh.

«Bevor wir die Römer verlassen – dieses ist eins der größten Amphitheater, die es gibt –, muß ich leider gestehen, daß wir noch immer nicht für alles, was wir gerne wüßten, eine Erklärung haben. Zum

Beispiel dieser Wasserbehälter in der Mitte, er ist viel zu klein, um von bewässerungstechnischer Bedeutung zu sein. Ein Weihwasserbecken? Wir wissen es nicht.»

Hier hatte ich einen Geistesblitz: Bei uns im Midi gibt es, neben den offiziellen Stierkämpfen nach spanischer Art, gelegentlich Abende der *Course de vaches*, wo man die Stierkälber und Kühe ausprobiert. Man fordert die jungen Leute auf, in den Ring zu springen, um zu zeigen, was sie können. Die Hörner der Stierkälber sind umwickelt, so daß nichts passieren kann. Diese lustigen, verrückten Abende nennt man *Les Charlotades*, in Erinnerung an Chaplin. Und tatsächlich sind oft ein paar Dorfjungen als Charlies verkleidet und betreten die Arena mit Regenschirmen, um mit den Stieren zu kämpfen. Das Herumtollen von Stieren und Charlies ist ungemein spaßig, bringt jedoch gelegentlich einen kurzen Stoß in den Hintern von einer munteren, jungen Kälbin ein. Eine der besonderen Attraktionen dieser Abende ist die *piscine*, ein Wasserbehälter in der Mitte der Arena, über den und in den alle jungen Amateur-Matadore springen. Die Kapriolen des Stiers, verwirrt vom Wasser und abgelenkt von dem Geschrei der Kinder, sind amüsant anzusehen. Die *piscine* ist ein nicht wegzudenkender Bestandteil einer solchen *Charlotade* und wird auf allen Plakaten angekündigt: *Course libre avec piscine*. Was einen auf den Gedanken bringt, ob nicht auch die Römer die *Course de vaches* gekannt haben und ob sich nicht Anklänge ihres Aufenthalts in der Provence (das Land ist noch immer übersät mit ihren grandiosen Bauten) in Form dieser seltsamen Variante des klassischen Stierkampfs erhalten haben. Doch dies war nicht der Moment, meine gelehrte Theorie dem alten Herrn vorzutragen, der nunmehr Anzeichen wohlverdienter Müdigkeit zeigte. So ließ ich das Ganze unter den Tisch fallen, versprach mir jedoch selbst, der Sache nachzugehen, sobald ich wieder in der Provence wäre.

Als die Fotoapparate endlich aufgehört hatten zu klicken, schlenderten wir hundert Schritte zurück in eine andere Welt – die so verschieden war in ihrer weißen Gegenwärtigkeit, daß das ganze römische Unternehmen mit seinen riesigen Ausmaßen und seiner Unpersönlichkeit hoffnungslos gegen sie abfiel. Das weiße, fast spröde, kleine Theater versinnbildlichte eine innere Geschlossenheit und lebendige Intelligenz, eine Welt, in der die Dichter auch Mathematiker waren. Hier war eine gestalterische Verbindung hergestellt, die wir gerade erst tastend anfangen wiederzuentdecken.

Die blaue Unendlichkeit des Himmels und der weiße Marmor waren die Grundelemente der griechischen Gestaltungskraft; die Römer verbindet man irgendwie mit einer honig- oder graubraunen Farbe, mit einer massiven Eloquenz, dazu bestimmt, die Ewigkeit zu überdauern. Die Griechen dagegen fühlten die Zeit durch ihre Finger rinnen – man mußte den günstigen Augenblick schnell wahrnehmen, ehe er zerrann wie Quecksilber und für immer verloren war. Doch es herrschte ein strenges Maß in diesem Bewußtsein der Flüchtigkeit – der Gesang beruhte trotz aller Erhabenheit (oder vielleicht gerade deswegen) auf einer mathematischen Gleichung, die ihn mit seinem himmlischen Ursprung verband, mit der Harmonie des Alls.

Martine: «Ich weiß nicht, wie Du die Steinbrüche finden wirst. Erdlöcher hatten immer eine deprimierende Wirkung auf mich, und Latomie bildete keine Ausnahme, besonders da ich dort eines Nachmittags herumwanderte, bei sinkender Sonne und tiefen Schatten, die Wellen von Feuchtigkeit ausdünsteten. Schön sind die Gärten in ihrer Üppigkeit sicher. Doch ein-, zweimal, als ich ganz allein war auf den asphaltierten Wegen zwischen den dichten Zitronenhainen mit ihren großen Fruchtbündeln ... ergriff mich eine Art Panik, ein Gefühl der Bedrückung, eine Vorahnung von Unglück. Ich hatte fast den Wunsch umzukehren und zurückzulaufen, zurück ins warme Sonnenlicht, nach oben in die offene Welt. Es war genau das ‹panische› Gefühl, über das Du einmal gesprochen hast. Aber in Griechenland überfällt es einen genau zur Mittagsstunde, wenn plötzlich Stille herabsinkt, die Zikaden schweigen, das Meer abflaut, die gesamte Natur die Luft anhält und man Pan atmen hört, während er unter einem Olivenbaum schläft. Wir alle haben das erlebt. Es ist ein erschreckendes Erlebnis. Nun, dort unten in der Latomie habe ich es wieder erlebt und schrie auf, um die Kinder zu rufen, die im ‹Ohr von Dionysos› herumkletterten, um das Echo auszuprobieren. Ich war froh, als sie angelaufen kamen.» Soweit Martine über diese eigenartigen Höhlen. Die eine, die wir besichtigten, war eben dieses Paradiso, in dem sich das seltsame Gebilde befindet, das Caravaggio angeblich das ‹Ohr des Dionysos› getauft hatte.

Unser Führer, der nun ziemlich erschöpft war von seinen langen, ausgezeichneten Erklärungen zu den Baudenkmälern über der Erde, führte jetzt die trödelnde Schlange hinter sich die abschüssigen Rampen und Wege hinunter in den Paradies-Steinbruch. Ich sah gespannt einem Zusammentreffen mit Martines Version des großen Gottes Pan entgegen. Gewiß, der Ort war ein bißchen bedrückend und luftarm, aber über seine Einzigartigkeit bestand kein Zweifel. Man hätte fast meinen können, er sei bewußt angelegt und nicht zufällig aus dem Stein gemeißelt worden, von Baumeistern, die etwas ganz anderes im Sinn hatten. Die Anlage der Gärten war faszinierend – sie besaßen eine fast türkische Vielfalt und Fülle. Es gab Wasser hier und Schatten und Feuchtigkeit im Boden, so daß alle Arten von Früchten und Blumen in einer Pracht gediehen, die wirklich paradiesisch war. Doch die behauenen Steinwände selbst wirkten irgendwie gekünstelt, es gab überall Grotten und Höhlen, Giebel und Säulen, die auf höchst prekäre Art weite Abschnitte unterhöhlter Erdmassen abstützten. Das Ganze erinnerte stark an Skizzen von Doré oder Hugo.

Aber von Pan selbst gab es nicht die geringste Spur. Leider. Ich dachte, das läge vielleicht an der Tageszeit – vielleicht war sie genau um die Mittagsstunde hier gewesen? Aber nein, denn sie hatte von der sinkenden Sonne gesprochen. Von der Üppigkeit einmal abgesehen – es gab Weinreben, die buchstäblich auf die großen, grünen Bäume sprangen, um die ausgebreiteten Äste zu dekorieren – fühlte ich mich vor allem an die tiefe Melancholie der Passagen des Thukydides erinnert, in denen er das Schicksal der Gefangenen beschreibt, die man hier zusammengetrieben hatte. Es gab sogar eine Passionsblume, die sich um eine junge, hohe Zypresse gewunden hatte – ihre Blüten in dem hohen Baum waren ein sehr seltsamer Anblick. Um auf die Gefangenen zurückzukommen, zu ihrer Zeit müssen die Steinbrüche kahl gewesen sein, denn die üppige Vegetation ist verhältnismäßig neu. In der großen Schlacht gegen die Athener fielen den Syrakusern ungefähr 7000 Gefangene in die Hände. Es gab keinen Platz, sie unterzubringen, und so wurden sie in diese gebrauchsfertigen, so leicht bewachbaren Käfige heruntergestoßen. Man denkt dabei unwillkürlich an die Mappin-Terrassen im Londoner Zoo mit ihren verwirrt dreinblickenden Bewohnern. Doch das Leben hier war für die Gefangenen gar nicht komisch. Der Autor, der die Niederlage der Athener sehr detailliert beschreibt – Deeds hatte das Glück, Thukydides während des Vormarschs der 8. Armee in Sizilien gelesen zu haben –, spricht deutlich von der großen Hitze am Tag und der darauf folgenden starken Feuchtigkeit am Abend, besonders im Herbst während der Tagundnachtgleiche. Sie wurden von Krankheit zerstört. «Während acht Monaten bestand die tägliche Ration pro Mann aus einem viertel Liter Wasser und einer Pinte Getreide», fügte er hinzu.

Später, als der Krieg gewonnen war, wurden die Gefangenen vermutlich entweder als Sklaven verkauft oder als Zwangsarbeiter bei der Errichtung der neuen Denkmäler eingesetzt, die eine neue Ära des Friedens und des Wohlstands verherrlichen sollten.

Das sogenannte ‹Ohr des Dionysos› ist ein nicht weniger großes Rätsel als viele andere Seltsamkeiten an sizilianischen Bauten. Das Echo ist fabelhaft. Es erinnerte einen sofort an die Höhle der Sibylle von Cumae. (Wie mein Reiseführer es vorausgesagt hatte.) Unser Fremdenführer hingegen hatte andere Vorstellungen. Die Tatsache, daß der Ausgang der Höhle genau über dem Souffleurplatz im griechischen Theater lag, hatte ihn zu der Überzeugung gebracht, daß die beiden Dinge irgendwie zusammenhingen. Die Höhle war für ihn eine Art Resonanzboden – seine Metapher war das Gehäuse einer Violine oder der Körper einer Zikade. Wenn ich ihn richtig verstand, verstärkte das Echo der Höhle die Akustik im Theater – aber irgendwie erschien mir diese hübsche Theorie ein wenig zweifelhaft. Die Sibylle gefiel mir besser. Doch wenn nicht noch ein irgendein literarischer Hinweis ausgegraben wird, werden wir das nie erfahren. Zu meiner eigenen, privaten Genugtuung tat ich, was man in der Höhle einer Sibylle tun sollte – ich richtete eine Frage, die Martine betraf, an die Nymphe; sie konnte sie, wenn sie wollte, mit Ja oder Nein beantworten, und ich würde morgen im Leitartikel der Tageszeitung bis zum zehnten Wort zählen, in der Hoffnung auf eine Antwort. Es war albern, das wußte ich, aber ich bin nun mal abergläubisch. Sie war es auch gewesen.

Überdies war ich nach einigem Nachdenken zu dem Schluß gekommen, daß die Panik, die Martine empfunden hatte, nicht die des Pan war, sondern die der Persephone – das Grauen, in der Tiefe zu sein, statt in der reinen, freien Luft, inmitten von Blumen und Bäumen unserer Mutter, der Erde. Alle Grotten und Höhlen und Labyrinthe haben etwas enorm Lastendes, Schwermütiges an sich, und dieses riesige Gefängnis mit seinem grotesken Namen bildet da keine Ausnahme.

Ja, wir waren alle froh, wieder ins Freie zu gelangen, befreit zu sein von dem Druck der Dunkelheit und der Schatten, die dort unten herrschten. Wenn der Wind durchfegte, erschauerte und flüsterte das Laub – es klang wie die Seelen der Gefangenen, die dort gestorben waren, fern vom backofenheißen Athen. Was immer man sich selbst vormacht, die Tatsache des Todes ist schwer zu schlucken – die leere, weiße Stelle, die einem Namen nachfolgt, monate-, jahrelang nach dem Verschwinden des Trägers. Ich sah das deutsche Mädchen Renata mit ihrer Kandiszuckersonnenbräune und der blonden Glocke ihres dichten Haars leichtfüßig vor mir den Pfad entlanggehen, ihr kleiner Finger war verhakt mit dem kleinen Finger ihres Landsmanns, während sie über die griechische Tragödie sprachen. Ich wünschte, mein Deutsch wäre besser, denn er sprach mit großer Lebhaftigkeit und eloquenten Gesten. Ich selbst hatte, auf der Suche nach einer Definition für das, was das tragische Element bei Menschen wie in Situationen ausmacht, eine Erklärung gefunden, die – wie mir schien – auch auf die Theaterwelt zutrifft. Es geht nicht um die einfache Tatsache, daß große Schönheit mutwillig und sinnlos von einer grausamen Macht, der Natur, zerstört wird. Wir wären inzwischen gefühlsmäßig längst gegen die Bitterkeit über diese unvermeidliche Zerstörung abgestumpft. Nein. Die Griechen hatten von früh an die indische Idee des Karmas nach Griechenland verpflanzt, und was uns bei der griechischen Tragödie ergreift, ist der Anblick eines Menschen, der erdrückt und vernichtet wird durch die Übermacht eines vergangenen Karmas, über das er keine Kontrolle hat. Schönheit wird geboren aus einer vollendeten Lebensführung oder einer vollendeten Tat in *diesem* Leben, das durch etwas zum Untergang verurteilt wird, was aus einer unbekannten Vergangenheit stammt – durch das angesammelte Gewicht von – nein, Frevel ist nicht das richtige Wort – von Schuld in ihrem ursprünglichen Sinn, die der Mensch weit jenseits seines jetzigen Bewußtseins auf sich geladen hat, im Schatten einer Vergangenheit, die er vergessen hat und die er einst in einer anderen Identität bewohnte. Das Schicksal des Helden ist die Vergangenheit, die unbekannte Vergangenheit. Indem wir ihn sinken und fallen sehen, unter den Schlägen des Schicksals, erkennen wir die Unerbittlichkeit des kosmischen Ablaufs. Die Erleichterung, die aristotelische Katharsis, ergibt sich aus der Tatsache, daß wir im Moment der Erkenntnis fühlen, daß wir das Schlimmste über Leben und Tod wissen – und sobald man das Schlimmste über etwas weiß, ist man automatisch getröstet, befreit.

Ich fand es aber nicht passend, dieses Thema mit meinem Gefährten zu erörtern, denn er steckte voller kleiner, komischer Minderwertigkeitskomplexe und neigte dazu, angesichts abstrakter Ideen in Panik zu geraten. Daher sagte ich nichts, als wir zum Bus zurückgingen, in dem Roberto und Mario Karten spielten.

Wir hatten anscheinend unseren Zeitplan gut eingehalten; das nächste Ziel sollten die weitläufigen, christlichen Katakomben sein, die ganze Stadtteile wie Bienenwaben durchzogen und nicht weit entfernt waren von diesen ausladenden, freundlichen Hängen. Sie lagen so günstig nebeneinander, diese verschiedenartigen Baudenkmäler, daß wir noch Zeit hatten, einen letzten kurzen Blick auf das Theater zu werfen, das in der untergehenden Sonne jetzt schnell abkühlte. In alten Zeiten öffnete sich der Zuschauerraum, der bis zu 15 000 Menschen faßte, zu den Hängen hin, die zum Hafen von Plymerion führten – eine wunderbare Kulisse wie bei fast allen griechischen Theatern auch in Griechenland selbst. Es ist immer wieder erstaunlich, ja sogar ein wenig verwirrend, wenn man feststellt, daß es stets eine solche Kulisse für die Bühne gab, vermutlich, um die Handlung abzuschirmen, sie zu intensivieren, zu konzentrieren. Man wünschte sich, man wüßte ein wenig genauer über diese Bauten und ihre ursprünglichen Funktionen Bescheid. Wer produzierte, wer arrangierte diese seltsamen, hieratischen Theaterstücke? Ein Komitee konnte es nicht gewesen sein. Vielleicht eine kleine Gruppe ausgewählter Priester? Es gibt da etwas, was sich unserem Verständnis noch entzieht, und es hat mit der anders gearteten Auffassung des Geheiligten und des Profanen zu tun.

Deeds gab sich Mühe, uns von den Verwicklungen des athenischen Kriegs und dem aufsehenerregenden Sieg der Syrakuser über Athen zu berichten. Er ging unbekümmert an die Geschichte heran, zum Beispiel beschrieb er Alkibiades als «nichtswürdigen Burschen, der aus der Armee verstoßen und unter Arrest nach Athen geschickt wurde, jedoch nach Sparta entkommen konnte». Diese Darstellung entlockte Beddoes ein ernstes, verständnisvolles Zungenschnalzen und die halblaute Bemerkung, Schwulen könne man eben nie über den Weg trauen, oder so etwas ähnliches. Doch diese Betrachtungen wurden von dem Bischof schroff unterbrochen, der aus heiterem Himmel verkündete, es habe in der Latomia del Paradiso niemals Gefangene gegeben – sie seien alle in einen noch viel finstereren Steinbruch nahe der Kirche von Santa Lucia getrieben worden – jener Kirche, die für ihre Caravaggio weltberühmt ist und der wir einen Besuch abstatten zu können hofften. Ihretwegen war nämlich eine kleine Unstimmigkeit entstanden, da sie nicht auf unserem offiziellen Programm stand – eine Auslassung, die unentschuldbar schien. War sie nicht ein berühmtes Ziel für alle wissensdurstigen Touristen? Zuerst jammerte Roberto ein wenig, daß schließlich nicht er das Programm zusammengestellt hätte, doch nach einer Diskussion, zu der fast jeder etwas beizusteuern hatte, willigte er ein, den Katakombenbesuch abzukürzen und den Besuch bei der Heiligen einzuschieben, bevor wir im Hotel zum Abendbrot erwartet würden. Diese kleine Diskussion vertrieb uns die Zeit, während Mario mißgelaunt durch die Stadt kutschierte und endlich vor den Katakomben hielt. Am Postkartenstand versah ein bleicher Mönch seinen Dienst. Er sah aus, als sei er selbst gerade ausgegraben worden. Die Katakomben waren recht eindrucksvoll, aber man mußte seine Phantasie schon sehr anstrengen, um sich vorzustellen, daß hier einmal steife Tote in Leinentüchern gelegen hatten – eine Kohlengrube hätte den gleichen Anblick geboten, ehrlich gesagt.

Und nachdem wir schon die Düsternis und den Schatten der Latomie als unangenehm empfunden hatten, wie sollten wir erst an diesen noch viel trostloseren und unheimlicheren Katakomben Gefallen finden, mit ihren wenigen Lichtschächten und ihrer feucht verspesteten Luft? Auch war die armselige Kirche, wo angeblich der heilige Paulus gepredigt haben soll, nicht von großem ästhetischen Interesse. Genau das ist das Ärgerliche an Reiseführern und Büchern: Die Schwierigkeit, das historisch Wichtige vom künstlerisch Wesentlichen zu trennen. Bislang waren Deeds' Anmerkungen immer noch der beste Wegweiser durch dieses Labyrinth. Obwohl ich zugeben muß, daß der große Baedeker gerade das Gebiet der Kunstbetrachtung mit erstaunlicher Einfühlungsgabe und großer Sorgfalt behandelt hat. Doch die Zeiten ändern sich, und der Geschmack, dieser schwankende Begriff, ändert sich mit ihnen. Es gibt keine absolute Sicherheit des Urteils. Wir waren froh, als wir endlich wieder vor dem Postkartenkiosk mit dem Armesünder-Mönch standen, wo die französischen Damen wieder einmal ihren unstillbaren Durst nach Postkarten linderten.

Und dann hügelabwärts, meerwärts, zu unserem Stelldichein mit Santa Lucia, der Schutzpatronin der Stadt, die im Jahre 304 inmitten dieser friedlichen Straßen und *piazzas* den Märtyrertod erlitt. Die Kirche wurde angeblich an der Stelle errichtet, wo sie den Tod fand – doch unser harrte eine Überraschung. Und das erklärte auch, warum unser Reiseprogramm diesen Gegenstand der Verehrung ausgelassen hatte. Die Kirche war wegen Reparatur geschlossen. Die beiden alten eigentümlichen Kruzifixe, die man aus Filmen oder Büchern so gut kannte, waren zum Reinigen fortgeschafft worden. Doch noch schlimmer: der Caravaggio war ebenfalls nicht da. Wir lungerten eine Weile in der Nähe des San Sepulcro (auch geschlossen) herum und kamen uns ein wenig dümmlich vor, weil wir uns bei Roberto so bitter über die Lückenhaftigkeit unseres Programms beschwert hatten. Doch er ließ sich seinen Triumph nicht anmerken, dazu war er viel zu nett. Er schien genauso betrübt wie wir über diese unerwartete Enttäuschung. Nun, es war nicht zu ändern. Aber zumindest hatte Roberto die Genugtuung, sein Wort gehalten und versucht zu haben, uns das berühmte Bild zu zeigen.

Bis zum Abendbrot war noch ein bißchen Zeit, und so schlenderten wir durch einige der vielen, hübschen Straßen, die zum Wasser führten. Auf dem Rückweg zu unserem Bus ereignete sich erneut ein Zwischenfall, diesmal hervorgerufen von dem weiblichen Mikroskop, der plötzlich übel wurde. Sie hatte den ganzen Tag Süßigkeiten und Hustenbonbons gegessen und dazu noch geeiste Mandelmilch getrunken. Sie wandte uns plötzlich ein erschrecktes, zinnfarbenes Gesicht zu, torkelte ein paar Schritte nach vorn und schlug, zuckend wie bei einem epileptischen Anfall, der Länge nach hin. Roberto zeigte sich aufs höchste bestürzt, und Mario schnellte buchstäblich von seinem Fahrersitz hoch, um ihr aufzuhelfen. Sie versuchte sich offensichtlich zu übergeben, aber es gelang ihr nicht. Die Aufregung war allgemein. Ihr Puls war schwach und ihre graublaue Farbe alles andere als beruhigend. Roberto erklärte, wir müßten auf dem schnellsten Wege ins Hotel zurück und dann sofort einen Arzt rufen, um sie zu untersuchen. Ihr Ehemann, der sich nur mäßig beunruhigt zeigte, legte den Arm um sie und sagte: «Es ist nicht weiter schlimm, es wird schnell vorbeigehen. Es ist nur eine kleine *aérophagie*. Darunter leidet sie häufig.» Das ist eine eigenartige französische Krankheit, die sehr verbreitet ist im Midi. Sie beruht darauf, daß einige Menschen auf Grund einer ausgefallenen Konstitution unabsichtlich ständig Luft schlucken, so lange, bis sie sich mit einem Knall entladen oder ungemein schmerzhafte Symptome entwickeln, wie bei Koliken oder Gastritis. Ich kenne eine ganze Anzahl von Opfern dieses gräßlichen Leidens, und hier war ein weiteres Beispiel für dieses bösartige Luftverschlucken, das eine harmlose Dame in ein würgendes, zinnfarbenes Wrack mit aufgetriebenem Bauch und rollenden Augen verwandelte. Sie sah wirklich furchtbar aus, und ich fragte mich, welche Medizin ein italienischer Arzt ihr wohl verschreiben würde – vielleicht würde er ihr eine Dosis Rizinusöl verabreichen und dann mit zugehaltenen Ohren das Resultat abwarten? Nun, ich hatte leicht scherzen, der arme

Roberto hingegen war ganz aufgelöst, und mit Recht. Er war mehr oder weniger für uns verantwortlich und sorgte sich natürlich ständig, daß irgend etwas schiefgehen und den reibungslosen Verlauf der Reise stören könnte. Wir hatten die sizilianische Karussellfahrt frohgemut angetreten und auch nicht einen Gedanken an Ärzte oder Beerdigungsinstitute oder Versicherungsanwälte verschwendet. Und nun saßen wir da mit diesem beunruhigenden Anfall von Luftbeengung.

Die Dame stöhnte jetzt leise und rollte sich hin und her, wobei sie die Hände über dem Bauch gefaltet hielt, mit einer kindlichen (und seltsam rührenden) Geste, wie ein kleines Mädchen, das zu viele unreife Äpfel gegessen hatte. Mario brachte uns in Rekordzeit ins Hotel zurück. Und dort zeigten sich alle sehr besorgt um die Patientin, als wir ihr aus dem Bus und die Stufen hinaufhalfen. Sie war wie ein kleines Kind, ganz Augen, das alles willenlos mit sich geschehen ließ, ein einziger riesiger Rachen – wenn man ein Mikroskop als Rachen bezeichnen kann. Unsere Gesichter hätten gewiß eine interessante Studie über das Mitleid abgegeben – oder besser Selbstmitleid, denn wir wußten ja nicht, ob diese plötzliche Krankheit nicht womöglich unsere ganze Reise in Frage stellen würde. Und außerdem war unserem Mitleid, da fast niemand von uns die Mikroskope leiden konnte, auch ein gerüttelt Maß an Heuchelei beigemischt, was vielleicht sogar von unseren Mienen abzulesen war. Man bemühte sich allgemein, die Dame auf ihr Zimmer zu bringen, wo sie ausgezogen werden konnte; aber vielleicht war es gerade das, was sie befürchtete, denn sie weigerte sich strikt, das Sofa in der Hotelhalle zu verlassen. Dort wollte sie mit dem Doktor verhandeln, aufrecht sitzend und sichtbar für alle. Vom ärztlichen Standpunkt aus gesehen war es höchst unzweckmäßig, doch da sie Französin war und äußerst starrsinnig, konnte man nichts dagegen tun. Sie wartete also in der Hotelhalle, würgte und schloß ihre lidlosen Augen wie eine kranke Eidechse. Und wir lungerten in gebührendem Abstand um sie herum, in wohlmeinender Sorge und in Erwartung des Arztes, den man bestimmt mit El Dottore anreden müßte und der eins der typischen kontinentalen Thermometer hervorzaubern würde, die groß und beeindruckend aussehen und deren Anwendung eine peinliche Körperhaltung bedingt.

Er ließ sich Zeit mit seinem Kommen, aber schließlich kam er. Und es war deutlich erkennbar, daß er sich für den Besuch herausstaffiert hatte, denn er trug einen eleganten Anzug und als Clou eine

Art weißseidener Herrenreiterkrawatte. Der Stoff des dunklen Anzugs war ganz offensichtlich teuer und schwer – es genügte, ihn anzusehen, um ins Schwitzen zu geraten –, der Schnitt war erstklassig, und die kleinen Füße des Herrn steckten in halbhohen Stiefeln mit seitlichem Gummizug. Er war verhältnismäßig jung, ein Mann in den Vierzigern, mit einem großen, dunklen Kopf, pelzig wie ein Maulwurf und einem Teint von der Farbe eines Rosinenkuchens. Er hatte einen seltsamen, gewissermaßen gottergebenen Ausdruck, der, wie mir plötzlich klar wurde, von der tödlichen Angst herrührte, jemand könne ihm womöglich eine Frage in einer fremden Sprache stellen. Seine Manschettenknöpfe blitzten, desgleichen seine Zähne. Er trug Schweinslederhandschuhe. Und er hatte Angst. Er sah wahrhaftig aus, als hätte er eben das heilige Abendmahl mit Frank Sinatra empfangen. Er setzte sich betreten vor seine Patientin hin und stellte die Tasche, die seine Instrumente enthielt, neben sich auf den Boden. Jetzt schaltete sich Roberto ein und gab eine lebhafte Beschreibung des ganzen Vorgangs, und unser aller Hände begannen, sich im Rhythmus der eigenen stummen Schilderung zu bewegen – Roberto schwankte, fiel, hielt sich den Bauch.

Die Dame sah bereits weniger verängstigt aus und schien eher erfreut, daß ihr soviel Aufmerksamkeit zuteil wurde. El Dottore hörte ihr mit finsterer, bedeutungsvoller Miene zu, von Zeit zu Zeit nickte er, als wisse er nur zu gut, warum Menschen zu Boden fielen und sich den Bauch hielten. Ab und zu ließ er seiner Hand freien Lauf und gestattete ihr sozusagen einige ausdrucksvolle Gesten zu vollführen, um seine Worte zu verdeutlichen. Auch hatte er eine volle und angenehme Stimme. Die Hand flatterte durch die Luft, als führe sie ein Eigenleben, und hätte man nicht verstanden, was ihr Besitzer sagte, hätte man meinen können, sie pflücke eine Traube oder melke eine Ziege oder winke einem sterbenden Patienten abschiednehmend zu. Es war eindrucksvoll und merkwürdig ermutigend, denn er war durchaus eine Persönlichkeit. Er zog ein Stethoskop hervor, das er beim Sprechen hin- und herschwenkte, bis er sich plötzlich unerwartet auf das Handgelenk seiner Patientin stürzte, was ihr nichts auszumachen schien. Er preßte es auf ihren Puls und lauschte ernst und lange auf ihre Herztätigkeit. Er nickte kurz. Man war mittlerweile dazu übergegangen, ihm zu erklären, was das für eine Krankheit sei und wie man dazu käme. Er verstand nichts. Und so mimte jeder, allen voran Roberto und der Ehegatte, das französische Schlucken von Luft. Nun fing der Arzt seinerseits besorgt zu schlucken an, während er sie beobachtete. Er schien noch nie von dieser Krankheit gehört zu haben. Sind die Italiener immun dagegen, weil sie so viel reden? Wie dem auch sei, er begriff nichts. Er hob einen sorgfältig manikürten Finger und rieb sich nachdenklich die Schläfe, dann beugte er sich wieder über den Puls und lauschte mit größter Aufmerksamkeit. Nach einer langen, bedeutungsvollen Pause dämmerte ihm die Wahrheit. Er legte das kleine Stethoskop energisch in seine Tasche zurück und machte sie zu. Dann, weit im Stuhl zurückgelehnt mit aggressiv vorgeschobenem Kinn, verkündete er ein Heilmittel, das der Einzigartigkeit der Krankheit durchaus gerecht wurde. «Nach meiner Meinung muß die Milz sofort heraus», sagte er. Die Diagnose wurde den Anwesenden in mehrere Sprachen übersetzt. Die Milz! Also das war's!

Der einzige, der sich weigerte, Überraschung zu zeigen, was auch immer geschehen mochte – es konnte ihn anscheinend nichts überraschen –, war das männliche Mikroskop. Die Milz, püff, natürlich, er wußte alles über die Milz. Seine Frau sei zeitlebens milzleidend gewesen und hätte zahllose Anfälle gehabt, die jedoch bei richtiger Behandlung dieser Winde jedesmal sofort abgeflaut wären. Woraus wir schlossen, daß in Genf, eigens für solche Fälle, riesige mauvefarbene Zäpfchen hergestellt werden. Und wir hatten nicht unrecht, denn der Doktor zog einen hocheleganten Füller hervor und schrieb mit fester Hand ein Rezept aus, das er Roberto überreichte, der einen Blick darauf warf und sich erbot, umgehend jemand in die Apotheke zu schicken. Und die Milz? Man konnte der Dame unmöglich eine so eingreifende Operation zumuten, während wir unterwegs waren. Sie müßte ins Krankenhaus. Robertos Bestürzung war peinvoll mit anzusehen. Würde ihre verdammte Milz so lange Ruhe geben, bis er sie los sein würde, sie über die Grenze abgeschoben hätte? Das war es, was er gerne gewußt hätte. Der Arzt schüttelte den Kopf, lächelte begütigend und sagte, das läge bei Gott. Seltsamerweise nahm der Ehegatte die ganze Angelegenheit mit philosophischem Optimismus hin, was eigentlich sehr nobel von ihm war. Oder vielleicht hatte er solche Stürme schon häufig miterlebt und wußte daher, daß sie sich so schnell wieder legten, wie sie aufkamen? Doch niemand kam auf den Gedanken, sich an Santa Lucia zu wenden – wären wir in Griechenland gewesen, so hätte man dies als erstes und Vordringlichstes getan, denn schließlich befanden wir uns in ihrer Einflußsphäre. Das war zwar eine Nebensächlichkeit, aber sie bewies, bis zu welchem Grade wir sogenannte ‹fortschrittliche› Europäer dem Bewußtsein der heidnischen Wirklichkeit entfremdet waren. Milz!

Nachdem der Arzt sein Urteil abgegeben hatte, erhob er sich, um Abschied zu nehmen. Er ging nicht näher auf die Entfernung der Milz ein, man konnte das schwerlich in einer Hotelhalle tun. Er schüttelte jedem von uns die Hand, besprach in einem barschen Tonfall sein Honorar mit Roberto und trat durch die große Tür ins Sonnenlicht. Das weibliche Mikroskop, sichtlich beruhigt durch diese sachlich nüchterne Betrachtungsweise, erhob sich und sah bereits viel besser aus. Ihr Mann legte mit einer unerwartet mitfühlenden Geste den Arm um sie und führte sie auf ihr Zimmer, damit sie sich ausruhen könnte. Aber das Ganze hatte irgendwie mit einem Fragezeichen geendet. Es war keine Entscheidung gefallen. Roberto schickte einen Hotelboy fort, um die Medizin zu holen, und wir anderen hofften das Beste. «Nach meiner Erfahrung», sagte Deeds, «haben die Franzosen nur *eine* nationale Krankheit, und die kommt nicht von der Milz, sondern von der Leber. Und etwas Ehrenvolleres, als ein französisches Leberleiden zu haben, gibt es nicht. Sie haben es, weil sie, was Essen und Trinken anbelangt, die kultiviertesten Leute der Erde sind.» Er wollte nicht näher auf das Thema eingehen, denn er sah Beddoes um uns herumstreichen, offensichtlich in der Absicht, irgendeine heimtückische Bemerkung anzubringen, vermutlich über morgendliche Übelkeit. Es war Zeit fürs Abendbrot und ein frühes Zubettgehen, denn wir wollten am nächsten Morgen früh aufbrechen – es sei denn, die Milz der französischen Dame würde das verhindern.

AGRIGENT

Martine: «Für mich ist Agrigent der Prüfstein, und ich bin sicher, Du wirst das genauso empfinden wie ich. Die Stadt erinnerte mich an unsere leidenschaftlichen Diskussionen über das ‹Griechentum› auf Zypern, das nie, weder geographisch noch demographisch, ein Teil Griechenlands gewesen ist. Worauf beruht dieser besondere Anspruch, griechisch zu sein? Auf der Sprache natürlich – auf der ewigen Lebensdauer der unbezwinglichen griechischen Sprache, die sich in Tausenden von Jahren so wenig verändert hat. Die Sprache ist der Schlüssel, der Passierschein, und solange wir das griechische Phänomen nicht von diesem Standpunkt aus sehen, werden wir nie verstehen, was für eine Art Kolonisatoren sie waren. Es war nicht die blutsmäßige Abstammung, sondern die Sprache, die einem Eintritt verschaffte in das griechische, intellektuelle Commonwealth. Die Barbaren waren nicht nur Leute, die woanders wohnten, sondern vor allem Leute, die nicht griechisch sprachen. Das ist für uns schwer zu verstehen, denn wir haben, wie die Römer, eine juristische Auffassung von Staatsbürgerschaft. Wir Briten haben daraus, auf Grund unserer puritanischen Einstellung, eine Frage des Blutes gemacht, der Reinerhaltung des Blutes ohne fremdländische Beimischungen. Das schlimmste für uns ist der Mischling, die Berührung mit der Teerfarbe. Die französische Einstellung ist genau entgegengesetzt, sie ähnelt in gewisser Weise mehr der griechischen in ihrer Vorstellung von französisch sprechenden Nationen und Rassen. Die Kenntnis der französischen Sprache, die automatisch Zugang gewährt zu den Reichtümern der französischen Kultur, ist der einzige Passierschein, den ein Nichtfranzose benötigt, egal welche Hautfarbe er oder sie hat. Es ist leichter, sich einen Platz in der französischen Welt zu erobern als in der britischen –

die Sprache ist der entscheidende Faktor. Ja, wenn man schwarz oder blau ist und sogar einen britischen Paß besitzt, ist es bei uns schwieriger, Fuß zu fassen.

Dieses kleine Resümee ist in der Hoffnung geschrieben, daß Du eines Tages die Tempel in diesem erstaunlichen Tal unterhalb des scheußlichen amorphen, formlosen, verwahrlosten Armenviertels des modernen Agrigent besichtigen wirst, und wenn Du dort bist, wirst Du plötzlich voller Verwunderung feststellen, daß Du Dich in Griechenland befindest, und zwar hundert Prozent in Griechenland, und Du wirst Dich unwillkürlich fragen (in Anbetracht der starken antinordischen Einstellung und sezessionistischen Gefühle der Sizilianer), warum die Griechen nie Anspruch auf diese Insel erhoben haben. Du wirst lächeln. Doch warte! Ziehen wir nur die Bauwerke und die überlieferte Geschichte der Insel in Betracht, dann hat man es hier mit etwas so durch und durch Griechischem zu tun wie Argolis oder Attika. Wieso ist sie den Griechen also entgangen? *Weil die Sprache keine lebendige Kraft mehr war.* Es gibt ein paar entlegene Orte, wo noch ein rudimentäres Griechisch gesprochen wird, doch kläglich wenige (zum Glück für die Italiener). Es gibt ein oder zwei merkwürdige, kleine, byzantinische Klöster, wie in Kalabrien. Doch der Abglanz ihres Griechentums ist erloschen, ihre Sprache ist vom Italienischen weggeschwemmt worden. Nur die alten Namen sind noch erhalten geblieben, und sie bringen einem schlagartig ins Bewußtsein, daß Sizilien genauso griechisch wie Griechenland selbst ist – oder niemals war. Die Frage des Griechentums – und der Diaspora – ist faszinierend und des Nachdenkens wert. Wenn wir Athen (diesen allerersten Olivenbaum) als das Zentrum nehmen, von dem alles Griechische ausstrahlt ... dann ist Sizilien – wenn man ihm heute den Puls fühlt – ungefähr, was Smyrna ist ... O bitte komm und sieh es Dir an!»

Vielleicht nicht sehr gut formuliert, aber ihre Argumente gingen zurück auf unsere langen Gespräche auf Zypern, im Schatten der alten Abtei von Bellapais. Viel Staub wirbelte damals die Enosis auf, die Freiheitsbewegung, die Zypern mit Griechenland vereinigen wollte, und viele unserer Landsleute standen vor einem Rätsel. Ihre Argumente konzentrierten sich stets auf die nicht unbeträchtlichen Annehmlichkeiten, die unser ungerechtes, träges, aber relativ ehrliches Regime den Zyprioten bot: Keinen Militärdienst, guten Lebensstandard usw. ... aber was bedeutete das schon im Vergleich zu einer Forderung, die rein poetischer Natur war: ein Sehnen, so alt wie Aphrodite, wie die Brandung der Wellen an den verlassenen Küsten von Paphos. Aber wie sollte man das den Londonern klarmachen? Ihre Wertskala («gesunder Menschenverstand») erfaßte nur die äußeren Bedürfnisse des Lebens, nicht den inneren Sinn. Man hörte gelegentlich wohlmeinende Beamte, die sagten: «Sehr sonderbar, diese Forderung – sie sind doch nie Griechen gewesen.» Nein. Aber das Dorisch, das sie sprechen, ging bis auf Homer zurück, der ganze Kultbereich ihres völkischen Daseins war in unserer Zeit noch absolut lebendig. War es also die Sprache, die das alles bewahrt hatte? Je mehr wir die Vergangenheit ausgraben, desto griechischer scheint der heutige Zypriot zu werden.

Auf Grund solcher Erwägungen und mancher anderer – denn ich hatte fast mein ganzes Leben als Erwachsener im Mittelmeergebiet verbracht – hatte ich vorsichtig versucht, eine Theorie zu entwikkeln, nach der die lebenswichtigen Funktionen der Menschen von ihren Lebensräumen bestimmt werden. Es war schwierig, die harte, kleine Schale des Chauvinismus aufzubrechen und den Menschen als bloßes Produkt des Bodens zu sehen, wie wilde Blumen oder Reben oder wie Getreide. Als körperlich arbeitende und geistig tätige Wesen, die zu Schönheit oder Klugheit erblühen – je nachdem, was der Boden von ihnen verlangt, und nicht, was sie sich selbst oder anderen wünschen. Man akzeptiert ohne weiteres die Tatsache, daß der Whisky das Produkt eines bestimmten Gebiets ist und der ‹Côtes du Rhône› das Produkt eines anderen. Ebenso wirken Sprache und Nationalität zusammen, sie suchen Wege, um ihr Griechentum oder Italienertum auszudrücken. Natürlich dauert es einige Generationen, bis der Körper und der Geist den spezifischen Stempel seines Lebensraums erhält. Und vor allem darf man nicht vergessen, daß es in Ländern, die so oft erobert und zerstört wurden wie Griechenland, gar keinen ‹echten› Griechen mehr gibt – ich meine, blutsmäßig betrachtet.

Übrig bleibt der am schwersten zu verschleißende, vielleicht sogar unzerstörbare Teil: Die Sprache, deren Schönheit und Geschmeidigkeit Dichter, Philosophen und Mathematiker inspirierte und noch immer inspiriert. Als ich mich als armer Lehrer in Athen abmühte, umgangssprachliches Griechisch zu lernen, stellte ich zu meiner Überraschung fest, daß mein Lehrer mir, ohne mit der Wimper zu zucken, die Anfangsgründe aus einer attischen Grammatik beibrachte. Viele Einzelheiten hatten sich natürlich verändert, aber die Struktur war offensichtlich dieselbe geblieben. Ich könnte den

Unterricht bei meinen eigenen Studenten nicht mit Chaucer beginnen, dazu hat sich die Sprache zu sehr verändert. Selbst für Shakespeare (zu dessen Zeit es keine Wörterbücher gab) würde man heute ein Spezialwörterbuch brauchen. Was sonst also macht einen ‹Griechen› aus? Das ganze Geheimnis der Nationalität eines Menschen ist in dieser Frage enthalten: der Begriff der Grenzen, der Begriff von den abstrakten Reichtümern, von Gedankengut, Besitz, Gebräuchen ... all das kommt aus der Erde, der geheiligten Erde Griechenlands – wo immer das war!

Dieser Gedankengang paßte zu dem heißen Morgen und dem leichten, erfrischenden Seewind. Der kleine Bus hatte gewendet und fuhr ein Stück nach Norden, ehe er ins Gebirge abbog. Heute sollten wir vom Meer weg in die blau-verträumten Berge hinaufklettern, deren Konturen sich zu unserer Linken erstreckten. Mario betätigte seine melodische Hupe, um die Wagen vor uns zu warnen – zumeist Lastwagen, die Baumaterial nach Syrakus brachten. Roberto summte eine Melodie ins Mikrofon und sagte, daß es angenehm und kühl in den Bergen sein werde, und daß wir uns abends wieder auf Meereshöhe befinden würden, in einem guten Hotel ein wenig außerhalb von Agrigent. Deeds wollte lesen, und so setzte ich meine lange Diskussion mit Martines Geist fort. Einige Themen hatten sich bis in meine Träume gedrängt. Ich sah sie plötzlich vor mir bei einem Diner, bei dem sie den Gouverneur verärgert hatte, indem sie nicht ohne eine gewisse Schärfe für den griechischen Anspruch auf Zypern eingetreten war – er reagierte etwas wehleidig, da er ihre Bemerkung ziemlich taktlos fand, was sie wohl auch war. Was solle er tun, fragt er. Schuld an der ganzen Situation seien seine Vorgesetzten in London.

Doch für mich waren diese alten Kontroversen von brennender Aktualität, denn sie hatten genau die Fragen aufgeworfen, deretwegen ich nach Sizilien gekommen war, um hier eine Antwort zu suchen. Was war Sizilien? Was war ein Sizilianer? Ich hatte bereits bemerkt, daß eine starke separatistische Stimmung bei der Bevölkerung herrschte, die ihnen (allerdings erst kürzlich) eine gewisse Autonomie eingetragen hatte. Die Insel war zu groß, und es gab zu viele tatkräftige, unabhängige Geister, als daß man sie als eine rückständige Provinz des verschuldeten Nachkriegsitaliens behandeln konnte. In allen Bereichen war die Ähnlichkeit mit Griechenland geradezu verblüffend – Sizilien war politisch ebenso eine neue Nation wie das von den Türken befreite Griechenland. Griechenland war sogar noch im Wachsen begriffen, denn es hatte sich zum Beispiel von den Italienern Rhodos zurückgeholt. Und all dies trotz der voraussehbaren Tragödie des Zypern-Problems, das noch vergiftet wurde durch die Nachlässigkeit, das fehlende Einfühlungsvermögen und die Selbstsucht der Großmächte mit ihren miesen Intrigen und ängstlich gehüteten Einflußsphären.

Aber was machte diesen ganzen Mittelmeerraum eigentlich aus? Besonders wenn man den Begriff auf die schönen Künste, die Architektur und Literatur ausdehnt? Italien, Spanien, Griechenland, das französische Midi – in ihnen allen war das gleiche Licht, wuchsen die gleichen Gartenerzeugnisse. Sie waren alle Knoblauchländer, arm an allem, außer an einer unbegrenzten Kargheit und Schönheit. Alle hier waren naiv und zerstörten sich selbst durch ihre Abhängigkeit von den vielen bösartigen, anglosächsischen Spielzeugen, angefangen vom Transistor bis zur Filmleinwand. Doch irgend etwas von ihrer langen kulturellen Tradition blieb erhalten, obwohl Wandlungen unterworfen. Aber warum war Spanien nicht Italien? Warum war Italien nicht Griechenland oder Griechenland die Türkei? Es gab unterschiedliche Einstellungen zur Religion, zur Liebe, zur Familie, zum Tod, zum Leben ... Ja, große Unterschiede, aber andererseits auch verblüffende Übereinstimmungen, so daß wir von einem ‹mediterranen Charakter› sprechen können. Schließlich gibt es auch eine Menge Arten von Olivenbäumen, die für mich immer die geistigen wie die konkreten Grenzen dieses magischen, nicht existierenden Landes, des Mittelmeergebiets, markieren werden. Martine hatte recht. Ich bedauerte es sehr, nicht früher hierhergekommen zu sein.

Wir fuhren wieder am Hafen von Augusta vorbei – er sah trostlos aus bei Tageslicht mit all seinen verrosteten Raffinerien und häßlichen Haufen kaputter Apparaturen. Aber das Öl war nach Sizilien gekommen und mit ihm der Wohlstand und natürlich die Vernichtung all jener Dinge, die das Leben lebenswert machen. Die Menschen würden verweichlichen, zu aufgedunsenen, verstörten Wesen werden, wie die Amerikaner, solange das Ganze anhielt. Doch nach ein oder zwei Generationen, nachdem das Land seine Portion an Vergewaltigungen und Katastrophen geschluckt hatte, würden die ‹magnetischen Felder› wieder ihre milde Herrschaft antreten, um der Insel und ihren Bewohnern die frühere mystische Gestalt zurückzugeben – die goldene Maske dieses Binnenmeers, das so anders ist als alle anderen. Was für ein Glück für Frankreich, daß es mit einem Fuß im Mittelmeergebiet stand, das milderte den herben nordfranzösischen Charakter und machte das Midi zu einer Art Filter, der die wertvollen Einflüsse, die bis zurück in die Vorgeschichte reichen, aufnahm. Es wäre nicht das erste und nicht das letzte Mal, daß sich eine ganze Kultur in diesem Land in ihr eigenes Verderben gestürzt hätte. Diese langen, eiternden Kriege der Vergangenheit – Etrusker gegen Italiener, Karthager gegen Griechen, gegen Römer. Nach jedem solchen Anfall von Hysterie und Blutvergießen folgte eine Periode des Friedens, während der die Menschen versuchten, ihre verwirrten Gedanken wieder zu ordnen und den Frieden zu sichern. Sie hielten nie lange an, diese Perioden, werden es nie tun. Eine Spanne von einigen Jahren mit der Hoffnung auf menschliche Vervollkommnung – dann der Zusammenbruch. Aber jeder dieser Aggressoren brachte, wenn er genug Zeit dazu hatte, seine eigene Ordnung und Schönheitsvorstellung mit.

Eine solche kurze Blütezeit war Sizilien vergönnt, als die Araber in der Epoche ihrer Machtentfaltung, auf Einladung des byzantinischen Admirals Euphemius, auf die Insel kamen. Wie sich für die Byzantiner herausstellte, war das eine fatale Einladung, denn die Insel entglitt ihren schwachen Händen und fiel in die kräftigen, wendigen Hände der Araber, die sofort zum Angriff übergingen und sich schließlich mit Erfolg zum Herrn dieser herrenlosen Insel aufschwangen. Darauf folgte eine weitere Periode produktiven Friedens – so wie damals, als Syrakus seine erste Blütezeit in Frieden und Wohlergehen erlebt hatte. Sie waren erstaunlich einfallsreich und einfühlend, diese Neuankömmlinge von jenseits des Wassers – diese Menschen, deren Erbteil die karge Wüste war. Denn der Araber weiß, was Wasser bedeutet; es ist ihm fast noch kostbarer als die Luft.

Die landwirtschaftlichen Gebiete wurden wieder besiedelt, die Erbschaftsgesetze revidiert, die alten Wasserwege zur Bewässerung der Felder neu instand gesetzt. Sie waren geschickte, kundige Landwirte. Sie führten die Citrusgewächse ein, Zuckerrohr, Flachs, die Dattelpalme, die Baumwollpflanze, den Maulbeerbaum mit seinen Seidenraupen, Melonen, die Papyrusstaude und die Pistazie. Doch sie betätigten sich nicht nur auf, sondern auch in der Erde, denn sie waren fähige Bergleute, und hier fanden sie Silber, Blei, Quecksilber, Schwefel, Leuchtöl und Vitriol, ganz zu schweigen von Alaun und Antimon. Die ausgedehnten Salzsiedereien von heute entstanden unter ihrer aufgeklärten, kreativen Herrschaft. Doch auch sie verschwanden wieder nach wenigen Dekaden, wie Wasser, das in Abzugsgräben rinnt, die Insel nahm selbst wieder die Zügel in die Hand und schickte sich an, ihr eigenes, unzerstörbares Vorstellungsbild zu restaurieren.

Wir fuhren durch eine enge Straße, die von der Ebene direkt ins Gebirge führte, und hier bekam ich die erste Vorstellung, wie das Tal von Agrigent wohl aussehen würde – es war typisch attisch mit seiner Trockenheit, seinem Staub und dem blaßvioletten Dunstschleier, der über der Mitte hing und die Konturen aller Dinge verwischte, und zwar so stark, daß wir uns mühsam durch eine Reihe von Tälern lavierten, die immer enger wurden, je höher wir kamen und von erntereifem Weizen strotzten, der noch nicht ganz eingefahren war. Es ist unmöglich, die vielen Abstufungen von Gelb zu beschreiben, angefangen von einem weißgleißenden Kadmium bis zu Ockergelb, von verblichenem Elfenbein bis zu zitronengelber Bronze. Strohhalme wirbelten durch die Luft, und die Hitze war so drückend, als käme sie aus einem riesigen Ofen, in dem sich die Götter Brot gebacken hatten. Ich erwartete jeden Moment, Argos zu sichten. Was ich an der attischen Hitze so besonders köstlich finde, ist ihre Trockenheit – sie ist wie sehr trockener Champagner. Es ist einem heiß, gewiß, man japst wie ein durstiger Hund, aber man schwitzt nicht, oder wenn man schwitzt, dann nur so leicht, daß der Schweiß sofort auf der Haut trocknet. Bei solcher Hitze ins eisige Meer zu springen, ist wundervoll – man spürt einen stechenden Schmerz in der Kehle, wie beim Trinken eiskalten Weins. Doch wir waren weit entfernt vom Meer und fuhren jetzt bergan im flimmernden Licht des pfauen-blauen Himmels und den gelben viereckigen Weizenfeldern. Unter diesem heißen Himmel prallte die Sonne auf uns nieder wie auf einen Amboß, und wir waren dankbar für Marios Klimaanlage, die kleine erfrischende Luftstöße zu uns sandte. Staubteufel tanzten über die Ebene, und die wenigen Lastwagen, die wir überholten, waren weiß gepudert – sie waren von den Hauptstraßen auf die Landwege ausgewichen. Auf halber Höhe kündigte Roberto ‹eine physiologische Pause› an, wie er sie nannte. Wir hielten bei einer Tankstelle, um zu tanken und uns bei dieser Gelegenheit auch gleich zu entleeren.

Es gab eine Imbißstube, in der wir ein paar ruhige, gesellige Minuten bei Wein und einem seltsamen, weißen Apéritif aus Mandelsaft und Milch verbrachten. Wie alles in Sizilien war er wahnsinnig süß; aber wenn er eiskalt serviert wird, schmeckt er sehr gut. Die

Petremands hielten uns frei, und Mrs. Mikroskop hatte sich soweit erholt, daß sie zwei Gläser in sich hineinstürzte, bevor Mario hupte und wir alle zum Bus zurücktrabten, um unsere Fahrt fortzusetzen, die nunmehr sehr viel steiler bergan ging, nachdem wir das Flachland hinter uns gelassen hatten. Es war hübsch, in die langsam entschwindende Ebene hinunterzublicken, die Straße wand sich wie eine Schlange um die Hügel herum, und die reizvollen Ausblicke veränderten sich je nach Gesichtswinkel und Höhe. Unser Ziel war eine römische Villa, wo die Archäologen erst kürzlich einen großartigen Mosaikfußboden entdeckt hatten, der für sie von großer Bedeutung war und ebenso für uns, die neugierigen Touristen des Karussells. Als Ausgangspunkt war Piazza Armerina vorgesehen, wo wir erst die kaiserliche Villa besuchen und anschließend zu Mittag essen wollten, bevor wir bei sinkender Sonne die andere Bergseite hinunterfahren würden bis nach Gela und Agrigent. Dies war unsere erste Erfahrung mit den hiesigen Bergen, und sie war sehr angenehm. In einer der Felsenspalten tummelten sich mit klappernden Lauten kleine Schildkröten, und Mario hielt an und erlaubte Deeds, eine von ihnen einzufangen (was er mit Geschick tat) und sie Miss Lobb zu überreichen, die nicht wußte, was sie mit dem Tier anfangen sollte. Es entwickelte eine erstaunliche Lebhaftigkeit, rannte in alle Ecken des Busses, sehr zu unserem Ärger, und zwang uns, eine regelrechte Jagd zu veranstalten, um es wieder einzufangen. Schließlich gab Miss Lobb dem Tier die Freiheit zurück. Seine kleinen Klauen waren ungemein scharf, und es kämpfte um sein Leben, um seine Freiheit. Ich hatte immer geglaubt, Schildkröten seien friedliche kleine Dinger, die sich bei Gefahr einfach tot stellen, stocksteif werden wie ein Stein. Aber dieses kleine Biest griff jeden an, und wir waren froh, als es endlich klappernd in den Büschen verschwand.

Piazza Armerina ist ein hübsches, lebhaftes kleines Bergstädtchen, das sich nicht nur mehrerer Barockkirchen rühmen kann, sondern auch einer Kathedrale, einer Burg und verschiedener anderer Sehenswürdigkeiten in seiner unmittelbaren Umgebung. Doch Charme, diese undefinierbare Eigenschaft, ist nicht zu vermitteln, weder durch Beschreibungen noch durch Fotografien, die einen so oft auf Grund verfälschter Wiedergaben und ausgeklügelter Blickwinkel enttäuschen. Und dieses Städtchen hatte Charme, obwohl viele andere sizilianische Städte bedeutendere Bauwerke aufweisen. Ja ... Ich dachte es mir angenehm, hier einen Monat zu verbringen und ein Buch zu beenden. Es mußte wunderbar sein, hier inmitten dieser grünen und fruchtbaren Vorberge spazierenzugehen. Doch leider war uns nur ein kurzer Blick vergönnt, denn nachdem wir das Hotel, in dem wir das Mittagessen einnehmen wollten, von unserer Ankunft in Kenntnis gesetzt hatten, machten wir uns sofort auf den Weg, um die ungefähr sechs Kilometer zu der kaiserlichen Villa zu fahren – einer Art Sommer-Refugium, das für einen halbvergessenen römischen Kaiser erbaut worden war. Es ist immer wieder erstaunlich, daß alle Zuschreibungen in Sizilien, ob es sich nun um Ausgrabungen oder um Bauwerke handelt, immer nur sehr approximativ sind. Man hätte erwarten können, daß dieses wichtige offizielle Gebäude wenigstens teilweise dokumentiert wäre, wie es sonst überall der Fall ist. Aber nein «man nimmt an, daß dieser Jagdsitz möglicherweise Kaiser Maximianus Heraclius gehört hat, der sich mit Diokletian in die kaiserliche Würde teilte». Den Platz, den man für die kaiserliche Villa gewählt hatte, war von einer fast bedrückenden Abgeschiedenheit, so daß man sich unwillkürlich fragte, warum man in einer solchen Landschaft ein großes, geräumiges Gebäude ausgerechnet mitten in ein Netzwerk dicht bewaldeter Bergsenken gestellt hat, die im Winter ganz offensichtlich von anschwellenden Bergflüssen überschwemmt werden, statt es auf einem Hügel zu errichten, von dem der Regen gut ablaufen kann – was in bergigen Landschaften immer ein architektonisches Problem ist. In dieser Wahl eines Platzes lag etwas Ungesundes und Verstecktes, und es muß höllisch heiß gewesen sein, hier im August zu leben. Es schwirrte nur so von Insekten und Schmetterlingen. Wir erreichten einen Parkplatz, wo wir neben ungefähr einem Dutzend anderer Busse vor Anker gingen und den gewundenen Pfad zur Villa hinuntertrabten, während wir uns über die Schwüle und die drückende Hitze ereiferten. Es war viel drückender als in den attischen Tälern mit ihren hellen Kornfeldern, durch die wir gerade gefahren waren.

Endlich erreichten wir eine Lichtung, und unseren Augen bot sich ein absolut monströser Anblick – ein waberndes, mit schmutzigem, weißem Plastik umhülltes Gebäude, das noch am ehesten wie das Gewächshaus eines auf den Spargelanbau spezialisierten verrückten Gemüsegärtners aussah. Ich traute meinen Augen nicht. Keiner von uns. Wir standen sprachlos da und schluckten und fragten uns, was das, zum Teufel, für eine Konstruktion war. Roberto teilte es uns errötend und verlegen mit.

Die kürzlich entdeckten Mosaiken waren so kostbar, und das Risiko, daß sie von der Witterung zerstört werden könnten, war so groß, daß jemand auf die brillante Idee gekommen war, das Ganze mit dieser grotesken Plastikhülle zu bedecken. Eine Anzahl sinnig arrangierter Bohlenstege und Laufbretter erlaubte es Neugierigen, durch das Innere der Villa zu wandern. Es war ein Einfall, der einen stöhnen machte – nur ein Archäologe konnte sich so etwas ausdenken. Überdies sind die Mosaiken – obwohl historisch so interessant, daß man froh ist, sich die Mühe gemacht zu haben, sie zu sehen – von außerordentlicher Langeweile. Aber Menschen, die Villen für Gouverneure bauen, sind meist Innenarchitekten mit einer Vorliebe für das grandios Banale, für das teuer Gängige. Und zu dieser Kategorie gehört auch die kaiserliche Villa, obwohl die Vielzahl und das Ebenmaß der Ausschmückungen, trotz ihres Mangels an plastischer Ausdruckskraft, durchaus unsere Aufmerksamkeit verdiente. Historiker müssen fasziniert sein von den großangelegten Jagdszenen, den Kriegszügen der Götter, den zaghaft lüsternen Liebesszenen, die sich schließlich als ziemlich übliche Praxis herausstellen. Und all das unter einer weißen Plastikhülle, die uns alle wachsfarben aussehen ließ. War dies nun wirklich das Lustschloß eines Kaisers? Oder vielleicht eher (ein intelligenter Vorschlag von Christopher Kinnimonth) der Schlupfwinkel eines Millionärs, des wohlhabenden Mannes etwa, der die Tiere für die römischen Arenen lieferte? Die Fresken mit Tierdarstellungen sind so zahlreich und so mannigfaltig, daß es einem zu denken gibt. Aber wie üblich gibt es dafür keinen Beweis.

Pflichtschuldig trabten wir über die Laufbretter, während Beddoes, der sich eine Menge lateinischer Wörter aus dem Blauen Reiseführer herausgeklaubt hatte, aus diesen fremden Brocken eine Art Prosagedicht komponierte, das er mit bewegter Stimme, doch für alle vernehmbar, vor sich hin murmelte.

Es ging so:

Und so betreten wir das Atrium
durch seinen rein polygonalen Hof.
Zur Linken liegt die Große Latrine,
Damen und Herren, die Große Latrine
Für jene, die es eilig haben,
Aber die Marmorsitze sind verlorengegangen,
Doch vor uns ist das Ädiculum,
das Zutritt gewährt zu den Thermen.

Das Vestibül kann man vom Peristyl aus überwachen.
Nicht lachen.
Als nächstes kommt das Frigidarium
mit seiner Apodyterie,
es führt weiter mit wachsender Hysterie
zum Alepterion,
zwischen Tepidarium und Calidarium,
von dort in den Hof, wo die Kleinere Latrine
auf jene wartet, die noch nicht gewesen sind,
in der prächtigen Baulichkeit
würdig des kaiserlichen Purpurs ...

An dieser Stelle strafte ihn die Muse. Er rutschte von einem Laufbrett ab und wäre fast auf eine der kostbaren Mosaiken geplumpst, sehr zum Ärger Robertos und zur kollektiven Empörung des Karussells. Die Freundin des Zahnarztes war besonders schockiert und aufgebracht und fuhr herum, um ihren Zorn kundzutun. «Der Bursche ist ein Frevler», sagte sie zu ihrem Begleiter und warf einen giftigen Blick auf Beddoes, der nur wenig Reue zeigte. Fresken von Badenden, die von Sklaven massiert wurden, Tierköpfe, üppig mit Lorbeer gekrönt – ja, es war nur bedauerlich, daß so große und inhaltsreiche Darstellungen nicht von einer geübteren, empfindsameren Hand stammten. Die Banalität des Ganzen war nicht zu übersehen. Mir fielen plötzlich die Innendekorationen im Schloß der Rhodiserritter ein, die sich ein faschistischer Gouverneur des Dodekanes ausgedacht hatte, um wenigstens ein Echo des mussolinischen Protzes in seinem Regierungssitz zu haben. Die gleiche leere Banalität – hier fand ich sie wieder – ein Echo eines im Todeskampf liegenden untergehenden Reiches. «An Vielfalt und Größe kann diese Villa ohne weiteres mit der Villa Hadrians in Tivoli oder mit dem Palast Diokletians in Split verglichen werden.» Dieser Meinung bin ich nicht, aber wer bin ich schon? Allein die Lage spricht gegen diese Behauptung. Diese müßigen Gedanken gingen mir durch den Kopf, während wir langsam die Kleinere Latrine durchschritten, «deren Ziegelabfluß, marmorne Waschbecken und bildliche Darstellungen Zeugnis für den hohen Lebensstandard des kaiserlichen Roms ablegen». Ja, alles wäre klar, wenn die Villa einem Onassis der damaligen Zeit gehört hätte.

Die Besichtigung war lang und gründlich, und ich verstand, warum Martine, als sie die Orte notierte, die ich – wie sie hoffte – aufsuchen würde, um meine ‹Kurzfassung von Sizilien› für ihre Kinder zu schreiben, die kaiserliche Villa ausgelassen hatte. Vielleicht hatte sie sie auch einfach vergessen. Die Insel ist so reich an denkwürdigen Bauwerken, daß es durchaus entschuldbar ist, wenn man das eine oder andere vergißt, besonders wenn es etwas ist, was einen nicht besonders beeindruckt hat. Ich schreibe das natürlich nicht ohne gewisse Vorbehalte und mit einiger Scheu, denn die Funde in der kaiserlichen Villa, die größten dieser Art in Europa, sind mit Recht berühmt geworden, und es kann gut sein, daß ich mich damit zu einem hoffnungslosen Banausen abstemple. Aber ich glaube es nicht. Und es tröstete mich irgendwie, daß Deeds der Villa nur eine sehr mittelmäßige Note in seinem kleinen Führer gegeben hatte. Doch bei Tisch versuchte er, das ein wenig zu relativieren, indem er sagte, er sei so verliebt in das kleine, rote Städtchen Ädoni, das nur einige Kilometer entfernt lag, und in die wunderbare griechische Ruine in Morgantina, daß dieses rötlich-gelbe, römische Zeugs ihn nicht beeindrucken könne. Übrigens waren die Ansichten allgemein recht gespalten. Ein paar Reisegefährten teilten meine Meinung über die Villa. Die Begleiterin des Zahnarztes machte keinen Hehl aus ihrer Abneigung gegen Beddoes, der überall wie eine Schmeißfliege herumsurrte und jedem über die Schulter linste und Dinge flüsterte, die keiner hören wollte. «Dieser Mensch», sagte sie zu ihrem Zahnarzt beim Mittagessen, «zieht einfach alles in den Schmutz.» So konnte man Beddoes natürlich auch sehen, auf jeden Fall war es ebenso zutreffend wie alles, was uns zu ihm eingefallen war, und in ihrem Tonfall lag eine giftige mittelwestliche Schärfe.

Das Mittagessen war fade, doch die Bergluft erfrischend, und wir tranken eine Menge Wein. Wir fühlten uns alle recht müde, fast schläfrig, als wären wir schon eine Ewigkeit unterwegs, obwohl es in Wirklichkeit erst ein paar Tage waren. Wir fingen an, den Stress des Herumreisens zu spüren, trotz ausgezeichneter Straßen und trotz der ständigen Anregungen von immer neuen Eindrücken und Lauten. Wir brachen ermattet und voll des süßen Weins auf, und die meisten von uns nahmen sich vor, ein kurzes Nickerchen zu machen, während Mario uns um die Haarnadelkurven und über bewaldete Straßen hinunter nach Agrigent fahren würde. Das sehr alte italienische Ehepaar, das nie sprach, aber zärtlich Händchen hielt wie Jungvermählte, schien im siebten Himmel der lächelnden Freude zu sein. Sie lehnten sich zurück, zufrieden wie rotwangige Äpfel, und lächelten friedlich die Welt an, die an ihnen vorüberrollte. Der kleine,

Lesen und Reisen…

rote Bus hüpfte und hopste wie ein Fasan durch die Wälder, und bald kam wieder das ferne Meer in Sicht, und dunkle Flecken, die Gela ankündigten. Zwischen den Klippen und an den Hängen war recht zielstrebig wieder aufgeforstet worden, doch ich sah zu meinem Leidwesen, daß man hauptsächlich Eukalyptusbäume angepflanzt hatte. Nicht, daß das kein schöner Baum ist – seine schimmernden Spitzen von pappelartigem Grün sind sehr hübsch –, aber seine flachen, sich weit ausbreitenden Wurzeln stellen so große Ansprüche an den Boden, daß neben ihm kaum etwas anderes gedeihen kann. Vermutlich hatte man ihn deswegen ausgesucht, weil seine Wurzeln die bröcklige, leicht wegspülbare Erde festhalten. Sizilien hat die gleichen Wiederaufforstungsprobleme wie Griechenland.

Ab Caltanissetta begann die lange Abfahrt in die Ebene, in der Gela lag. Der Meereshorizont war heute so dunstig und verwaschen, wie nur die Julihitze es zustande bringt. Irgendwo in der Ferne zu unserer Linken befand sich das reizende Vittoria (eine weitere Traumstadt von Deeds, die wir auslassen würden). Der heitere Barock dieses Städtchens ist eine lebendige und würdige Erinnerung an die Dame, die es einst gründete, an Vittoria della Colonna – war sie nicht einmal Königin von Zypern? Die Hänge fallen hier verführerisch zur Bucht von Gela ab, einem der Plätze, wo die Amerikaner 1943 gelandet waren. Der Boden ist gut in dem langen Tal, das von mehreren munteren Flüßchen durchzogen ist, die für diese Jahreszeit erstaunlich viel Wasser führten. Geraume Zeit fuhren wir, halb dösend, die gewundenen Straßen entlang, vorbei an Weinbergen, Bambusstauden, Olivenhainen und ausgedehnten Orangenplantagen. Und dann natürlich stießen wir schließlich auf Öl, als wir uns der Stadt näherten, in der Aischylos auf eigenen Wunsch seine letzten Lebensjahre verbracht hatte und wo er auch gestorben war. Vermutlich war ein Hotel nach ihm benannt – überall wird die Erinnerung kommerzialisiert –, ein typisches Zeichen für die merkantile Epoche, in der wir leben. Der letzte, frische Luftzug des offenen Landes erstarb schnell, als wir uns dieser berühmten Stadt näherten, die von riesigen petrochemischen Anlagen umgürtet zu sein scheint. Es gibt wenig Sehenswertes, außer den Dingen, die das Museum ausstellt – eine reichhaltige und wertvolle historische Sammlung von kirchlichen Gegenständen und Gebrauchsgütern. Vielleicht hätte man den Schädel des griechischen Dramatikers unter die Reliquien aufnehmen sollen. Die Legende berichtet, daß ein Adler seinen kahlen Schädel für einen Stein hielt und eine Schildkröte auf ihn hinunterfallen ließ, um ihren Rückenschild zu zerschmettern.

Ich hatte diese Geschichte immer für eine jener literarischen Fabeln gehalten, wie sie uns zur Genüge bekannt sind, bis … bis ich eines Tages, vor langer Zeit, auf Korfu einen großen Vogel sah, vielleicht einen Bussard, der genau das tat: Er ließ Muscheln aus großer Höhe auf einen meerumschlungenen Felsen hinunterfallen, stieß dann nieder, um den Inhalt zu inspizieren und ihn auszupicken. Ich beobachtete ihn über eine Stunde lang, er probierte drei oder vier verschiedene Sorten aus, es schienen mir eine Art Venusmuscheln zu sein. Keine Schildkröten. Aber es ist durchaus glaubhaft, daß ein Adler sich eine Schildkröte mit den Klauen schnappt und sie auf diese Art aufzubrechen versucht. Eine einzige dorische Säule ist alles, was übriggeblieben ist, es sei denn, Sie interessieren sich für ein Stück alter Festungsmauer, die halb im Sand versunken ist. Oder für die Bohrtürme entlang der Küste, mit ihrer unheilkündenden Botschaft. Aber der schwungvolle Bogen der Bucht ist großartig, und selbst der häßlichen, modernen Stadt sieht man noch an, wie schön Gela einst gewesen sein muß, wie reich an Früchten und Wein, und wie gut geeignet für Pferde, mit seinem Wasserreichtum und dem vielen Grün. Auch lag die Stadt ein wenig landeinwärts, so daß Syrakus und Akragas an vorderster Front standen, was Handel und Kriege betraf. Gela muß ein wenig *démodé*, ein wenig provinziell und altmodisch gewesen sein, ein durchaus passender Ort für pythagoräische Dichter und Denker, die in Ruhe ihr Leben genießen wollten. Jedenfalls ist das der Eindruck, den man heute noch hat. Aber wie ist diese bedeutende Stadt (O Demeter, wo ist dein Heiligtum!) durch all die modernen, zufallsbedingten Bauten verschandelt worden!

Es blieb nicht genug Zeit, zum Meer hinunterzugehen, da wir am Abend in Agrigent sein mußten. Und so krochen wir nach einem letzten Blick auf Gela wieder zurück in den Bus und fuhren die Küstenstraße entlang. Die Strecke nach Agrigent kam mir recht trostlos vor, voll von schmutzigen Dünen, ja, sogar melancholisch, wenn man will, aber sie schien mir nicht so deprimierend, wie später einige Strecken hinter Marsala. Vielleicht lag das an der Vorfreude auf das Tal der Tempel, oder einfach an der Sonne, die einen verschlafen machte. Ich war zufrieden, den Pulsschlag der verschollenen Stadt Gela gespürt zu haben, dort, wo heute vor der Küste seltsame stählerne Tiere auf langen Beinen stehen wie Reiher im flachen

Wasser. Mir kam plötzlich ein Gedanke, und ich notierte ihn, um ihn später in Muße genauer zu überprüfen: Vor dem Christentum war die Quelle der Macht die Magie, nachher das Geld. Was kann man dagegen tun? Nichts. Es ist zu spät.

Auf einer entlegenen Landstraße, im tiefen Staub, machten wir unerwarteterweise halt, unter einem großen Johannisbrotbaum voller Früchte, die man Karoben nennt. Dort war ein eingezäuntes Grundstück mit Bäumen und einem Pförtchen, hinter dem man einen schmucken, kleinen Friedhof sah. Diese kurze Rast war eigens von Roberto für Deeds arrangiert worden. Es war ein Soldatenfriedhof, und er gehörte in Deeds' Inspektionsbereich. Deeds lenkte seine Schritte mit irgendwie um Verzeihung bittender Miene in Richtung auf die britischen und kanadischen Gräber, nachdem er sich eine Zigarette angezündet und versprochen hatte, bald wieder zurück zu sein. Roberto entließ uns zu einem Spaziergang, und wir schlenderten über die Landstraße wie verlorene Schafe. Ich ging ein Stück und betrat dann einen Weinberg, wo ich einen Grasstreifen fand, der von der sommerlichen Hitze fast braun verbrannt war. Ich legte mich in diese warme, knisternde Wiege, wobei ich Schwärme von Grillen verjagte, die ihr Gezirpe sogar beim Rückzug kaum unterbrachen. Die Erde roch köstlich, sie war backofenwarm. Ameisen krochen über mein Gesicht. In meinem hitzeumnebelten Gehirn mischten sich unklare Gedanken mit Träumen und halbvergessenen Gesprächen vor dem Hintergrund dieses pulsierenden Sommernachmittags mit seinen Zikaden, die wie irre in den Bäumen herumfiedelten. Sobald ein heller Fetzen der hochsegelnden Wolken die Sonne bedeckte, verfiel die gesamte Natur in Schweigen – zumindest die Grillen. Dachten sie, der Winter sei plötzlich zurückgekehrt? Und wenn dann die Hitze wiederkam, täuschte ich mich, oder war dann wirklich in ihrer Inbrunst eine enorme Erleichterung darüber zu spüren, daß es noch nicht Winter war? Ich schwebte am Rande des Schlafs; doch dann rief ich mich zur Ordnung, denn die anderen wußten nicht, wo ich war, und ich durfte nicht den Bus verpassen und den armen Mario durch meine Verspätung beunruhigen und verärgern.

Ich richtete mich verschlafen auf und ging über das Feld zurück auf die Straße, wo Roberto, der versuchte, der Gruppe etwas über den Johannisbrotbaum zu erklären, in Wort-Schwierigkeiten geraten war. Hier konnte ich ein wenig helfen, denn ich kannte den großen, kräftigen Baum mit seinen langen, gebogenen Hülsen von Zypern, wo er ein besonders anziehendes Charakteristikum ist. Wenn durch Wind oder einen Blitz ein Ast abbricht, ist man immer wieder erstaunt, zu sehen, daß das entblößte Holz die Farbe menschlichen Fleisches hat. Die Karobe, versuchte Roberto zu erklären, hat einen hohen Nährwert. Er pflückte einige – sie waren trocken und knackten zwischen seinen Zähnen – und reichte sie zum Probieren herum. Wir hatten sie häufig bei Picknicks gegessen, und ich war erfreut, meine Bekanntschaft mit diesem edlen Gewächs zu erneuern. Auf Zypern werden die Früchte grob gemahlen und als Viehfutter verwendet. Inzwischen war Deeds zu uns zurückgekehrt. Er nahm den eiförmigen Samen in die Hand und zerbiß ihn mit den Zähnen. «Darf ich Sie mit einer Geschichte langweilen?» fragte er bescheiden. «Einige der Soldaten, die hier auf dem Friedhof liegen, gehörten zu einer Sturmtruppe, die ich auf Zypern ausgebildet hatte. Nun, im Verlauf unseres Ausbildungsprogramms schärften wir ihnen ein, nach Karoben Ausschau zu halten, wenn das Essen knapp würde. Man kann eine lange Zeit nur mit Karoben und Wasser leben, und für meinen Sturmtrupp war es ein lebensrettender Tip, denn schon beim ersten Angriff gingen einige Männer für etwa zehn Tage zwischen den feindlichen Linien verloren und hatten nicht mal eine eiserne Ration in der Tasche. Aber sie fanden frische Quellen, und sie fanden Karoben und überlebten und erzählten ihre Geschichte. Später allerdings wurden sie bei einem Gegenangriff getötet. Aber wenn wir diese Sturmtruppe in England ausgebildet hätten, wäre der hohe Nährwert der Karobe sicher nicht zur Sprache gekommen. Ich muß immer an Zypern damals denken, wenn ich diesen kleinen Friedhof besuche.» Er war ziemlich lange fort gewesen, und er wirkte ein wenig traurig und gleichzeitig erleichtert, in dem kleinen Bus zu sitzen und über die langen Straßen zu rollen, die hinunter nach Agrigent führten, zu den Tempeln, die für Martine (Taormina nicht ausgenommen) das größte Erlebnis in Sizilien gewesen waren. Und so fuhren wir nun, Karoben kauend, weiter.

Das Land war gelber geworden, ockerfarben, und die Täler wurden länger und breiter. Man hatte das Gefühl, in einer Wildnis zu sein, obwohl wir Schlangen von Lastwagen überholten, die mit Chemikalien beladen waren und so viel Staub aufwirbelten, daß unser Bus wie bepudert aussah, was Mario so ärgerte, daß er den Fahrern schließlich fluchend mit der Faust drohte. Irgendwo sollte anscheinend eine herkulische Konstruktion errichtet werden – hoffentlich war es nicht Agrigent, das eine solche Geißel der Urbanisierung zu spüren bekam! Auf einem der sanft abfallenden Hänge mußten wir unsere Fahrt verlangsamen, weil ein Sportwagen mit einem Laster zusammengestoßen war. Es war ein schlimmer Unfall. Der Sportwagen war samt seinem Insassen seitlich in den Graben gestoßen worden, während der für den Stoß verantwortliche Laster wie ein gestürztes, altes Kamel im Graben auf der gegenüberliegenden Straßenseite lag. Wie oft bei Schreckens- oder Trauerszenen schien alles wie erstarrt zu sein in einem zeitlosen Bild. Die Polizei war noch nicht zur Stelle. Jemand hatte einen Streifen Sackleinwand über die Gestalt des Lastwagenfahrers gebreitet – nur ein nackter Fuß sah hervor.

Der Insasse des Sportwagens war ein gutaussehender, blonder, junger Mann. Er lag zurückgelehnt in seinem Sitz, als sei er voll des Friedens, des Sonnscheins und des süßen Weins. Sein Gesicht hatte einen sanften, ruhigen, glückseligen Ausdruck. Er trug ein blaues, am Hals offenstehendes Hemd. Nichts an seiner Kleidung war in Unordnung geraten, auch hatte der Zusammenstoß keine sichtbare Wunde hinterlassen. Er schien zu schlafen. Eine leichte Brise zerzauste sein blondes Haar, und eine Strähne fiel ihm in die Stirn, wie um die Illusion von Leben zu vervollständigen. Doch der kleine Mann, der sein Stethoskop unter dem blauen Hemd in Herzhöhe aufgesetzt hatte, schüttelte den Kopf und setzte das typische Arztgesicht auf, wie Ärzte überall in der Welt. Der Kühler des Wagens, der gesamte Motor war zusammengeknautscht wie eine Papiertüte. Und doch – kein Blut, keine Unordnung. Der junge Mann hatte sich einfach dem Willen des Schicksals gebeugt. Der Tod war durch die bloße Erschütterung eingetreten. Er lag da wie in einem Sarg, während ein halbes Dutzend Bauern um ihn herumstanden, als wären sie von einem Dramatiker dazu ausgewählt worden, diesem klassischen Unfall, bei dem der Tod so unerwartet aufgetreten war, Gewicht und Nachdruck zu verleihen. Niemand weinte oder schlug sich gegen die Brust. Die Frauen hatten den Zipfel ihres Kopftuchs in den Mund genommen und hielten ihn mit ihren weißen Zähnen fest, als könnten sie durch diese Geste mögliche Tränen zurückhalten. Zwei Bauern, mit Hacken in den Händen, die schrumpelig waren wie alte Schildkröten, starrten den jungen Mann und sein kostspieliges Auto an (oder vielleicht ist der richtige Ausdruck ‹glotzten ihn an›), als sei er ein Heiligenbild über einem Altar. Ihre schwarzen Augen waren bis zum Rand mit Unverständnis gefüllt. Sie versuchten erst gar nicht, dieses Phänomen zu begreifen – diesen toten

Jungen in seinem leuchtend farbigen Wagen mit der gelben Lederpolsterung. Doch niemand zeigte Kummer oder besondere Neugier, niemand schlug sich gegen die Brust, wie sie es im Norden getan hätten oder in Griechenland. Niemand bekreuzigte sich. Sie starrten ihn einfach an, ohne Neugier, fast mit einer Art finsterem Trotz. Man fühlte, sie und der Tod waren Gleichgestellte. Die Insel hatte wieder einmal zugeschlagen. Das eben war Sizilien! Und es wurde einem bewußt, daß sogar der Tod hier eine andere spezifisch sizilianische Resonanz hatte. Die schwarzen Augenpaare blickten starr und unverwandt auf einen Punkt, während griechische und italienische Augen ständig umherirren, ruhelos wie Fliegen. Im Hintergrund stand ein älterer Mann mit dichtem weißen Haar, er blickte so starr wie die anderen und so konzentriert, daß er seine kleine, rosa Zungenspitze herausstreckte, was ihm einen absurd kindlichen Ausdruck verlieh. Aber Angst hatte er nicht.

Wir waren es, wir in dem kleinen Bus, die Angst hatten – Trauer und Entsetzen standen in jedem Gesicht, als Mario in einem Wirbel von weißem Staub anhielt und sich hinauslehnte, um sich nach den näheren Umständen zu erkundigen. Konnten wir etwas tun? Nein, nichts. Ein Krankenwagen war schon unterwegs von Agrigent und ebenfalls die Polizei. Der Arzt in seinem offenstehenden Hemd sah eher wie ein jugendlicher Tierarzt aus. Er hatte seinen winzigen Fiat von der Straße weg in eine kleine Ausbuchtung geschoben, während er den jungen Mann untersuchte. Niemand sprach das Wort Tod aus. Die Tatsache wurde durch Gesten oder eine Kopfbewegung angedeutet. Die ganze Szene hatte etwas verwirrend Einstudiertes, so als wären alle, sogar wir in dem kleinen Bus, von einem Bühnendichter hierher bestellt worden, um in diesem Bühnenbild unsere Rolle zu spielen.

Der Bischof hatte eine Miene aufgesetzt, die besagte: ich hab's ja gewußt. Er wirkte wie der Hauptkassierer einer großen Bank (Tod A. G.), der eine Menge interner Informationen hat. Das alte italienische Apfel-Paar lächelte unverändert lieb vor sich hin, vielleicht verstanden sie nicht, was geschehen war, oder sie blieben versunken in ihren Traum vom Garten Eden. Renata, das deutsche Mädchen, schloß die Augen und wandte den Kopf ab. Miss Lobb blickte unwirsch, als sei für sie das Reisebüro in Mißkredit geraten, weil es zugelassen hatte, daß Leute, die gutes Geld bezahlt hatten, plötzlich mit so etwas konfrontiert wurden. Beddoes richtete sich verstohlen eine nicht vorhandene Krawatte, man konnte sehen, daß für ihn der

Tod ein Schulleiter in Dungeness war. Und wie sah ich aus? Ich erblickte flüchtig mein Spiegelbild im staubigen Fensterglas und fand, ich sähe aus, als sei mir leicht übel – was mir auch war. Das Ganze paßte nicht zu diesem strahlenden Nachmittag und zu der südlichen Sonne, die anfing, in die dunstig-blauen Wasser der Unterwelt einzutauchen. Würden wir noch vor Anbruch der Dunkelheit ankommen? Wir hatten jetzt Tempo zugelegt und die lange Reihe der Lastwagen überholt, die so viel Staub verursachten. Die Luft war trocken und heiß. Die Kalksteinstruktur der Landschaft sprach für Wasser und Weiden oder für Quellen und Flüsse und freundliche Nachtigallen. Deeds wirkte abwesend und mit eigenen Gedanken beschäftigt, deshalb drängte ich ihm meine nicht auf, die, wie üblich, recht unzusammenhängend und vage waren – auf der Leinwand meiner Erinnerungen erschienen alte Reminiszenzen an Athen und an die Inseln, wie freundliche Tiere, die man wiedererkennt und streichelt. Ja, wir waren in Attika, darüber gab es keine Zweifel, ein wenig nördlich der Hauptstadt, sagen wir in Psychico oder vielleicht östlich, nahe von Porto Rafti ... ich darf Robertos patriotische Gefühle nicht verletzen mit meinem ständigen Gerede von Griechenland. Sizilien hat schließlich nie zu Griechenland gehört, noch gehört es jetzt zu Italien (geographische Grenzen bedeuten nichts), es hat immer nur sich selbst gehört, seinem uralten und unzerstörbaren Selbst. So eilten wir dahin, glitten über die Hügel wie Schwalben.

Langsam kam sie in Sicht, die berühmte Stadt. Zuerst war sie nur eine Anhäufung vielversprechender Formen, die sich gegen den Abendhimmel abhoben, dann lösten sich diese Formen flimmernd im Hitzedunst fast völlig auf, um zum Schluß in den kubistischen, kastenartigen Konturen einer modernen Stadt zu erstehen, immerhin mit zwei kleinen Wolkenkratzern, die, wie ich annehme, die antike Akropolis markieren sollten. Doch als wir näher kamen, verdunkelte eine besonders dicke, drohende Wolke die Sonne. Es war eigenartig: Der Himmel war, abgesehen von dieser Wolke, heiter, klar und blau. Sie schien übriggeblieben zu sein von einem früheren Gewitter und trieb nun unaufgelöst und ziellos über den Himmel. Es war keineswegs bedauerlich, denn sie würde uns einen dramatischen Sonnenuntergang bescheren, würde sich vor die strahlende Sonne schieben und sie aussehen lassen wie das dunkle lidlose Auge eines Wals, von dem streuende Strahlen ausgehen. Diese kleine Abweichung von der Norm erwähne ich nur, weil wir im Vorbeifahren zu unserer Linken ein kleines Haus auf einer Hügelkuppe sahen, das flankiert war von zwei windschiefen Pinien. Das Anwesen hing dort über dem Meer, als hätte es mit der ganzen übrigen Welt nichts zu tun. Andere Anzeichen für menschliche Behausungen außer diesem trostlosen, denkwürdigen Häuschen gab es nicht. Und in dem verdunkelten Sonnenlicht sah es so außerordentlich tragisch und bedeutungsvoll aus, als sei es die Kulisse für ein Theaterstück. Kaum jemand beachtete diese kleine Szene, doch Roberto verkündete mit irgendwie bekümmerter Stimme über das Mikrofon: «Der Geburtsort Pirandellos. Ein winziges Dörfchen, das Chaos heißt!» Er sah auf seine Uhr, das Museum würde geschlossen sein, dachte er. Vielleicht sollte man trotzdem einen Moment anhalten? Er zögerte, weil er wußte, daß kaum jemand im Bus den großen Mann kannte oder sich für diesen bedeutenden, originellen Dichter aus Agrigent interessierte. Auch würden wir uns durch diesen Umweg ein wenig Zeit verlieren, und das könnte die Fahrt ins Tal der Tempel gefährden, die nachts angestrahlt werden. «Wäre jemand daran gelegen ...?» Aber nur drei oder vier Hände gingen in die Höhe, und so wurde beschlossen weiterzufahren.

Während ich über die staubige, blutrote Weite zu meiner Linken starrte und beobachtete, wie die Sonnenstrahlen länger und schwächer wurden wie abgeschaltete Bühnenscheinwerfer, sah ich plötzlich hinter der Hügelsilhouette vom Strand her eine Reihe sich mühsam vorankämpfender Lastwagen herankommen, wie eine Reihe von Ameisen auf einem Blatt. Vermutlich bestand ihre Ladung aus harmlosem Seesand, aber die weißen Wolken, die sie wirbelnd himmelwärts sandten, schimmerten in so vielen Tönen von Perlgrau, Gelb und bernsteinfarben, und durch all diese Farben hindurch schien die sinkende Sonne, daß Turner sicher einen Nervenzusammenbruch bekommen hätte. Der Anblick ließ mein Herz höher schlagen, er war einzigartig und gleichzeitig ein wenig bedrohlich – fast wie eine Warnung, die berühmte Stadt, die wir besuchen würden, nicht auf die leichte Schulter zu nehmen, sondern ihr echte Gefühle entgegenzubringen. Innerhalb einer halben Minute war alles vorbei, aber es hatte uns in dem Beschluß bestärkt, der Stadt unsere volle Aufmerksamkeit zu widmen. Wir kehrten der Vision den Rücken und blickten auf die Straße, die steil aufwärts zur Stadt führte, deren verfallene Umrisse und mehr zufällig entstandene Gebäude immer deutlicher erkennbar wurden. Roberto nannte ihren Namen mit einem kleinen, müden Seufzer.

Ich hatte Deeds meine Eindrücke nicht mitgeteilt, da ich annahm, er wäre mit anderem beschäftigt, doch sein alles sehendes Auge hatte die Hügelkuppe auch bemerkt, und er sagte jetzt: «Schade um Pirandello. Das kleine Museum hat etwas sehr Rührendes. Und was für eine seltsame Beleuchtung. Und wie klein es ist, erstaunlich – die gleiche Bescheidenheit wie bei Anne Hathaways Häuschen.» Es war eine scharfsinnige Bemerkung über den Ursprung geistiger Größe.

Mittlerweile war die Wolke auf geheimnisvolle Weise von der Bühne verschwunden, und alles war heiter. Die Dämmerung war durchsichtig und wolkenlos und ohne einen Hauch von Wind. Während wir den Kurven und Windungen der Straße folgten, die zur Stadt führte, wurde uns langsam bewußt, daß vor uns und unter uns eine höchst bemerkenswerte Landschaft war. Runde Terrassen führen in einer langen Spirale zur Kuppe eines steilen Hügels. auf dem einst eine Akropolis gestanden hat, und wo jetzt zwei parvenhafte Wolkenkratzer und ein unwürdiger Haufen gräßlicher Häuser als altes Stadtzentrum dient. Wir hatten inzwischen das Geschäftsviertel der neuen Stadt erreicht, das ein wenig unterhalb der Innenstadt liegt – behelfsmäßig und häßlich. Doch das Licht war von einer reinen, schillernden Honigfarbe, und der Sonnenuntergang (es tut mir leid, daß ich immer wieder auf ihn zurückkomme) war wie am abendlichen Hymettos, wenn die violette Stadt Athen in den Kokon der Nacht sinkt. Ich bestehe auch ungeduldig darauf, daß sich die Lage Agrigents, vom Standpunkt der natürlichen Schönheit und Großartigkeit aus gesehen, ohne weiteres mit der Athens auf seinen Hügeln messen kann. Wie der Ozean Sandringe aufwirft, die zu Tümpeln werden, so haben sich in geologischen Zeitaltern in regelmäßiger Folge runde Kalksteinformen gebildet, die sich in Schichten auftürmen wie ein Hochzeitskuchen, bis zur Akropolis. Von oben betrachtet, sieht es aus wie ein Auflauf mit zwei Ebenen, einem inneren und einem äußeren Rand. Unten, am Eingang zur Stadt, befinden sich die Tempel, wie ein Schutzschirm geschmückt mit Obstbäumen, dazwischen auch silbrigen Olivenbäumen und den allgegenwärtigen Mandelbäumen, deren Frühjahrsblüte so berühmt geworden ist wie die legendäre Stadt selbst.

Wir stiegen in die Dämmerung hinab, mit dem seltsam zwiespältigen Gefühl, nicht zu wissen, was uns dort eigentlich erwartete. Erst mußten wir einen Platz überqueren, von dem aus wir in die dunkle, malvenfarbene kühle Tiefe blicken konnten, wo die Tempel unserer harrten. Dann erst bemerkten wir, wie umsichtig Roberto unsere Ankunft geplant hatte – genau zur richtigen Tageszeit, «kurz bevor die Straßenbeleuchtung angeht, haben Sie einen ungefähren Eindruck, wie die antike Stadt bei Sonnenuntergang ausgesehen hat». Die Luft war so still hier, daß man die Klänge fernen Gesangs vernehmen konnte und das Aufschlagen, vielleicht einer Hacke, auf dem trockenen Lehm etwa, eine Meile von uns entfernt. Hinter uns füllten sich allmählich die Straßen für den abendlichen ‹Corso›, und in den kleinen Cafés flammten grell die Lichter auf, als ob sie sich gegenseitig ansteckten, und heisere Radios lärmten und Jukeboxes und der Straßenverkehr. Langsam senkte sich die Dunkelheit über uns, wie Tinte, die man in Wasser gießt. Doch es war eine lichte Dunkelheit, ein wenig rosig, wie von einem hinter Wolken versteckten Erntemond. Inzwischen waren wir bereits Teil dieser konfusen, weit verzweigten Stadt mit ihren plärrenden Musikautomaten.

Wir wollten uns gerade von der Dunkelheit abwenden und in die geräuschvollen Straßen eintauchen, als Roberto, der noch immer gespannt ins Tal hinunterblickte, uns um einen Moment Geduld bat. Den Grund konnte ich nicht erkennen, er wirkte erregt, als hätte er uns etwas wie ein Feuerwerk zu bieten. Doch es war noch mehr als das. Wir hörten Kirchenglocken, hurtig wie Flügelschläge, sie klangen wie ein Signal, und plötzlich waren die Tempel unten in flutendes Licht getaucht – wie durch ein Wunder. Es war ein großartiges, vielversprechendes Panorama, nach dem Abendessen würden wir die Tempel aus nächster Nähe betrachten. Doch unsere Gruppe wirkte ein wenig angeschlagen und müde, und ich war sicher, daß einige es vorziehen würden, im Hotel zu bleiben und zu schlafen. Die Frau des Grafen sah krank aus vor Erschöpfung, und ich fragte mich, warum man sie auf diese Reise geschickt hatte. Auch Mrs. Mikroskop sah mitgenommen aus, obwohl wir nichts Neues über ihre Milz vernommen hatten. Ein kleiner Aufschub war uns noch vergönnt, denn das Programm sah einen halbstündigen Einkaufsbummel vor, um Andenken zu erstehen und uns in der Stadt umzusehen. Nicht alle nahmen diese Gelegenheit wahr, viele blieben im Bus sitzen. Deeds und ich verzogen uns klammheimlich in ein *bistro*, wo ich mich für das Abendbrot und den anstrengenden Tempelbesuch mit zwei Gläschen *grappa* stärkte; er schmeckt so ähnlich wie dunkles Eichenholz in flüssiger Form. Herzerfrischendes Zeug. Deeds fing eine Unterhaltung mit einem eunuchenhaften

Jüngling an, der uns mit freundlicher, aber illusionsloser Miene Kaffee brachte.

In einer Ecke saß eine kleine Gruppe von Männern mittleren Alters, die sofort durch ihre gebeugte Haltung, ihre schwarze Kleidung und vertragenen Stiefel meine Aufmerksamkeit erweckte. Ihr Rücken war durch die Arbeit verkrümmt, ihre Haut lederartig. Waren sie vielleicht Bergleute? Schwer zu sagen. Sie steckten unbeholfen in ihrem Sonntagsstaat – schwere, dunkle Anzüge und merkwürdige, offensichtlich kaum getragene Filzhüte. Vielleicht war es eine Trauergemeinde, die am Begräbnis einer örtlichen Honoration teilnahm. Sie sprachen einen italienischen Dialekt, mit tiefen, rauhen Stimmen. Die Schwester des Eunuchen bediente ausschließlich diesen Tisch, und sie war so angespannt und nervös dabei, daß ich zu dem Schluß kam, es müsse sich um eine Gruppe von Mafiaführern handeln, die einen Sonntagsausflug machten. Von dieser kleinen Runde ging eine düster-protestantische Muffigkeit aus, und die meisten Gesichter waren giftig-böse, häßlich. Sie tranken Strega, soweit ich sehen konnte, aber auch der hohe Zuckergehalt machte sie nicht süßer. Es war eine seltsame Gruppe, und auch alle anderen Gäste im Café warfen ihnen neugierige Blicke zu, als ob sie sich wie wir fragten: Wer mag das sein und woher ... Das Geheimnis wurde erst gelüftet, als Roberto auf der Suche nach einem Schluck Kaffee ins Lokal kam und uns erspähte. Unsere Frage selbst schien ihn nicht zu überraschen, aber als Deeds auf sie deutete und er sie musterte, sagte mir sein Gesichtsausdruck, daß sie tatsächlich seltsam aussahen, fast wie eine andere Menschenrasse. Aber es waren einfach Schwefelgrubenarbeiter, die sich einen fröhlichen Abend machten.

«Es sind Zolfataioi», sagte Roberto lächelnd. «Wir haben Ihnen die häßlicheren Aspekte Siziliens erspart. Auch wir haben, genau wie bei Ihnen, schwarze Halden, nur daß sie bei uns nicht schwarz, sondern gelb sind. Die Schwefelarbeiter führen ein grausam hartes, völlig isoliertes Leben. Sie machen nur selten einen Ausflug in die Stadt, und dann gehen sie meistens nach Caltanissetta, das ist das Hauptquartier dieser Branche.» Die Männer sahen aus, als warteten sie unruhig auf ein Transportmittel, und selbst die, die an zwei Tischen Karten spielten, wirkten so zerstreut, als wollten sie nur die Zeit totschlagen. Sie waren so vollkommen anders als die anderen Italiener, wie es eine Gruppe von Buschmännern oder Japanern gewesen wäre. Doch sie tranken mit großer Präzision. Einer der älteren mit einem lederartigen Gesicht und ausdruckslosen Augen hatte den Trick, sein Glas mit einer Bewegung zu kippen und zu leeren, ohne dabei zu schlucken. Er sah aus wie Vater Zeit persönlich, der mit einem einzigen Schluck ein ganzes Stundenglas voll Zeit leert. Ich beobachtete sie neugierig.

Doch dann wurde ich abgelenkt durch einen großen, grauen Sportwagen, der vor dem Café vorfuhr. Ihm entstiegen zwei junge Männer, sehr elegant gekleidet, sehr exquisit, irgendwie römisch im Aussehen – ich hielt sie für Großstadt-Päderasten, die hier ihren Urlaub verlebten. Ihr Benehmen war unangenehm hochnäsig, sie taten, als gehöre ihnen die ganze Stadt. Sie trugen schicke, farbige Sommerkleidung mit offenstehendem Kragen, und ihr modisch geschnittenes Haar war gelockt. Sie wollten eine Nachricht für einen hiesigen Jungen hinterlassen und unterhielten sich mit dem aufgeregten Eunuchen. Währenddessen – und das hatte etwas besonders Anmaßendes – lief draußen der Motor weiter, so daß der Auspuff stinkende Schwaden über die Terrasse ins Café entsandte. Es empörte mich. Es war, als wollten sie nicht nur ihre Veranlagung zur Schau stellen, sondern auch ihre Überlegenheit. Ihre Stimmen waren schrill und ihr Italienisch kultiviert.

Ihre Ankunft hatte bei den Schwefelarbeitern ein gewisses Interesse hervorgerufen, obwohl die Reaktion eher apathisch als verärgert war. Sie musterten die beiden Schmetterlinge mit ausdruckslosen Mienen und sahen sich gegenseitig mit augenzwinkernder Ironie an, aber alles andere als bösartig. Dann stellte der alte Mann sein winziges Stregaglas auf den Tisch, wischte sich den Schnurrbart ab und sagte ruhig und für alle vernehmbar: «Ah! Pederastici!» Es war keine Beleidigung, sondern einfach eine Feststellung, die die beiden Burschen einordnete. (Sie mußten die Bemerkung gehört haben, denn sie zuckten mit den Schultern, wandten sich aber sofort wieder dem Eunuchen zu, um ihm weitere Fragen über ihren Freund Giovanni zu stellen.) Das Wort war mit klassisch schöner Einfachheit in eine vollkommene Stille gefallen – fünf lapidare Silben, bündig formuliert, und schon war der ganze Zwischenfall vergessen. Das eine Wort hatte genügt. Weitere Kommentare waren überflüssig. Und so nahmen sie ihre inneren Gedankengänge wieder auf und zogen sich in sie selbst zurück, während die beiden Truthähne weiter schwätzten.

Eine griechische Wurzel mit
Einer lateinischen Nachsilbe
Ein griechisches Laster
Ein lateinischer Name.

Endlich war es an der Zeit, zu dem öden Restaurant zu gehen, wo ein einziger langer Eßtisch für uns gedeckt war. Einige von uns wurden fahnenflüchtig. Etwa sechs machten schlapp, wie vorausgesehen, und beschlossen, früh zu Bett zu gehen. Aber da wir morgens noch einmal kurz zu den Tempeln fahren wollten, würde ihnen nicht allzuviel entgehen. Nur für Mario war es ärgerlich, denn das Hotel lag im Tal, ziemlich weit entfernt, und er mußte sie erst dorthin befördern, dann zurückkommen und uns zu den Tempeln bringen und würde infolgedessen um sein Abendbrot kommen. Doch er nahm das alles mit Gutmütigkeit und mit jener zurückhaltenden Freundlichkeit hin, die ich mittlerweile als einen typisch sizilianischen Charakterzug schätzen gelernt hatten. Die Ruhebedürftigen verabschiedeten sich, bereit, sich mit einem Sandwich im Hotel zufriedenzugeben, während wir näher zusammenrückten und versuchten, unsere Enttäuschung zu verbergen, als man uns wieder nur die Wahl zwischen Spaghetti und Reis ließ. Aber der Wein war gut auf seine anspruchslose Art. Und wir sprachen ihm kräftig zu, unter dem Vorwand, daß er die Müdigkeit vertreiben würde, obwohl Roberto uns sagte, wir würden den Tempeln nur einen Blitzbesuch abstatten und sie morgen früh gründlich ‹durchnehmen›. Er wolle, daß wir sie angestrahlt sähen, das sei alles. Und wie dankbar waren wir dann für diesen Anblick – wenn er auch nur kurz war –, und wie sehr bedauerten wir die Abwesenden!

Wir hatten unser Essen kaum beendet, als der stoische Mario wieder mit dem Bus erschien und wir uns auf den Weg machten und auf der sogenannten ‹passegiata archeologica› hügelabwärts kurvten, einer schönen, neuen Straße, die sich durch den kreisförmig angelegten Tempelbezirk windet. Die großen historischen Wahrzeichen tauchten eins nach dem anderen aus der Nacht vor unseren Augen auf, während Tausende von Insekten im hellen Licht der Scheinwerfer tanzten. Und der karge Boden – ja, es roch wieder nach Attika. Der Duft von Thymian und Salbei, und die Erde selbst, der leichte Mergel und die bräunlichen Farbtöne, ließ die Insel aussehen wie eine riesige, abstrakte Terracotta, die durch eine Laune der Zeit Vasen gebären könnte, Amphoren, Teller und Krüge. In der Antike müssen Athener hier mit dem angenehmen Gefühl herumgegangen sein, wieder zu Hause zu sein, in Athen. Ja, es war unvorstellbar, daß diese riesige Anhäufung von Tempeln nur ein kleiner Teil von dem ist, was sonst noch auf der Insel existiert und nur darauf wartet, ausgegraben zu werden. Die Archäologen haben nur an der obersten Schicht von Agrigent gekratzt, rechts und links davon, verborgen im weichen, vergänglichen Kalkstein, in den die Zwillingsflüsse sich ihr Bett gegraben haben, liegen noch uns bislang unbekannt Nekropolen, Aquädukte, Häuser, Tempel und Statuen und all die Reichtümer, die sie bergen: Keramiken, Schmuck, Waffen. Dabei ist es jetzt schon vollkommen, dieses lange angestrahlte Tal mit seinen riesigen Bauten. Doch Agrigent hat kaum erst begonnen, seine Schätze darzubieten, und was kommende Generationen ausgraben, könnte unsere heutige Vorstellungen von der Stadt sehr wohl verändern. Lange Schatten überschnitten die Nacht. Und wenn man aus den grellen Scheinwerferkegeln trat, fiel man sofort in eine undurchdringliche, aromatische Finsternis. Es gab noch eine andere Busladung dunkler Gestalten rund um den Tempel der Eintracht; sie knieten am Boden. Beteten Sie? Es schien so.

Die Umstände, das blendende Weiß der Scheinwerfer, die magischen Tempel, die von der unvorstellbaren Höhe der Jahrhunderte auf uns herabblickten, schienen das Verhalten der Gruppe, die kniend oder mit gebeugtem Rücken um den Stylobat herumkrochen, als seltsame, archaische Riten zu erklären. War es ein Versöhnungstanz, eine Anrufung der Götter dieser Stätte? Die Erklärung war sehr viel prosaischer. Doch bevor wir sie erfuhren, erhöhte sich das Befremdliche der Szene noch durch die Tatsache, daß wir beim Näherkommen – wir gingen einen gewundenen, von Laternen erhellten Pfad entlang – erkannten, daß es sich um Asiaten handelte. Chinesen vermutete ich. Ihre Gesichter waren weiß in dem weißen Licht und ihre Augen nicht sichtbar, da sie sich intensiv auf den Boden konzentrierten. Die beiden Gruppen vermischten sich einen Moment lang, um das eigenartige Vorgebirge, hoch über dem mit Finsternis gefüllten Tal, zu erkunden. Ihr Reiseleiter war ein Bekannter Robertos und entschlüsselte uns das geheimnisvolle Benehmen seiner Gruppe. Zwei Foto-Enthusiasten hatten ihren Linsenverschluß verloren, und alle versuchten, ihnen beim Auffinden dieses wertvollen Gegenstands zu helfen, was äußerst schwierig war. Denn die Scheinwerfer sandten derartig grelle Lichtkegel in den Himmel, daß man außerhalb der Strahlenbündel nichts sehen konnte, man wurde zu einer eindimensionalen Figur, einer Silhouette. Sie warfen absolut tintenschwarzen Schatten.

Selbst wenn man die Hand ins Licht hielt, war die untere im Schatten liegende Seite in totale Finsternis getaucht. Etwas winzig Kleines zu suchen, das außerhalb des weißen Lichtbogens auf dem

Boden lag, bereitete die größten Schwierigkeiten, und damit war das Herumkriechen und -tasten der Menschen erklärt. Während ich ein wenig abseits stand und die samtene Wärme der Nacht auf meiner Wange fühlte, dankte ich meinem Schicksal, daß ich dem Wunsch, Dinge zu fotografieren, entwachsen war. Ich war früher auch einmal ein begeisterter Fotograf gewesen und hatte meine Aufnahmen sogar verkauft. Jetzt zog ich es vor, vor allem meine Augen zu benutzen und meinem Gedächtnis mehr Arbeit abzuverlangen. Gelegentlich machte ich mir in einem Schulheft Skizzen, aus reinem Vergnügen am Zeichnen, die ich später dann als Vorlagen für Aquarelle benutzte, wobei ich versuchte, die Stimmung oder die Atmosphäre eines bestimmten Ortes oder Ereignisses wiederzugeben. Es war eine befriedigendere Art, an Dinge heranzugehen, und stand mehr im Einklang mit meinem jetzigen Alter und meinen Interessen. Die Fotografie gibt stets eine leicht verzerrte Version des Gegenstands, während ein Bild nie den Anspruch erhebt, etwas anderes zu sein als eine verzerrte Version der seelischen Regungen, die man zu einem gewissen Zeitpunkt gefühlt hat.

Unser japanisches Ehepaar schien den Wunsch zu haben, ein paar Worte mit den Chinesen zu wechseln, doch der Versuch blieb bald stecken, und sie zogen sich wieder in ihr Schneckenhaus zurück, nachdem sie die andere Gruppe als Nord-Koreaner entlarvt hatten. Einige von uns heuchelten Hilfsbereitschaft und versuchten, sich kurz an der Suche zu beteiligen, doch sie hielten nicht lange durch, denn wir waren jetzt alle reichlich müde. Offen gesagt, waren wir froh, wieder in unseren Bus zu steigen und nach einem letzten Blick auf den Glanz schweigend über die abschüssige Straße in unser Hotel zu fahren, wo die anderen zweifellos schon in tiefem Schlaf lagen. Unsere Müdigkeit ließ die Entfernung größer erscheinen – wir hatten das Gefühl, wir seien zum Mond und zurück gereist. Und dennoch, trotz der Müdigkeit fühlten wir uns seltsam erregt und erfrischt. Die Dunkelheit war irgendwie durchsichtig, die Luft warm und absolut unbewegt. Das Hotel, ein fast vornehmes Etablissement, stand an einer Hauptstraßenkreuzung und war offensichtlich für Touristen gebaut. Es hatte ein riesiges Schwimmbassin, das noch hell erleuchtet war und wo mehrere Leute, trotz der späten Stunde, in Liegestühlen lagen oder schwammen. Es war noch so warm, daß einige von unserer Gruppe, allen voran das deutsche Mädchen und ihr Freund, beschlossen, kurz ins Wasser zu springen, bevor sie sich schlafen legten. Ich zögerte, entschied mich dann aber für einen Whisky auf dem Balkon, bevor ich zu Bett ging. Deeds hatte sich schon zurückgezogen, und die Gesellschaft von Beddoes, der zweifellos bereits durch alle Schlüssellöcher gelinst hatte, reizte mich wirklich nicht.

In der kleinen Akte gab es keine Briefe, die direkt aus Agrigent stammten, obwohl sie viel über die Stadt geschrieben hatte. Sie war oft in ihrem kleinen Wagen hierher gefahren. «Anfang Februar ist sie der reinste Hochzeitskuchen mit ihren Mandelblüten in drei Farbtönen und den hinreißenden, etwas später blühenden, nicht sehr zahlreichen Judasbäumen. Das ist die richtige Zeit für hier, obwohl es natürlich noch zu kalt zum Baden ist.» Das hatte ich versäumt, doch das Bild der Tempelhügel stand so deutlich vor meinem geistigen Auge, daß ich mir mühelos vorstellen konnte, wie sie während der Mandelblüte aussahen: eine Reihe geblümter Panele, chinesische Aquarelle, und dahinter das dunstig-malvenfarbene Meer. Von meinem Balkon aus, in der Wärme der duftenden Nacht sitzend, konnte ich die fernen, sanft schimmernden Tempel, die die sanften Hänge von Agrigent krönen, sehen. Direkt unter mir im künstlichen Licht schwammen die fischweißen Körper der Badenden aus dem Norden, die noch nicht von der sizilianischen Sonne nußbraun verbrannt waren. Das leise Geplätscher und das Murmeln der Stimmen war ein eher angenehmes Geräusch hier oben, im zweiten Stock dieses nichtssagenden Gebäudes. Ich las eine Weile, nahm auf der Suche nach Hinweisen auf die Tempel diesen und jenen Brief zur Hand und lauschte mit halbem Ohr den Stimmen im Schwimmbassin. «Lange Gespräche in Bellapais auf Zypern kamen mir wieder in den Sinn, als ich die Tempel bei Nacht betrachtete – man hat erst kürzlich begonnen, sie anzustrahlen, und die Wirkung ist überwältigend, die ganze Natur ist einbezogen. Jedes Insekt der Schöpfung, jede Motte, jeder Falter kommt zu dieser Kirmes des Lichts, um in den Strahlenbögen zu sterben – wie Menschen, die es in den Krieg treibt. Morgens werden sie mit Tüchern fortgewischt. Ich habe einen wunderschön gezeichneten Schmetterling aufgelesen, der aussah, als wäre er aus Indien herbeigeflogen, um Pythagoras zu sehen und diesen anderen – wie heißt er noch? Ihnen, den Du so großartig findest mit seinem Zwei-Takt-Universum, das wie ein Motorrad funktioniert, nach dem Prinzip Liebe und Haß? O und ja, als ich den Ring der Tempel sah, der so offensichtlich als Verteidigungsring gedacht war, hier auf den Abhängen der Hügel vor der Stadt, da dachte ich an Deine Theorien über das Bankwesen der Antike.»

Es handelte sich nicht nur um das Bankwesen, obwohl wir die Möglichkeit, daß der Tempel als Tresor für Wertgegenstände diente – heilige wie profane –, eingehend erörtert hatten. Ich versuchte damals, den Begriff ‹Schönheit› und seine Ursprünge in der Geschichte und in den Mythen zu klären, ein schwer zu bearbeitendes Feld – denn wir können uns nicht einmal auf eine arbeitshypothetische Definition des Begriffs ‹Vortrefflichkeit› einigen (Reinheit der Absicht? Folgerichtigkeit?), wie dann auf etwas so Absolutes wie das ästhetische Ideal von Schönheit? Griechenland war genau der richtige Ort, sich mit einer solchen Idee zu befassen, bis nichts mehr von ihr übrigblieb; denn es war in Griechenland, wo diese nicht zu beantwortenden Fragen zuerst ventiliert worden sind. Doch als ich ein dickes, für Architekten geschriebenes Buch über antike griechische Kultstätten durchblätterte, war ich erstaunt, wie häufig Tempel oder religiöse Bauten ihren Platz nicht innerhalb der Städte oder Festungen gefunden hatten, sondern innerhalb der Verteidigungsmauern. Die Tempel mit ihren magischen Eigenschaften waren eine wirkungsvollere Abwehr gegen das Piratentum einer abergläubischen Welt als Pfeile, Querbalken oder sogar Wallgräben. Und bei weiterem Nachdenken über den Begriff des Wertes – ein anderes Rätsel unseres Zeitalters – (es sei denn, man akzeptiert die Freudsche oder marxistische Auslegung, die sich jedoch widersprechen) schien mir, daß ‹heilig› und ‹profan› in der Antike noch keine getrennten Begriffe waren: die Reichtümer der Tempel gewährten Schutz, und ein Ort, der von der Magie seiner Tempel und seiner Götter beschützt wurde, förderte Investierungen auf dem kunsthandwerklichen Gebiet. Hier konnten Handwerker Metalle, Edelsteine oder Pelze bearbeiten. Die Numen beschützten sie und ließen sie in Frieden schaffen, während sie, ihrerseits, die Stadt reich machten und berühmt für ihre Erzeugnisse. Es bestand eine untergründige Beziehung zwischen der Bank und dem Tempel, und sie tritt immer wieder zutage. Im Mittelalter wurden die Templer (die Ordensbrüder selbst waren an das Gelübde der Armut und Enthaltsamkeit gebunden) zu den Bankiers der Könige, und ihre Tempel waren wie Banken, in denen man seine Schätze sicher deponierte.

Der griechische Tempel bezog die gesamte Natur in sein magisches Konzept mit ein – die Welt der Tiere sowohl wie die der Götter. Der Begriff des Wertes war ein zweifacher, einmal der materielle Gewinn und zum anderen die Schönheit, die den Geist betörte und veredelte, entzückte und bereicherte. Doch wie unzulänglich sind Worte, wenn es darum geht, den Unterschied zwischen diesen zwei Graden der Vortrefflichkeit aufzuzeigen. Es gibt jedoch einen direkten Zusammenhang zwischen dem griechischen Tempel mit seinen Votivgaben und der modernen christlichen oder griechisch-orthodoxen Kirche mit ihren ebenso rührenden Gegenständen der Dankbarkeit oder Sühne. Und dem Begriff der Schönheit huldigt man mit Ikonen, Gemälden und heiligen Reliquien. Wobei man sofort an die goldene Statue denkt, von der Cicero sagt, sie war «beschmiert von den Küssen der Gläubigen, die ihre einzigartige Schönheit liebten». Noch heute werden Ikone geküßt, allerdings nicht ihrer Schönheit, sondern ihrer Macht wegen.

Martine hatte die Idee aufgenommen und eine Zeitlang mit ihr herumgespielt, wobei sie sich über meine Verschwommenheit und Unklarheit mokiert hatte – es ist unmöglich, genau zu sein, wenn so viele Stückchen des Puzzles fehlen. Man ist auf Mutmaßungen angewiesen.

Doch heute haben wir genug Erfahrung mit der Denkweise von Wilden und sind daher vorsichtiger bei dem Versuch, uns vorzustellen, wie primitive Völker denken und wie sie assoziieren. Waren die alten Griechen mit ihrem hoch entwickelten und, für sie, sehr logischem abergläubischen System da anders? Ich glaube nicht. Auf die Idee, daß Gold wertvoll ist, sind die Griechen vielleicht erst gekommen, als sie zum erstenmal einen goldblonden arischen Kopf sahen mit seinem Butterblumenglanz. Die Männer waren mutmaßlich völlig verrückt nach diesem – wahrscheinlich ja wohl – Mädchen – einer Tscherkessin oder Skythin, oder einer Britin vielleicht? Männer bevorzugen Blondinen, auch damals schon, und so wurde es notwendig, goldene Perücken herzustellen oder Zöpfe aus gepunztem Filigrangold als Kopfschmuck. Wir wissen, daß es den Prostituierten im alten Athen gesetzlich verboten war, die Aufmachung ehrbarer, verheirateter Frauen zu imitieren. Sie durften weder goldene Ornamente noch Haarnetze oder Klips in den Haaren tragen. Deshalb vermutlich suchten sie nach billigen Färbemitteln, um eine Verwandlung zu erreichen, die legitim war. Sie probierten Safran aus und, wie die heutigen Ägypterinnen aus den ärmeren Schichten, billige Seife, die eine stark bleichende Wirkung hat. Die Geschichte vom güldenen Haar. Eine Theorie über die Bewertung von Schönheit. Aber wann und wo fing das Metall an, eine Rolle zu spielen? Diese Fragen pflegten wir zu diskutieren, bis wir beide in Wut gerieten. In einem ihrer Briefe spricht sie über diese heftigen Zwistigkeiten.

«Ich mußte neulich wider Willen an Dich und Deine verfluchten relativistischen Ideen denken, als ich Loftus Adam besuchte, der jetzt hier an der Küste ganz in der Nähe lebt. Auch er sagte, Du hättest ihn immer ganz nervös gemacht mit Deinen Versuchen, alles unter dem Aspekt des Provisorischen zu sehen und jede Wahrheit an einem Maßstab zu messen. Doch er selbst gab schließlich zu, daß man mit jedem Beweismaterial alles belegen kann, wenn man sich seine Koordinaten geschickt wählt. Er will eine zeitgenössische europäische Geschichte schreiben, die auf drei Koordinaten basiert: auf den Schnurrbärten von Hitler, Marinetti und Chaplin – der drei Männer, die unser unseliges Zeitalter geformt haben. Sie hatten alle die gleichen kleinen, schmierigen Schnurrbärte, was irgend etwas bedeuten muß. Und durch sie entstand die neue europäische Sensibilität. Es klingt phantastisch, aber warum nicht? Der Buchtitel soll lauten: *‹DER SCHNURRBART› und warum.*»

Ich schlief letzte Nacht ziemlich spät ein und hatte einen Traum, der mir den Namen des Philosophen in Erinnerung brachte, den sie vergessen hatte – der große Empedokles, der aus Agrigent stammte und um dessen Namen und Angedenken sich so viele Geschichten von Totenbeschwörung und Hexenkunst weben, daß sie seinen sonstigen Ruhm, der wohlverdient ist, fast verdunkeln. Er konnte sich an Bedeutung und Einfallsreichtum mit den größten Männern seiner Zeit messen. Ist es etwa nichts, den Respekt von Aristoteles gewonnen oder Lukrez beeinflußt zu haben? Es ist im übrigen genug von seinem Denksystem erhalten, was unseren Gelehrten die Möglichkeit gibt, ihn richtig einzuschätzen und zu interpretieren. Warum hat man ihn als Mythomanen abgeschrieben? Im Fall von Bertrand Russell ist der Grund leicht zu verstehen. So bedeutend Russell zweifellos ist, auf emotionaler wie auf intuitiver Ebene war er farbenblind. Er ist kein Poet, sondern ein Geometer. Und in Anbetracht seiner Persönlichkeit ist es unvermeidlich, daß er zu Platon genauso ungerecht war wie zu Empedokles. Dabei fallen einem die Verspottungen und Verhöhnungen Epikurs ein, sobald er auf Platons Versuche zu sprechen kommt, die Wirklichkeit zu systematisieren und die menschliche Natur zu verstehen. Für ihn war alles, was Platon verkündete, reinste Illusion, der reinste Selbstbetrug. Er glaubte an eine Welt, die keine Geheimnisse barg und folglich auch keine großen Gefahren. Vom Temperament her steht Empedokles etwa zwischen dem absoluten Behaviorismus des einen und der rein subjektiven Vision des anderen. Jedem seine Wahrheit, und *qui verra vivra*, um einen Satz abzuwandeln, damit er auch auf Philosophen zutrifft, die gleichzeitig Visionäre sind (Scharlatane für die Russells dieser und der vergangenen Welt). Die beiden Funktionen jedoch, die Kunst der Deduktion und die intuitive Vision, müssen einander auf einer gewissen Stufe ergänzen. Platon und Aristoteles, Freud und Jung ... dieser scharfen Divergenz entspringt die Vereinigung großer Geister.

Auch für Empedokles barg die Welt verhältnismäßig wenig Geheimnisse, aber er war weit davon entfernt, sie als eine impulshemmende, von unsichtbaren, seelenlosen Ingenieuren bediente Maschine zu sehen. Man könnte sie am ehesten als ein ständig von zwei Urimpulsen oder Urkräften bewegtes Gebilde verstehen, die wechselseitig auf die vier unveränderlichen Wurzeln alles Seins einwirkten: Feuer, Luft, Wasser, Erde. Dieser Verbindungs- und Trennungs-Motor (die Liebe- und Haß-Maschine) gestaltete mit seinen absolut unwillkürlichen Konvulsionen die Materie und schüttelte sie – wie ein Kaleidoskop – zu Millionen unterschiedliche Muster und Mischungen zusammen. Die Urtriebkräfte aller Entwicklung waren Liebe und Haß – die verbindenden und trennenden Impulse. Die Herrschaft des einen oder des anderen brachte durchaus erkennbare Wirkungen in der Natur hervor – Mischungen aus den vier Grundelementen. Es hört sich ganz vernünftig an.

Im ursprünglichen Konzept war die Welt als eine Sphäre geplant, in der die Liebe die vorherrschende Rolle spielte und wo die vier Grundelemente harmonisch aufeinander abgestimmt und gemischt waren. In diese Ur-Harmonie brach das Prinzip des Zwistes ein, und damit hob der ganze Tanz mit dem Fortschritt an, und der zerstörte die ursprüngliche Harmonie der Dinge. Zuerst trennte sich die Luft ab, dann das Feuer, dann die Erde – dieser Vorgang agierte wie eine Milchzentrifuge, er stellte unerwartete Einheiten und Dissonanzen her, und die Resultate dieser Veränderungen wirkten sich auf alle Gebiete des menschlichen Lebens und Denkens aus. Quantität war das allerwichtigste – vielleicht ein Hinweis auf den Einfluß von Pythagoras? Die heutige Welt – die Welt, die er kannte und die sich seither nicht wesentlich verändert hat – ist ein Schauplatz, auf dem die Liebe überall von Zwist angegriffen wird. Und wo der Zwist die Oberhand gewinnt, werden Spezies und Geschlechter voneinander getrennt, verlieren ihre Kohärenz und ihre Identität –

das ist der Anlaß für einen Zustand der Hysterie. Aber am anderen Ende der kosmischen Wippe – denn der Gewinn eines Elements wird durch Übergewicht zu einem Verlust und macht somit Platz für seinen Gegenpart – könnte die erdrückende Stärke ungedämpfter Liebe seltsame physiologische Veränderungen in der Natur hervorbringen. Empedokles spricht in seiner Vision der Unordnung, die durch Mischung ungleicher Mengen der vier Ur-Elemente entstehen konnte, von abgetrennten Gliedmaßen, die gezeugt werden, sich erheben und umhergehen wie auf den Bildern von Dali: Arme, denen die Schultern fehlen, Köpfe ohne Hals und Rumpf und noch andere seltsame Kombinationen wie Ochsen mit menschlichen Köpfen, Fische mit Busen, Löwen mit Händen, Vögel mit Ohren ... Es würde ein Chaos undifferenzierter Formen regieren.

Doch die Natur strebte nach Alleinherrschaft über die Sphäre, und nur die Sphäre mischte die Elemente korrekt, im richtigen Verhältnis und harmonisch. Ein kleiner Stoß von der einen und der anderen Seite, und schon hatte man ein Ungleichgewicht in der Natur, das nur der Zufall wieder ausgleichen konnte. Dies war also die Wirklichkeit, mit der wir leben mußten, denn wir waren ein Bestandteil dieser ganzen Konvulsion, unsere Gedanken und Gefühle waren von ihr beeinflußt. Was nun aber unser Denken betrifft, so war Empedokles davon überzeugt, daß wir mit unserem Blut denken, ganz besonders mit dem Blut rund um unser Herz, weil sich dort alle Elemente besser mischen als in anderen Körperteilen. Was sympathisch an ihm ist und sogar erstaunlich modern, ist sein Interesse für Embryologie und für das Wachstum-System der Pflanzen. Wann immer er konnte, bezog er seine Vergleiche aus diesem Gebiet seines Wissens. Für ihn waren Denken und Empfindung stoffliche Funktionen unserer körperlichen Veranlagung. Dies alles war nüchtern, war vollkommen funktional, war das Ergebnis reiner Vernunft und nicht der Phantasie; im Grunde seines Herzens war er als Persönlichkeit irgendwo geistesverwandt mit Epikur.

Doch trotz dieser rationalen Veranlagung schoben sich immer wieder Visionen in sein Denken, die Natur entfaltete sich unaufhörlich vor seinen Augen und gab seinem wißbegierigen, poetischen Geist ihre Geheimnisse preis. Durch einen magischen Dreh gelang es ihm, seinem System ein rein orphisches Element, das der Seelenwanderung, einzuverleiben. Das wirkt etwas fehl am Platze. Ein großer Teil seines Werkes ist verlorengegangen, und es ist ein Wunder, daß die überlieferten Reste ein so zusammenhängendes Bild ergeben. Es ist ungefähr so, als versuche man aus einigen aufgefundenen Teilen und Scherben eine schöne Vase zu rekonstruieren – eine Aufgabe, die jeder Archäologe kennt. Unvermeidlich wird sich hier und da ein Bruchstück finden, das nicht hineinpaßt. Was diesen großen Mann betrifft, so war ich immer betroffen über die Tatsache, daß er das Gefühl hatte, das letzte große Glück verwirkt zu haben. Er beschreibt sich selbst als «einen aus dem möglichen Reich der Seeligen Verbannten», da er sein Sinnen auf «sinnlosen Zwist» gerichtet habe. Konnte er einer solchen geistigen Vergiftung irgendwie entgehen? Anscheinend ja – durch Fasten, Enthaltung von tierischem Fleisch und Verrichtung gewisser mystischer Riten ...

Die ersten komplett entwickelten Formen, die auf der Erde wuchsen, waren für ihn die Bäume, in denen sich männliche und weibliche Sexualität aufs Perfekteste vereinten. Und so weiter. Offenbar gesellte sich zu diesem Berauschen an gedanklichen Höhenflügen ein brillanter, fulminanter Stil, so daß Aristoteles ihn den ersten Rhetoriker nannte, oder auch den Vater der Rhetorik.

Es ist nicht schwer zu verstehen, warum sich Vorstellungen von Magie und Nekromantie an den Namen des alten Empedokles hefteten – man denke nur an seinen Todessprung in den Schlund des Ätna. Eine passende Art für den großen Magier, von seinen sizilianischen Landsleuten Abschied zu nehmen. Aber die Wahrheit scheint zu sein, daß er weit von Sizilien entfernt starb, auf dem Pelopones. Er muß eine dramatische Figur gewesen sein, dieser große Rhetoriker, Poet und Visionär. Irgendwie stelle ich ihn mir ähnlich vor wie den modernen griechischen Poeten Sekilianos, der uns durch seine seltsame Mischung aus Größe und theatralischer Absurdität bezauberte und verwirrte. Seine Verrücktheiten und Übertreibungen haben nicht weniger zu seiner Beliebtheit beigetragen als seine unbestritten großartigen Verse, die er mit einer so orkangleichen Stimme und so großen Gesten vortrug, daß ihre Qualität dadurch fast verlorenging. Auch er wählte sich «große» Themen aus, ebenso wie sein Zeitgenosse Kazantzakis: Paulus, Buddha, Sokrates ... sie waren ihm Nahrung für seine Poesie. Ich erinnere mich noch, wie sehr Martine Anekdoten über die zeitgenössischen griechischen Dichter liebte – sie war sich ihrer Bedeutung für Europa wohl bewußt in einer Zeit, in der Griechenland sein unsterbliches Echo außerhalb Athens und Alexandrias suchen mußte. In dieser Zeit war Selkilianos schon die wandelnde Reinkarnation eines antiken Gottes. Er hatte die delphischen Festspiele nicht als ein Stück Folklore für Touristen ins Leben gerufen, sondern weil er, in echt empedoklischer Tradition, glaubte, daß der Geist eines Ortes immer gegenwärtig ist, und daß Delphi trotz des verstummten Schreins der Pythia immer noch erfüllt war von Leben. Er hoffte, daß das Treffen bedeutender europäischer Geister an diesem geheiligten Ort eine nicht abzuschätzende Wirkung auf die poetische Zukunft Europas haben würde. Es fehlte ihm nicht an Verleumdern, wie man sich denken kann, doch die unbestreitbare Größe seiner Poesie brachte sie zum Schweigen. Gelegentlich ließ er sich von seiner prophetischen Rolle so mitreißen, daß manche ihn für einen Betrüger hielten. Doch die Bauern von Delphi sahen in ihm eine Art von modernem Magier.

Er war eine seltsame Mischung aus Unverbindlichkeit und Freundlichkeit, und seine große, uneitle, physische Schönheit war so beeindruckend, daß man sich unwillkürlich aufrecht hinsetzte, wie in Gegenwart des Maraschi. Er war der köstlichsten Verrücktheiten fähig. Man kann nur hoffen, daß bald jemand seine Biographie schreibt, damit die vielen Anekdoten, die seinem sprühenden Leben und Denken entsprungen sind, der Nachwelt erhalten bleiben. Eine Anekdote, die Martine besonders liebte, handelte vom Tod. Der alte Sekilianos glaubte so felsenfest an die Allmacht der Poesie, daß er sogar behauptete, ein großer Poet könne einfach alles, er könne sogar durch die Macht seines Geistes und seiner Vision einen Toten wieder zum Leben erwecken. Er strapazierte dieses Thema ein wenig, während er mit Kazantzakis und, ich glaube, mit Seferis in einer kleinen Taverna zu Abend aß. Der Kellner, der ihm mit sardonischem Ärger zugehört hatte, trat an ihn heran und sagte, im zweiten Stockwerk sei gerade jemand gestorben, und somit stünde dem Herrn, falls er seine Theorie unter Beweis stellen wolle, ein geeignetes Objekt zur Verfügung. Alle lächelten darüber, nur Sekilianos schien entzückt über die Chance. Er wollte keineswegs seine eigene Größe unter Beweis stellen – dazu war er ein viel zu bescheidener Mann –, sondern allein die Größe, die der Poesie innewohnt. Überdies glaubte er tatsächlich an seine Theorie, daß er einen Toten, so wie er versprochen hatte, wieder zum Leben erwekken könnte. Niemand fragte, wie er das bewerkstelligen wollte. Jedenfalls erhob sich der Dichter und bat, in den Raum geführt zu werden, wo die Leiche lag. Die anderen setzten ihre Mahlzeit etwas beklommen fort, sie waren sich nicht ganz sicher, ob der alte Poet nicht womöglich doch durch irgendein magisches Meisterstück seine Worte wahr machen würde und den Toten wieder zum Atmen brächte. Er blieb lange Zeit weg. Sie lauschten, hörten aber niemanden deklamieren. Er mußte eine andere Methode für seinen Wiedererweckungsversuch gewählt haben. Nun, nach geraumer Zeit erschien ein niedergeschlagener Sekilianos mit tief enttäuschter Miene wieder in ihrer Mitte. Indem er sich ein Glas Wein eingoß, sagte er: «Niemals bin ich solch schierer Halsstarrigkeit begegnet!» Er war betrübt über die Weigerung der Muse, ihm zu Hilfe zu kommen.

Dies war der entzückende Mann, den Seferis mir eines Tages ins Haus gebracht hatte, um mich mit ihm bekanntzumachen – oder genauer, um mich zu rügen für eine schlechte Übersetzung eines seiner großartigen Gedichte. Ich war in heller Panik, doch durch seine Liebenswürdigkeit stellte sich schnell eine ungezwungene Stimmung ein. Er kam gerade vom Arzt, der ihm mitgeteilt hatte, daß er in Gefahr schwebe, eine Thrombose zu bekommen. Eine Vene im Gehirn ... Doch weit entfernt davon, verzweifelt zu sein, war er in absoluter Hochstimmung. «Stellen Sie sich doch nur vor», sagte er zu Seforis, «eine kleine, schimmernde Schwellung, leuchtend wie ein *Rubin*!» Und er legte seinen langen Zeigefinger auf die Stelle seines Schädels, wo er die geschwollene Vene vermutete. Er hätte – wie Empedokles – im Schlund des Ätna verschwinden müssen, oder man hätte ihn eines Tages in Kreta auffinden müssen, vom Minotaurus halb aufgefressen, oder in Delphi, erstickt von den pythischen Dämpfen. Doch sein Tod war tragischer, weil so banal. Er litt an einer chronischen Halsentzündung und trank daher literweise eine Glyzerinmischung, deren Bezeichnung nur durch einen Buchstaben von Lysol abwich. Er schickte einen Jungen in die Apotheke, um eine Flasche dieser Medizin zu holen, und durch ein tragisches Verhören brachte der Junge statt dessen eine Flasche des giftigen Desinfektionsmittels. Ohne nachzudenken setzte der Dichter die Flasche an den Mund, wie er es immer mit seinem Halsmittel tat, und leerte sie bis zur Hälfte, bevor er zu seinem Entsetzen erkannte, was er getan hatte. Aber da war es schon zu spät.

Ich konnte nicht einschlafen mit all diesen Gedanken, die in meinem Gehirn herumflatterten, und so legte ich mich eine Weile auf den Balkon und atmete gleichmäßig die warme, stille Nachtluft ein. Es war seltsam hell, als ob von irgendwo hinter der Bühne ein Bronze-Mond sein Licht durch den Dunst der Nacht filterte. Aber bevor es mir noch recht zum Bewußtsein kam, war plötzlich die Morgendämmerung angebrochen, der ferne Meereshorizont löste sich von der Erde wie das Gelb vom Weiß des kosmischen Eies. Die Hügel mit ihren weichen Kalksteintönen stiegen langsam, Schicht für Schicht, aus dem Dunst auf, bis die ganze Stadt mit ihren zwei kläglichen Wolkenkratzern wieder sichtbar wurde. Doch eine Glorie rosa fahlen Lichts dämpfte die Schärfe der Konturen, sogar die riesigen, kastenartigen Gebäude sahen annehmbar aus. Ich ging nach unten und beschwatzte den Nachtportier so lange, bis er mir die Tür zum Umkleideraum öffnete. Das Schwimmbassin war köstlich, keine Spur von Kälte. Ich schwamm in etwas, das die Temperatur von Säugetierblut hatte.

Ja, Sekilianos gehörte zu dieser alten, gefestigten, klassischen Welt, wo bedeutende Poesie nur von bedeutenden Männern geschrieben wird – wo vorausgesetzt wird, daß ein direkter Zusammenhang besteht zwischen der Fähigkeit, große Verse zu schreiben und vorzutragen, und der Fähigkeit, seine Mitmenschen moralisch wie physisch zu überragen. Größe, obwohl sie ein Geschenk der Musen war, entband einen nicht von der Verpflichtung, seinen Zeitgenossen ein Vorbild zu sein. Eine epische Erhabenheit des Stils mußte sich mit einer epischen Erhabenheit der Gedanken und Erkenntnisse paaren. Sie gehörten einer anderen Rasse an, diese Männer. Sie waren Barden, die alle Empfindungs-Register ziehen konnten – vom Hehren bis zum Frevelhaften. Der Poet war nicht geschlagen, sondern gesegnet mit Sensitivität, und seine Themen mußten der Bedeutung seiner Aussage angemessen sein. Es ist vermutlich ein Trugschluß, sich einzubilden, daß mit den Symbolisten, mit Baudelaire, ein Richtungswechsel eintritt, daß der Poet zu einem passiven Leidensobjekt wird, zu einem Kranken, einem moralisch defekten Menschen wie Rimbaud, wie Leopardi. Sein Werk entspringt der Krankheit und nicht einem Übermaß an Gesundheit. Swinburne, Verlaine … Nein, das sind akademische Überlegungen, denn Sekilianos lebte zur gleichen Zeit wie Cavafy, so wie Mistral in der Epoche von Apollinaire lebte. Wir sollten sauber gezogene Trennungsstriche zwischen Menschen und Zeitabschnitten vermeiden. Die Entfernungen sind viel zu groß, und die poetischen Konstellationen bewegen sich viel zu langsam über den Himmel. Ich begab mich ins Speisezimmer, wo meine Mitreisenden schon eifrig beim Frühstück saßen, darunter auch Deeds, mit der neuesten Ausgabe der *Times*, die er auf geheimnisvolle Weise ergattert hatte. Er bekam immer etwas Vages bei der Lektüre, und während er Kaffee trank, wiederholte er: «Dreiundsechzig für fünf … ich kann es nicht nicht fassen.» Anscheinend war eine Katastrophe über Yorkshire hereingebrochen, und Hampshire ...

Es war der bisher heißeste Tag und wunderbar belebend, kein Hauch von Wind war zu spüren, und das Meer wellte sich sanft wie aneinandergereihte, weiche Schleier. Agrigent glitzerte unter dem Himmel, und Mario hatte es irgendwie fertiggebracht, den Bus außen zu waschen und innen aufzuwischen, denn der Boden war noch feucht von seinem Mop.

Die Tempel waren in morgendliches Licht und Frieden gebadet, und es gab keine anderen Touristen ringsum, was uns das angenehme Gefühl von Eigentumsrecht gab, die Gewißheit, daß wir uns in aller Muße umsehen und «die Atmosphäre in uns einschlürfen» konnten, wie manche Reiseführer sagen. Das wäre in diesem Fall ein gar nicht so unangebrachter Ausdruck gewesen, denn die Stimmung auf dem Kalkstein-Vorgebirge mit seinen Hängen voller Oliven- und Mandelbäumen und den gelegentlichen Farbtupfern der Judasbäume war ungemein «schlürfbar». Die Luft war so still, daß man sich des Atmens bewußt war, wie beim Yoga. Die untersetzten, kleinen Tempelchen – wie soll man die Intimität vermitteln, die sie ausstrahlen? Nur indem man sie verniedlicht. Tatsächlich sind sie groß und mächtig, doch sie wirken intim und menschlich im Format. Vielleicht vermittelte der frühe Säulentypus, der stämmig und gedrungen ist, diesen Eindruck von Kindlichkeit. Aber die Gesamtanlage flößte einem ein Gefühl von Ehrfurcht ein. Die Menschen im Altertum müssen hier hoch über dem Meer durch einen wahren Wald von Tempeln geschritten sein. Eine kleine Einschränkung muß ich hier einfügen, und zwar betrifft sie den leichten Kalktuff, der für die sizilianischen Tempel benutzt wurde; er war das einzige brauchbare Material, das den Architekten zur Verfügung stand. Natürlich waren die Säulen ursprünglich mit einer Substanz aus Marmorstaub verschalt, um die Illusion von echtem Marmor zu vermitteln. Wenn man sie heute aus der Nähe betrachtet, sehen sie eher aus wie Zähne, die ihren glänzenden Schmelz verloren haben, vergilbt und glanzlos. Eingebettet in dem Stein sind Tausende von winzigkleinen Muscheln und winziger Erdkrümel, die mikroskopisch kleine Tierchen in den Steinbrüchen, aus denen die Steine stammen, hinterlassen haben. In der Nacht bei Scheinwerferbeleuchtung ist das nicht sichtbar, es sei denn, man betrachtet den Stein aus nächster Nähe. Bei Tageslicht jedoch wirken sie irgendwie angefressen, weshalb man sich vor Augen führen muß, daß diese Tempel einmal von schimmerndem Glanz waren. Die Säulenschäfte haben Kanellüren, während die Gebälkfriese und Traufleisten mit harten Grundfarben bemalt waren. Das ist etwas, was man nur zu leicht vergißt – das Gemisch aus grellen, krassen Farben, mit denen die Tempel ausgeschmückt waren. Angemalte Statuen: Meiner Meinung nach ist das der Grund dafür, daß die Griechen wenig «plastisches Empfinden» hatten – wie wir es heute ausdrücken würden. Ich spreche von unserer Lust am Volumen und von unserem Respekt für das Material, aus dem unsere Statuen geformt sind. Offensichtlich zählten für sie ganz andere Kriterien. Es wäre amüsant, sich die Frage vorzulegen, ob man nicht eher schockiert wäre als ergriffen, wenn diese Ruinen sich heute noch in ihrem ursprünglichen Zustand befänden, das heißt: bunt bemalt. Vermutlich würden sie auf unser modernes Auge ebenso kitschig wirken – aber auch ebenso erfrischend naiv – wie die Seitenwände der kleinen sizilianischen Karren, denen man hier auf den Straßen der Städte begegnet. Ich mußte wieder an Pausanias' Beschreibung des Allerheiligsten auf der Akropolis denken, vielleicht sollte man sich die Mühe machen und sie mit unseren Eindrücken von, sagen wir, Lourdes (scheußlich!) oder dem Petersdom oder der Kathedrale von Tinos vergleichen ...

Wir folgten im freundlichen Sonnenlicht gemächlich dem Weg durch die schönen Tempelfluchten, hinab zu dem einzigartigen Tempel der Dioskuren – wie eine steigende chromatische Tonleiter. Einer nach dem anderen kamen sie uns entgegen, diese mythologischen Monster, als weideten sie und erlauben uns, sie zu streicheln. Sofort kam mir wieder die Vorstellung vom Tempel als magische Verteidigungs-Bank in den Sinn, und mir fiel ein, daß alle Sakralbauten die gleiche Art von Gefühl vermitteln. In Amerika sind die Banken die bei weitem (im anthropologischen Sinn) sakralsten Bauten, sie werden oft von den gleichen mystischen Tieren bewacht wie hier die Tempel. Tiere starren einen von Friesen aus an – Löwen oder Eber, Stiere oder Bären. «Wie im Midi», fügte Deeds scherzend hinzu, «dort offenbaren die höchst sakralen Bauten der Weinbau-Kooperativen die wahre, religiöse Gesinnung der Einwohner.» Er wollte einen Scherz machen, aber in Wirklichkeit war es eine sehr scharfsinnige richtige Beobachtung. Sie sind sich tatsächlich sehr ähnlich, und der Stil hat etwas durchaus Sakrales, wie eine gedrungene Laienkirche.

Der Bischof wählte diesen Moment, um in einen Schacht zu fallen, sehr würdig und ohne Schaden zu nehmen. Es war ein Moment von schrecklicher Schönheit. Ein Hauch von Varietétheater bringt die Menschen einander näher. Alles, was wir zuerst vernahmen, war ein Brummen und dumpfes Dröhnen. Es war seine Stimme, die aus der Tiefe kam und seinen Rettern Instruktionen gab, wie sie ihm helfen sollten, wieder ans Tageslicht zu klettern. Beddoes stellte sofort die Vermutung an, Hades habe ihn mit Persephone verwechselt und nach seinem Rockschoß gegriffen, um ihn in die Unterwelt zu ziehen – was ihm fast gelungen sei. Aber vermutlich sei er enttäuscht gewesen. Jedenfalls ergab sich eine hübsche Szene, den griechischen Vorbildern nicht unwürdig, denn seine Retterin war niemand anderes als Miss Lobb. Sie löste ihren geflochtenen Ziegenledergürtel (wie Venus in einer ähnlichen Situation) und ließ das eine Gürtelende zu den hochgereckten Händen des heiligen Manns hinunter. Die Idee war einfach und erfolgreich. Wir stellten uns hintereinander auf, ich legte die Arme um Miss Lobbs Taille, die anderen bildeten hinter mir eine Kette, wie zu einem kindlichen Spiel, und mit ein paar kräftigen Rucken hievten wir den Bischof wieder ans Tageslicht – anscheinend hatte er keinen Schaden gelitten durch das kurze Abenteuer. Der einzige, der vor Angst erbleichte, war Roberto, denn er hatte sofort daran gedacht, daß sein Schützling sich den Fuß gebrochen haben könnte. Der Schacht war jedoch nicht tief gewesen. Die Seitenwände hatten nachgegeben, das war alles. Und was den Bischof betraf, so war er nur in seiner Eigenliebe verletzt.

Die Theorie, daß Hades nach ihm gegriffen hatte, war um so glaubwürdiger, als sich dort unten einst der Schrein für die chthonischen Götter befunden hatte – eine andere verwirrend widersprüchliche Zuschreibung –, es war also durchaus ein Platz, wo ein protestantischer Bischof hinterrücks von einem heidnischen Gott angegriffen werden konnte. Wie dem auch sei, der Unfall hatte uns alle in gute Laune versetzt, und wir fühlten auch einen gewissen Stolz wegen des klassischen Aspekts des Zwischenfalls. Obwohl wir nur Touristen waren, hatten wir doch den richtigen Instinkt. Was allerdings die arme Persephone betrifft – das ist eine andere Geschichte. Ich spürte jedoch keine Spur ihres traurigen Geistes aus ihrem unterirdischen Grab dringen – das Sonnenlicht machte diese Fabeln zu unwahrscheinlich und grausam, um über sie nachzudenken. Die unterirdischen Gottheiten besaßen wenig Realität für uns an diesem strahlenden Morgen. Es war schwer, sich einzugestehen, daß jemand, der so schön war sie sie, unter anderem den Beinamen ‹Bringerin der Zerstörung› führte.

Doch der größte Clou in diesen ausgedehnten, eher chaotischen Tempelanlagen war die gewaltige Gestalt des liegenden Telamon – eine gigantische Figur. Ihre einzelnen Bruchstücke sind auf dem Boden einigermaßen vollständig wieder zusammengesetzt worden und geben einen ungefähren Begriff von ihrer Größe und Haltung. Der Zeustempel ist sehr eigenartig in der Gesamtauffassung und so fremdartig, daß man sich fragt, ob nicht irgendeine seltsame, asiatische Rasse ihn erbaut und hier zurückgelassen hat. Er wirkt ganz anders als alles, was man sich sonst unter den Tempeln der griechischen – und besonders der sizilianischen – Welt vorstellt. Ich fand ihn so barbarisch und unverständlich (trotz seiner Eleganz) wie eine Statue von den Osterinseln oder eine Ecke von Baalbek. Wer zum Teufel hatte diese ungewöhnliche Bank errichtet? Sie hätte ebensogut die City National Bank in Swan Lake City, Idaho, oder die Bonga Bonga in Brasilien sein können! Meine Erregung und Verwirrung teilten sich Deeds mit, der daraufhin in seiner verbeulten Reisetasche wühlte, bis er das ausgezeichnete Buch von Margaret Guido über die archäologischen Stätten der Insel fand. Er verließ sich offenbar einzig und allein auf dieses Buch. Er las mir ein paar Seiten aus ihm vor und setzte sich zu diesem Zweck auf den abgebrochenen Teil eines Giebels. Der große Tempel war, wie so vieles andere, durch ein Erdbeben zerstört worden, aber die Fragmente waren verhältnismäßig geordnet zu Boden gefallen, so daß man sich einen Begriff von dem Bau machen konnte. Durch diesen glücklichen Umstand und mit Hilfe der Beschreibung von Diodorus Siculus, der den Tempel noch heil gesehen hatte, war es möglich, sein früheres Aussehen zu rekonstruieren. Aber das ist genau der Punkt, wo das eigentliche Geheimnis einsetzt, denn dieses verdammte Ding unterscheidet sich in allem von den anderen Bauwerken auf der Insel – es ist bombastisch und protzig und, wenn man ehrlich sein will, erdrückend einen mit seiner Wucht und Düsterkeit. Man fühlt sich ungemütlich, wenn man die architektonische Rekonstruktion betrachtet.

Der ganze Komplex steht auf einem riesigen Sockel, ungefähr 115 m lang, der auf einem Unterbau von etwa 6,50 Meter Tiefe ruht. Um diesen Klotz hat man eine Reihe dorischer Halbsäulen von verblüffenden Ausmaßen gesetzt. Ihr Durchmesser beträgt 4 Meter. Und all das wird gekrönt von einer Art Fries aus enormen Menschengestalten aus Stein – die Telamonen. Sie trugen den Architrav, mit Hilfe unsichtbarer Stahlbalken, die eine Säule mit der anderen verbanden. Jede dieser riesigen Gestalten war 7,75 m hoch – große, männliche Figuren abwechselnd mit und ohne Bart. Mit geschlossenen Füßen und hochgereckten Armen, die den Architrav hielten, müssen sie furchterregend ausgesehen haben. Etwas von diesem Gefühl findet sich sogar noch in der sonst staubtrockenen Beschreibung von Diodorus, der erstaunt feststellt, daß in den schlichten senkrechten Rillen der Säulen ein aufrechtstehender Mann Platz hat. «Die Portiken», schreibt er, «sind von enormer Größe und Höhe. Auf dem östlichen Giebelfeld ist die Schlacht der Götter und Titanen dargestellt, in Skulpturen von außerordentlicher Größe und Schönheit, auf dem westlichen die Eroberung Trojas, wobei jeder der Helden in seiner entsprechenden Rolle wiedergegeben ist.»

Nichts als Ruinen und Mutmaßungen sind von all dem übriggeblieben. Verstümmelte Fragmente von Statuen, Münzen und Mauern mit Brandspuren. Und gerade hier benahm sich zu meinem Erstaunen das japanische Ehepaar plötzlich sehr eigenartig. Vielleicht waren sie nur überwältigt von der riesigen am Boden liegenden Steinfigur, jedenfalls deuteten sie mit den Fingern auf sie und bogen sich vor Lachen. Sie redeten atemlos aufeinander ein, nickten und kicherten. Sie stiegen auf die Figur hinauf und fotografierten sich gegenseitig auf ihr sitzend. Sie schnalzten mit der Zunge und strahlten. Sie benahmen sich wie Kinder mit einem neuen Spielzeug. Als sie an diesem hilflosen Körper hochkrabbelten, erinnnerten sie mich an *‹Gullivers Reisen›*. Es war eine so ausgefallene Reaktion, daß ich viel darum gegeben hätte, sie fragen zu können, was diesen Gefühlsausbruch bei ihnen ausgelöst hatte, aber die Sprachschwierigkeiten machten es unmöglich. Wir umschritten nachdenklich den liegenden Krieger, wunderten uns über die Roheit seiner Bearbeitung. Gleichzeitig waren wir uns dessen bewußt, daß dieser Tempel, was Erfindungsreichtum und bildhafte Originalität betrifft, ein wichtiger Markstein in der architektonischen Geschichte Siziliens war. Es gab nur noch einen Bau, der ihm im Stil ähnlich war – und den hatten wir noch nicht gesehen. Doch ich nahm mir vor, den Tempel F in Selinunte genau anzusehen. Und plötzlich kam mir die Idee, daß die schwerfällige architektonische Handhabung hier vielleicht etwas mit ägyptischem Einfluß zu tun hatte; denn in Ägypten stand ja für sakrale Bauten nur ein sehr harter, schwer zu bearbeitender Stein zur Verfügung.

Was Erdbeben und Wetter begonnen hatten, ist nur zu oft von Marodeuren beendet worden – und durchaus nicht immer von fremden, sondern meist von faulen, einheimischen Baumeistern, die diese unersetzlichen Überreste der Geschichte und Kultur ausbeuteten, nur weil sie an Ort und Stelle waren und ihnen Transportkosten ersparten. Jeder Architekt kann Ihnen erzählen, was für ein großes Glück es ist, das Baumaterial nicht herbeitransportieren zu müssen.

Die Gruppe hatte sich verteilt und inspizierte fernere Ecken der Tempelanlage. Doch Deeds, der aus Erfahrung wußte, daß man seine Zeit nicht vergeuden soll, führte mich über die Wiesen zu einer kleinen, gemütlichen Bar, wo wir das knappe Entkommen des Bischofs aus dem Hades mit einem Glas Bier und einer Scheibe Salami feierten. «Er gab sehr eigenartige Töne von sich», sagte Deeds, «wie eine Hummel in einer Flasche. Es war ein weithin vernehmbares Geräusch; es erinnerte mich an die Bienen in Agamemnons Grab.» Das war wieder eine Anspielung, die eine kleine Schockwirkung in mir auslöste, denn ganze Generationen hatten diese Bienen in Mykäne gehört und in Erinnerung behalten, bis sie unglücklicherweise durch ein Insektenvertilgungsmittel vernichtet worden waren und das große Grab in seine ursprüngliche finstere Anonymität zurücksank.

Doch das Geheimnis des Verhaltens der Japaner konnten wir nicht lösen, es gelang uns nicht einmal, eine Theorie aufzustellen, um diese kleine Welle der Hysterie zu erklären. Es sei denn (das war Beddoes Interpretation), sie hätten angenommen, die gorgonenhafte Figur sei eine Art von Karneval-Scherz, den man zur Belustigung dort aufgebaut hatte.

Miss Lobb schlenderte mit der zufriedenen Miene eines Menschen umher, der seine Pflicht erfüllt hatte. Das alte Äpfel-Ehepaar setzte sich in ein Gebüsch und aß Früchte, die der alte Herr mit einem kleinen Taschenmesser schälte. Sie strahlten und ängstigten sich offensichtlich nicht vor der Unterwelt. Der Bischof hatte seine würdevolle Haltung wiedergefunden und schritt um den Tempel, mit der Miene eines Menschen, der meint, man habe ihm zuviel Geld abgenommen. Sollten die angegebenen Maße nicht stimmen, würde er es beim Reisebüro anzeigen. Roberto, noch immer schrekkensbleich, trank Coca-Cola. Endlich ließ Mario sein Hupensignal ertönen, und wir rafften uns auf zu neuen Taten.

SELINUNTE

Wir fuhren jetzt auf kurvenreichen Straßen bergab, zwischen Mandelbaumhainen, auf die kleine Hafenstadt Empedocle zu, die glitzernd unter uns in der Sonne lag. Doch kurz bevor wir sie erreichten, machte die Küstenstraße eine scharfe Biegung nach rechts und führte uns von der Stadt fort auf unser nächstes Ziel zu: einen Tempelbezirk, in einer Landschaft gelegen, die völlig anders war als die lieblichen Hügel, die wir gerade verließen. «In ungefähr einer halben Stunde», sagte Deeds, «wird plötzlich die Stimmung auf Null sinken, und die Leute werden ihre gute Laune verlieren und anfangen, zu murren und sich gegenseitig zu widersprechen. Roberto sagt, das passiert immer auf dieser Strecke; er glaubt, es läge an einer gewissen Übermüdung und dem recht späten Mittagessen. Nun, wir werden's ja sehen.» Seiner Meinung nach sei dieser seltsame Ausbruch von Mißmut auf die plötzliche Erkenntnis zurückzuführen, daß diese Reise nicht nur ermüdend, sondern auch moralisch anfechtbar war. Niemand sollte Agrigent so behandeln. «Wir hätten uns mehr Zeit für die Stadt nehmen sollen, mehr Muße, statt sie zu durchrasen wie plündernde Westgoten. Zwei Wochen, wenn nicht zwei Monate, ist das mindeste, was sie verdient. Und dazu kommt noch das Gefühl der Übersättigung hinzu. Den Leuten wird plötzlich klar, wie unendlich viel Denkmäler aus jeder Periode es auf der Insel gibt. Und das macht sie grantig.»

Das Eigenartige war, daß alles genauso eintraf wie angekündigt. Die Frau des Bischofs und das deutsche Mädchen gerieten sich in die Haare, wegen eines offenen Fensters, durch das der Staub hereinwehte; der Graf monierte den Shagtabak, den Beddoes rauchte; während die Eltern Mikroskope erklärten, die Toilette im Café hätte viel zu wünschen übriggelassen, und sie würden die Sache den zuständigen Behörden melden. Ich selbst hätte mir, offen gesagt, auch etwas Solideres als ein Picknick-Mittagessen gewünscht und begann Deeds' Befürchtungen zu teilen, daß wir Verrat an Agrigent begangen hätten. Das ist eben der Nachteil bei Gruppenreisen. Ja, wir waren alle mißgelaunt und sahen in Marios Rückspiegel wie eine Schar schnatternder Schneehühner aus. Der Schatten unseres mangelnden Verständnisses für Agrigent hing über uns.

Auch hatte die Landschaft, durch die wir fuhren, nichts Nervenberuhigendes; einmal wegen der Hitze, aber auch wegen des Staubes, den die Lastwagen aufwirbelten, die wir überholten. Wir fuhren durch eine Reihe gleichförmig wirkender Täler mit kleinen, ausgedörrten Bauernhöfen, und endlich kam Selinunte. Mario steuerte durch das Tal auf eine Landspitze zu, auf der sich der größte Teil der Tempel befindet. Er fuhr so langsam, daß ich das Gefühl hatte, wir kämen nur auf Zehenspitzen voran, was zur Folge hatte, daß die Struktur der Hügel und Täler sich wie ein Bildstreifen im Zeitlupentempo vor unseren Augen entrollte. Wir fuhren noch immer bergan, bis wir schließlich zu einer Olivenbaumlichtung gelangten, die hoch über dem dunstigen Meer lag. Was für ein Unterschied zu Agrigent – wo alles Sonnenglitzern und Bläue war. Selinunte liegt inmitten schmuddeliger, sich überschneidender Dünen, eingepfercht in der Mündung eines kleinen, moskitoverseuchten Flusses. Ein paar niedrige, anspruchslose Büsche waren die einzigen Pflanzen, denen es gelungen war, in den Dünen Fuß zu fassen. Und doch wurde uns schnell klar, daß die Tempel und Ruinen hier weit reichhaltiger waren als in Agrigent und die Anordnung sehr viel komplizierter und interessanter als alles, was wir bislang in Sizilien gesehen hatten. Verschwitzt und schlecht gelaunt, wie wir waren, fragte ich mich, ob es nicht besser wäre, die Besichtigung bei Sonnenuntergang oder bei Mondschein vorzunehmen. Es gab eine ganze Stadt von Tempeln, die zwischen geborstenen Altären und Statuen verstreut standen. Fast hatte man den Eindruck, einige hätten sich aus schierer Langweile auf den Weg gemacht und wären über die umliegenden Dünen gewandert, wären dann aber irgendwo im Sand steckengeblieben – in diesem mürrisch aussehenden, müden Sand. Die Landschaft schien aus dunklem Filz gemacht. Der Himmel war dunstig, der Fluß schlammig.

Unnötig zu sagen, daß die Zuschreibungen hier noch vager waren als anderswo. Die Bestimmung, die diese Tempel in ihrer heroischen Vergangenheit einmal gehabt hatten, war bei fast keinem mehr festzustellen. Sie standen, glimmerschimmernd, im echolosen Sand und strahlten eine Melancholie aus, die einem das Herz brach. Sie waren unirdisch, zeitlos. Überdies war die Hitze stechend, und es gab keinen Hauch Wind, um des Wanderers fiebrige Stirn zu kühlen. Schuld an all dem, hatte man das Gefühl, war einzig und allein Roberto ... Die Gruppe flüchtete sich in den Halbschatten eines Dornenbaums, und Miss Lobb hätte sich fast hinreißen lassen, «ein ernstes Wort» mit Mario zu reden, weil der Chianti warm war. So waren Deeds' prophetische Worte in Erfüllung gegangen. Doch was uns am meisten bedrückte, war die Erkenntnis, daß wir – falls wir diesen Tempelbezirk gebührend würdigen und unser schnödes Banausentum in Agrigent wiedergutmachen wollten – einen Rundgang von ungefähr zwei Meilen durch die glühenden, schwärzlichen Dünen vor uns hatten. Wir ließen uns zum Mittagessen auf verschiedenen Marmorüberresten nieder, eng nebeneinander, um im Schatten zu bleiben. Dann standen die Mikroskope auf, um eine zerbrochene Säule zu betrachten, und wurden zutiefst erschreckt durch das Auftauchen einer Schlange, einer harmlosen vermutlich. Sie benahm sich so, als hätte Roberto sie eigens dorthin gelegt, um ihnen Angst einzujagen.

Ich beschloß, meine Apathie und schlechte Laune abzuschütteln und unverzüglich von Deeds' Kenntnissen und seinem kompakten Feldstecher zu profitieren. Wir kletterten ins heiße Sonnenlicht, auf die nächstliegende Anhöhe, eine Art Akropolis, von der aus man die Umgebung durch den Feldstecher erkunden und sich so unnütze Umwege ersparen könnte. Ich handelte übrigens wie so oft nach Martines Rat, denn über Selinunte hatte sie ziemlich ausführlich berichtet, und ich hatte in der letzten Nacht ihre Briefe noch einmal durchgelesen.

«Der erste Eindruck ist der einer großen Einsamkeit und Melancholie, aber schon nach einem Augenblick wirst Du Dir sagen, das, was hier nicht stimmt, ist die Tatsache, daß das Plateau nicht hoch genug über dem Meeresspiegel liegt, und auch die verstopfte Flußmündung, die die Vegetation hemmt und für die Fliegen und Moskitos verantwortlich ist, die es überall in Massen gibt. Aber nachdem man das erkannt hat, wächst einem dieser trostlose Platz ans Herz.

Ich bin zweimal hier gewesen, das erste Mal mit den Kindern. Klugerweise warteten wir bis zum Abend, ehe wir uns an das mühsame Erklimmen der Tempel wagten. Da man nicht genau weiß, welcher Gottheit sie geweiht waren, sind sie einfach mit Buchstaben gekennzeichnet oder wie Versbezeichnungen bei Sonetten. Der Staub, die Eidechsen und die stechende Hitze waren fast unerträglich, und wir waren dankbar für unsere Strohhüte und für die Thermosflasche mit einem kalten Getränk. Doch je mehr wir uns abmühten, desto schöner erschienen uns die Bauwerke, obwohl sie einen hartnäckig an Orte erinnerten, die weit entfernt sind, an Leptis Magna etwa oder an Troja. Wilde Schößlinge von Geigenkakteen wiesen uns die Richtung. Riesige Echsen, und in einem der Tempel eine ganze Höhlung voller Fledermäusen. Ich hatte viel über die Tempel gelesen vor dieser Fahrt, aber durch die Hitze verschwammen sie alle zu einem flimmernden, dichten weißen Dunst. Die Hitze pochte – der Puls der antiken Welt, der noch irgendwo schlägt, weit in der Ferne. Sogar in der Dämmerung glühten sie nach. Wir blieben nämlich auf diesem niedrigen Vorgebirge, bis die Sonne unterging, um zu beobachten, wie dieses Mithra-Tier zischend ins Meer taucht.

Doch ich möchte von einem Vorfall berichten, der in dieser Ödnis geschah, ganz in der Nähe des Tempels E, der architektonisch und atmosphärisch besonders gut gelungen ist. Als wir uns ihm näherten, kam aus einer tiefen Sandkuhle ein Klirren von Ketten und ein Pfeifen und Keuchen, als kämpfe ein Mensch mit dem Minotaurus und als würden ihm dabei alle Knochen gebrochen. Wir gingen, uns furchtsam umblickend, weiter, und dann sahen wir, was es war – ein Fuchs in einer Stahlfalle. Er war halb verrückt vor Schmerzen und Angst, und seine blutunterlaufenen Augen quollen ihm fast aus den Höhlen. Dort in dieser verlassenen Gegend kämpfte eine unglückliche Kreatur mit diesem Stahlinstrument! Natürlich wuchs seine Panik bei unserem Anblick, was wiederum die Panik und das Entsetzen der Kinder vervielfachte. Wir hätten alles darum gegeben, ihn befreien zu können, aber jedesmal, wenn wir uns ihm näherten, bleckte er die Zähne und fauchte uns an. Die schwere Stahlfalle sah so aus, als sei eine kräftige Bauern hand vonnöten, um sie zu öffnen. Vielleicht sogar eine Brechstange. Der Tod wäre eine Erlösung für das Tier gewesen, aber wir hatten nichts bei uns. Und obwohl wir die ganze Gegend absuchten, sahen wir keinen Wächter, den wir von diesem Todeskampf unterichten konnten. Es war ein barbarisches Intermezzo, und wir waren völlig verstört. Die Hitze und das bedrückende Schweigen, das auf jedes Stöhnen des Rotfuchses folgte, lastete zentnerschwer auf uns. Als wir zur Akropolis zurückkehrten, standen uns vor Kummer und Qual die Tränen in den Augen.»

Ich dachte an diese Begebenheit, während ich mit Hilfe des Feldstechers den Tempel E identifizierte, wo sich das Ganze zugetragen hatte, und bewunderte seine Eleganz, obwohl ihm, vom Westen aus betrachtet, der gesamte Kopfputz fehlte. Der Petopenschmuck sei entfernt worden und ziere jetzt das Museum in Palermo, belehrte mich Deeds. Eine irritierende Praktik, die aber alle Archäologen der Welt übernommen haben.

Abgesehen von großartigen Einzelheiten, die durch den von Martine geschilderten Vorfall noch an Lebendigkeit gewannen, enthüllte der Feldstecher entlang der sanften Hügellandschaft eine wirklich ausgefallene Ansammlung von Ruinen aller Art, ganze Bereiche zusammengestürzter Steinhaufen, aus denen nur noch ein oder zwei Säulen ragten. Eine ganze Stadt verworrener Erinnerungsreste. Nur Wacholder, Dorn- und Mastixsträuchern gelingt es, den Sand zu durchbohren, und natürlich den Feigenkakteen. Wir standen lange auf dieser ruhigen, grasüberwachsenen Akropolis und versuchten, uns in die Aura dieser seltsamen anonymen Stadt einzufühlen. Rechts und links sahen wir schiefe und krumme Konturen von Tempeln und Säulen, ohne daß ein zentraler Punkt zu erkennen war, ein zentrales Heiligtum oder eine Akropolis, von der sie ausgingen. Natürlich muß es einen Stadtkern gegeben haben, aber anders als in Agrigent konnten wir hier den Plan mit dem bloßen Auge nicht rekonstruieren – nicht einmal erraten. Selinunte ... der Name allein ist wie ein Seufzer. Er stammt von einer wildwachsenden Selleriestaude, die es hier einmal im Überfluß gegeben haben muß.

Was die Frage des Stadtmittelpunkts betrifft, so teilen uns die Reiseführer mit, daß es tatsächlich eine zentrale Akropolis mit starken Befestigungsmauern gegeben hat, in deren Bereich viele der noch heute bestehenden Tempel lagen. Sie stand auf einem niedrigen Hügel, wie auf einem Podium, zwischen zwei Flußläufen, genau an der Stelle, wo sie sich vereinen und ins Meer werfen. An der Mündung des Flusses befand sich eine Bucht, die Schutz für einen kleinen, nützlichen Hafen bot. «Wenn man das weiß, spürt man sofort einen frischen Luftzug in der Landschaft», sagte Deeds, indem er sorgfältig den Feldstecher zusammenschob. Wir kletterten und krochen den Weg zurück zu den anderen, die stur im Schatten des Dornenbaums sitzengeblieben waren. Nachdem wir der Hitze getrotzt hatten, gossen wir uns mit selbstzufriedener Miene noch ein Glas lauwarmen Weins ein. Deeds, der sich auf die Reise sorgfältig vorbereitet hatte und sich offensichtlich gut hier auskannte, bewies mir, daß es den Archäologen tatsächlich gelungen war, das Wachstum der Stadt ausfindig zu machen. Unser Eindruck, daß der Stadt ein Zentrum fehle, war nicht ganz falsch gewesen, da Selinunte auf eine ziemlich ungeordnete und ungegliederte Weise gewachsen war, mit zwei getrennten Gruppen von sakralen Bauten. Im Westen lag das Heiligtum der Demeter Malophoros – ein eindrucksvoller Name fürwahr. Dann, mit zunehmendem Wohlstand, hatte sich der Ring im Laufe der Jahre erweitert und über die benachbarten Hügel ausgedehnt.

Als Deeds bei diesem Punkt angelangt war, richtete sich Roberto auf und schlug eine Besichtigung des Apollotempels vor, der nicht nur seiner Größe wegen einzigartig ist, sondern auch wegen des Umstandes, daß man so lange an ihm baute, daß der ursprüngliche Bauplan von einer neuen architektonischen Mode überrundet wurde. «Der Gesamteindruck ist höchst seltsam, denn die Ostseite des Tempels ist im Stil noch ganz archaisch, während die Westseite schon klassisch ist. Er muß eine Höhe von ungefähr 35 Meter gehabt haben und überragte alle anderen Tempel, ja, sogar die gesamte nähere Umgebung.» Aber nichts davon ist stehengeblieben, auf dem Boden liegt nur ein mißliches Mischmasch aus geborstenen Steinen und Säulen. Die Aussicht, auf ihnen herumzukriechen wie die Fliegen, hatte eine etwas entnervende Wirkung auf die Beteiligten, und Roberto fand keinen Abnehmer für sein wohlgemeintes kulturelles Angebot. Ich fragte, wie weit es zu dem Malophoros-Heiligtum sei, und war enttäuscht zu erfahren, daß man eine gute halbe Stunde westwärts laufen müsse, auf dem Pfad, der von der Akropolis abging. Roberto schlug mir netterweise, wenn auch etwas zögernd, vor, mich dorthin zu begleiten, doch ich machte schnell einen Rückzieher, indem ich sagte, ich wolle die anderen nicht aufhalten. Und so trotteten wir ein wenig lahm zum Eingang des Tempelbezirks zurück, wo Mario den Bus unter einem hohen Feigenbaum geparkt hatte – der einen sehr viel solideren Schatten warf als unser Dornenbaum. Mario saß im Bus und schlief, und zwar so tief, daß ihn nicht einmal unsere lärmende Ankunft weckte. Wir bildeten einen liebevollen Kreis um ihn und beobachteten voller Bewunderung, wie er schlief. Es geschieht selten, daß man jemand so tief schlafen sieht. Er lag da, die eine Hand über den Augen, den Mund geöffnet, und schnarchte leise. Es wirkte irgendwie aufmunternd und belebend auf uns. Beim Anblick dieses stattlichen Mannes, der sich Ruhe gönnte, verflog unsere schlechte Laune. Doch das Knirschen eines Fußes auf dem Sand – vielleicht auch nur die Intensität unserer Blicke? – brachte das Kunststück fertig: er wachte auf. Und dann errötete er, als er sah, daß wir ihn beim Schlafen überrascht hatten. Benommen von der Hitze stiegen wir in den Bus und flehten ihn an, den Ventilator anzustellen. Die Sitze waren heiß. Mario ließ den Motor an und fuhr vorsichtig auf der abschüssigen Küstenstraße hinunter ins brodelnde Tal.

Ich glaube nicht, daß einer von uns imstande gewesen wäre, einen zusammenhängenden Bericht über die Rückfahrt zu geben. Wir fielen in einen bleiernen Schlaf und waren uns nur vage bewußt, daß die Räder des kleinen Busses sich am Asphalt rieben. Zuweilen nahmen wir das Meer wahr, und einen frischen Wind, und hie und da ein vereinzeltes Dorf, wenn die Hupe ihre warnenden Signale gab. Doch die Fahrtdauer bis zu dem riesigen höhlenartigen Lagerhaus in Marsala spulte sich ab wie die Sequenz eines *Avantgarde*-Films. Der Ruck beim Anhalten inmitten einer improvisierten Cocktailparty rüttelte uns wach. Mario hatte den Bus in eine hallende, dunkle *cave* gefahren, wo auf zwei großen Holztischen eine Ansammlung von bildschönen Flaschen aller Größen und Farben aufgebaut war. Wir sollten an einer *degustation* teilnehmen, die für das berühmte Produkt des Landes warb. Unsere Gastgeber – Spediteure und Exporteure – waren vierschrötige, herzliche, ältere Männer mit großen Schnurrbärten, sie brannten ganz offensichtlich darauf, die Flaschen zu öffnen, und nur die Anstandsregeln hatten sie zurückgehalten, vor unserer Ankunft zu beginnen. Sie brachen in Hurrarufe aus, als wir in die Kühle der großen Scheune einfuhren. «Mein Gott, die ganze verdammte Mafia», sagte Beddoes anerkennend. Und schon stiegen wir aus dem Bus, schüttelten ihnen die Hände, klopften ihnen auf den Rücken und zogen ganz allgemein eine große Freundschafts-Schau ab. Und schon bald waren wir voll dabei, die Vorzüge der verschiedenen Weine zu diskutieren – wir griffen mal nach rechts und mal nach links, wie auf einer Klaviatur, probierten und kritisierten. Denn jeder von uns würde später ein paar kleine Probeflaschen als Geschenk erhalten. Beddoes sparte keine Mühe, der Sache auf den Grund zu gehen, und spielte auf den halbvollen Gläsern, als seien sie ein Xylophon.

Einer der Veranstalter dieser werbungsträchtigen, aber freudespendenden Aktion, ein backenbärtiger Herr, der aussah wie ein Riesenpanda außer Dienst, hielt eine kurze, gefühlsgeladene Ansprache, um uns einen kurzen, historischen Überblick über den Marsalahandel zu geben. «Eine Rede», sagte Beddoes, «die das Blut jedes patriotischen Briten in Wallung bringen könnte.» Britische Exporteure hatten eine große Rolle gespielt bei der Produktion und der Entwicklung von Marsala. «Und in diesem Einzelfall», sagte Beddoes, der sich unter dem Einfluß des dritten Glases für sein Thema erwärmte, «war es nicht der Handel, der den siegreichen Fahnen folgte, sondern es waren die Fahnen, die dem Getränk folgten. Auf diesem Gebiet sind wir unschlagbar, glaube ich.» Er machte sich jetzt kundig über Kanarenwein und Sack und Sherry, während Deeds sich förmlich und langweilig über chinesischen und indischen Tee ausließ. Alles in allem befanden wir uns gerade auf dem Höhepunkt britischer Selbstbeweihräucherung, als sich am anderen Ende der Scheune ein bissiger Wortwechsel anbahnte, hervorgerufen durch eine ungeschickte Bemerkung der Mikroskope über die Mafia. Doch er wurde schnell durch Höflichkeitsfloskeln geglättet, und Roberto sagte ein wenig anklagend: «Es ist alles gegnerische Propaganda. Die Maffia existiert nicht mehr. Vor langer Zeit hat es sie zweifellos gegeben. Doch es war ähnlich wie in England. Ein Sohn wurde Priester, ein Sohn ging zur Marine, einer zur Armee und einer ... zur Mafia.» Wenn es als Scherz gemeint war – und das glaube ich –, war er jedenfalls nicht dazu angetan, den Bruch zu heilen. «Unsere heutige Mafia sind die Gewerkschaften», sagte Beddoes mit Nachdruck. Und so weiter.

Ich murmelte einen volkstümlichen griechischen Ausruf vor mich hin: «Ich entsage dem Teufel!» Es ist ein Ausruf, der einen vor allem Übel bewahrt. Und dann wandte ich der Gesellschaft den Rücken zu, um das dunkle flimmernde Licht zu betrachten, das durch einen regenbogenfarbigen Sonnenstrahl sickerte und die Gesichter aller mit einem eigenartigen, flüssigen Schatten überzog, gesättigt mit Öl und Firnis. Das Ganze glich so sehr einem Ölgemälde, daß ich fast die Farbe riechen konnte. Doch wenn ich die traurige Wahrheit bekennen soll, so war die Weinprobe kein großes Ereignis für mich, da mein Gaumen seit langer Zeit durch die französischen Weine zu sehr verwöhnt war, und selbst mit den schweren Geschützen kann sich dieser italienische Sirup nicht messen, zum Beispiel, mit einem Muscat de Frontignan, um nur einen von den süßen Weinen zu nennen, die in meiner nächsten Umgebung wachsen. Ich hatte ein ähnliches magenverrenkendes Erlebnis in Zypern gehabt mit dem Commanderia-Wein, der zumindest das literarische Verdienst besitzt aus den originalen Malvasiez-Trauben hergestellt zu werden. Nein. Ich stecke Miss Lobb unauffällig meine Probefläschchen zu, da sie als Londonerin vermutlich mit Portwein-Flips groß geworden war.

Allmählich neigte sich die Party ihrem Ende zu, und unsere Gastgeber, betaut mit Herzlichkeit und Alkohol, fanden es schwierig, von so entzückend charmanten Menschen wie wir Abschied zu nehmen – wenn das grammatikalisch richtig ist; tiefempfundene Worte brüderlicher Liebe flatterten hin und her, gefolgt von einem Austausch von Visitenkarten und Beteuerungen der Hochschätzung und des Respekts. Mario knirschte mit den Zähnen, voll der Ungeduld und des Mißtrauens ob all dieser oberflächlichen Herzlichkeit. Er konnte es nicht abwarten, wieder auf der Landstraße zu sein. Man vergaß immer wieder, daß er standhaft jedes alkoholische Getränk verweigern mußte, während er arbeitete. Roberto war anfangs ein wenig herablassend leutselig gewesen, jetzt war er weinselig.

Endlich fuhren wir los. Während wir auf dem Weg zur Küstenstraße durch die staubigen Gassen kurvten, kam Miss Lobb, getragen von einer Welle der Sympathie und Dankbarkeit für mein kleines Geschenk, zu uns nach hinten und fing ein Gespräch über ein etwas unerwartetes Thema an: Astrologie. «Ich glaube an die Sterne», sagte sie bestimmt. «Wenn man an sie glaubt, dann haben sie zumeist recht und enttäuschen einen nie.» Nun, darüber ließ sich streiten, aber irgendwie war uns immer alles recht, was Miss Lobb tat oder sagte. Sie hätte unseren vagen Diskussionen über Landschaften, Klimata und Atmosphären aufmerksam zugehört, hätte sich aber gewundert, warum die Sterne bei unseren Ausführungen nie erwähnt worden seien. Der Grund war einfach: weder Deeds noch ich waren anfällig für die Astrologie, aber wir hatten auch nichts gegen sie. Ich bin sicher, daß man die astrologische «Himmelskugel» mit dem gleichen Erfolg benutzen kann wie eine Kristallkugel. Die Gültigkeit der Vision ... das stand auf einem anderen Blatt. Doch was Miss Lobb jetzt hervorholte, war eine Art Handbuch für Horoskope, die sich aber nicht auf Menschen bezogen, sondern auf Orte.

Ich konnte mir zwar nicht recht vorstellen, wie man das Tierkreiszeichen für eine Stadt oder für ein Land berechnete, doch einiges von dem Material, das sie uns vorlas, wobei sie sich langsam durch den Himmel arbeitete, war sehr interessant und anregend, wenn auch natürlich höchst empirisch. Von den Ländern, die wir in unseren Diskussionen über Griechenland und Großgriechenland erwähnt hatten, erfuhren wir, daß Griechenland Stier war, während

Sizilien unter dem Zeichen des Löwen stand. Könnte dies vielleicht ihre Gleichheiten und Unterschiedlichkeiten erklären? Um das zu beurteilen, fehlten Einzelheiten. Doch es gab viele andere Überraschungen. Zum Beispiel, daß Deutschland, England, Japan, Israel und Polen alle das gleiche Tierkreiszeichen hatten: Widder. Ich war natürlich mehr an Orten interessiert, die eine Rolle in meinem eigenen Leben gespielt hatten, und es war amüsant zu erfahren, daß Zypern Stier war, übrigens galt das gleiche für Dublin, Palermo, Parma, Leipzig, Persien, Georgien und zum größten Teil auch für Kleinasien, während Marseille, Florenz, Neapel, Padua und Birmingham alle zusammengebündelt waren im Zeichen des Widders. «Also, weiß der Kuckuck, was man davon halten soll», sagte Deeds, was seine Art war, seiner angeborenen Skepsis höflich Ausdruck zu verleihen. Doch Miss Lobb war todernst, und ihr Gesicht wurde plötzlich ganz rund und schulmädchenhaft. «Wenn Sie es zu albern finden, höre ich lieber auf», sagte sie. Aber nein. Wir versicherten ihr, wir hörten ihr mit großer Aufmerksamkeit zu, und sie vertiefte sich wieder in ihr kleines Buch.

London, Melbourne und San Francisco waren Zwillinge, und ebenfalls Amerika, Belgien, Wales und Unterägypten.

Dem Zeichen des Krebses gehörten folgende Länder an: Holland, Neuseeland, Rhodesien, Paraguay und folgende Städte: Amsterdam, Algier, Venedig, Bern, Konstantinopel, Genua und New York. Im Zeichen des Löwen vereinten sich, abgesehen von Sizilien, Nordfrankreich, ganz Italien, Nordrumänien und ebenfalls: Rom, Ravenna, Damaskus, Chicago, Bombay, Bristol, Cremona.

Wir waren so vertieft in unsere Hexenkunst, daß wir erschreckt zusammenfuhren, als Mario auf der Küstenstraße unter einer Baumgruppe anhielt und Roberto nach Deeds rief. Es war ein weiterer kleiner Soldatenfriedhof.

Deeds begab sich gehorsam, aber unwillig auf seinen Inspektionsrundgang, und sein Platz wurde sofort von Beddoes und dem deutschen Mädchen eingenommen, deren Freund ebenfalls ganz verrückt war auf Astrologie. Leider konnten wir Dungeness in dem kleinen Handbuch nicht finden, zur größten Enttäuschung von Beddoes, der sagte, es stünde bestimmt unter einem bösen Aspekt mit einem wuchtigen Saturn im Aszendenten. Doch wir hatten noch eine Menge anderes Material zur Verfügung, und fast jeder war gespannt zu erfahren, zu welchem Tierkreiszeichen seine/ihre Heimat-/Geburtsstadt gehörte. Die Schweiz, Brasilien und die Türkei waren Jungfrau, wie auch Virginia und Kroatien. Die Städte, die unter dem Einfluß der Jungfrau standen, waren: Jerusalem, Paris, Lyon, Heidelberg, Boston, Los Angeles, Babylon und Bagdad.

Dies führte zu einer Menge von Einsprüchen und Widerreden. Die Mikroskope waren verärgert, sich gleichgestellt zu sehen mit heidnischen Städten, erklärten mir ihre Bedenken und baten mich, diese aus dem Französischen zu übersetzen und Miss Lobb mitzuteilen. Doch sie spitzte nur die Lippen und sagte mit Nachdruck: «Dennoch!» Was immer sie damit meinte.

Als Deeds nach einiger Zeit zu seinem Sitz zurückkehrte, waren wir alle schon tief in den inneren Kern dieses seltsamen Systems vorgedrungen, ohne jedoch zu begreifen, auf welche Weise man die Tierkreiszeichen bestimmt hatte – wie konnte eine Stadt einen Geburtstag haben? Wie dem auch sei – nachdem wir einmal mit der Sache angefangen hatten, zwang uns das allgemeine Interesse, fortzufahren, und so verkündeten wir unverzüglich: unter dem Zeichen der Waage wären folgende Länder zusammengefaßt: China, Tibet, Argentinien, Oberägypten und Indochina, und die folgenden Städte: Frankfurt, Kopenhagen, Wien, Nottingham und Amiens.

«Ich halte das Ganze für höchst fragwürdig», sagte der Bischof, eherner Hüter nationalen Bewußtseins. «Es hängt ganz davon ab, was man alles glauben kann.» Beddoes entgegnete scharf. «Und wie stehen Sie zu den 39 Glaubensartikeln?» Deeds beschwichtigte die Streitenden, indem er beide fragte, unter welchem Tierkreiszeichen sie geboren seien. Der Bischof hatte einen lästigen Saturn und Beddoes einen schlechten Mars-Aspekt, was alles erklärte, jedoch nichts entschuldigte. Miss Lobb setzte ihren Siegeszug mit der Miene eines frühen Christen fort, der genug Glauben hat, um einen Scheiterhaufen zum Verlöschen zu bringen.

Doch ich war natürlich, wie alle anderen auch, nur an meinem eigenen Tierkreiszeichen interessiert – den verdammten Fischen mit ihren komplizierten Ungewißheiten und Fugen. Auch spendete es mir keinen Trost, zu wissen, daß Portugal und die Normandie dem gleichen Zeichen angehörten, so wie auch Nubien, die Sahara und Galicien. Aber was mich doch sehr aufhorchen ließ, war, daß Alexandrien und Bournemouth unter dem Fisch-Einfluß standen, obwohl ich beim besten Willen nicht sagen konnte, was sie mit Sevilla, Compostella, Regensburg und Lancaster gemeinsam hatten. Wie dem auch sei, nach dieser lehrreichen Unterhaltung steckte Miss Lobb ihr Buch wieder ein und kehrte auf ihren Sitz zurück, mit der gelassenen, selbstgefälligen Miene, ihre Pflicht getan zu haben. Und nun hob eine diskursive Debatte über die Astrologie im allgemeinen an. Der Bischof gab sich versöhnlich, und Beddoes war bissig. Meiner Meinung nach hatte die Bemerkung über die 39 Glaubensartikel ein Loch in die intellektuelle Isolierschicht des Bischofs gerissen. Jedenfalls hielt er sich außer Schußweite und forderte keine Kartätschen mehr heraus. Und so setzten wir unsere Fahrt fort.

Ich döste ein und sah in meiner Erinnerung mit geballter Melancholie die Dünen von Selinunte aufsteigen. Es war interessant zu beobachten, daß in diesem Stadium der Reise ein neuer Rhythmus einsetze, ein Rhythmus, der von Müdigkeit und frischer Luft bestimmt war. Wir nahmen jetzt jede Gelegenheit zu einem Nickerchen wahr, wie Beduinen. Eine Viertelstunde genügte, um die gute Laune wieder herzustellen und der Hitze-Müdigkeit Herr zu werden. Auch hatten wir gelernt, wie man am bequemsten saß – es ist müßig vorzugeben, das lange Reisen in einem Bus gäbe einem nicht das Gefühl, eingeengt und zusammengepfercht zu sein. Als wir an einer Reihe Wohnwagen mit bunt dekorierten Seitenwänden vorbeikamen, war es daher für uns keine Überraschung zu sehen, daß die Zigeuner (denn es waren Zigeuner, keine Dörfler) im Inneren alle tief schliefen; sie lagen kunterbunt auf dem schaukelnden Boden wie ein Wurf kleiner Hunde, blind gegen alles, was um sie herum geschah. Es war der Rhythmus der Landstraße, und ich glaube, wir armen Touristen fühlten im Unterbewußtsein eine Sehnsucht nach der Freiheit und den Abenteuern des Zigeunerlebens, das sich so grundsätzlich unterschied von dem unsrigen. Ein Teil der Müdigkeit war in meinen Traum eingesickert, und ich gähnte, als ich die Tempel sah, die einer nach dem anderen aus den Dünen auftauchten. Doch bald kamen andere, vagere Gedanken und Visionen und beschäftigten mich. Ich erinnerte mich, daß Martine geschrieben hatte: «Dann irgendwo vor Trapani verändert sich alles und wird – ich will nicht übertreiben – bedrohlich; oder zumindest ‹geladen mit Bedeutung›. Es ist der Geist von Erice, der erscheint und Dich begrüßt. Ich war voller Angst. Ich erwartete, daß Es geschehen würde, wenn ich nach Erice käme. Was? Ich weiß es nicht. Einfach Es.»

Ein großer Vogel prallte gegen unsere Windschutzscheibe und wurde zur Seite in den Tod geschleudert – unter Hinterlassung eines großen Blutfleckens auf dem Glas. Mario fluchte und wischte den Flecken mit einem Lappen fort.

Der dumpfe Aufschlag hatte mich aufgeweckt.

Vogellied: Erice

Fels-Lavendel, voll von frommen Vögeln,
Auf Kliffs aus einem alten Himmel gerissen,
Vielgestaltig wie die Göttin des Hains.
Kein Wunder, daß die lauschenden Weisen sich fragten,
Wenn Sprache eine unwillkürliche Antwort auf Stress war,
Wie stand es dann mit dem Lied? Sanfte Verben, harte Substantive
Zeigen an, daß die Stimme sich der Begierde unterwarf.
Eine Theologie der Einsicht, die betteln geht.

Aphrodite hörte es, blieb aber ungerührt,
Der ungekünstelte Paarungs-Ruf der Vögel war eins
Mit allem im Chor des Geistes.
Irgend jemand schluchzte oder hustete, um es zu verbergen.
Der Widerhall vom hohlen Brüllen des Sand-Leoparden
Hängt als Vokabularium leicht in den Fängen der Viper.

All das wußte sie und mehr: daß Worte,
Die Nerven von ihrer großen Müdigkeit befreiend,
Das Gegengift des Alphabets der Liebe injizieren.

ERICE

In Erice hat man das Gefühl, daß alle Maßstäbe des normalen Lebens auf den Kopf gestellt sind. Ich weiß nicht, wie ich es anders ausdrücken soll. Wir führen unser Leben auf Grund gewisser Überzeugungen, die vielleicht Mythen sind, uns aber den Mut geben, weiterzuleben. Aber was einem hier widerfährt, noch bevor man die ‹Sichel› von Trapani erreicht, ist: man verliert seine innere Orientierung, man wird unsicher. Es ist, als hätte dieser Gebirgsriese, der dort oben auf dem Dunst schwimmt, einem die Krücken aus der Hand geschlagen. Die Geschichte fängt an zu stammeln; der berühmteste und wichtigste Aphroditentempel des gesamten Mittelmeergebiets ist spurlos verschwunden. Der eine späte Aphroditenkopf ist nicht der Erwähnung wert. Die heilige Stätte von Eryx ist ausgeblasen worden wie ein Licht; doch wie in Delphi kann man in der Luft noch den Schwefel riechen. Man fühlt ihn in der brennenden Sonne wie einen kalten Griff im Genick. Doch ich greife vor, denn im Augenblick fahren wir erst auf Trapani zu, dieser trügerisch glücklichen und unwichtigen Stadt, mit ihrer schönen Lage auf der meeresumspülten Halbinsel. Die Altstadt steht, ähnlich wie in Syrakus, auf einem schmalen Vorgebirge, das ins Meer hinausragt wie eine Mole, die Neustadt hat sich zum Land hin ausgedehnt; Salinen und Windmühlen. Und die Aussicht von dem sogenannten Ligny-Turm ist durchaus beeindruckend. Doch das Beste an allem ist der frische Seewind, der, munter wie ein Foxterrier, an den Markisen zerrt, die Bäume zerzaust und die Mützen von alten Seeleuten über das Kopfsteinpflaster des Hafens jagt. Im Westen liegt die Weite des Tyrrhenischen Meers wie schwelendes Feuer in der sinkenden Sonne, zwei der Ägadischen Inseln, mit den edlen Namen Levanzo und Favignana, strahlen eine Art geheimnisvoller Feindseligkeit aus.

Wir waren müde, wir hatten wirklich keine Lust mehr auf weitere Besichtigungen, Roberto ließ uns mit dem Besuch einer uninteressanten Kirche davonkommen und mit einem flüchtigen Blick auf die trutzigen Festungsmauern, errichtet von Karl V. Doch die Hauptattraktion war der herumtollende Wind, dessen Verspieltheit irgendwie die nervöse Spannung und Angst abschwächte, die ich verspürte, sobald ich nach oben blickte, hinauf zu den Stadtmauern von Monte Giuliano und zu der scharfkantigen Silhouette von Erice, die aussah wie eine in den Berg gerammte Axt, die durch den Aufprall gebrochen ist. Wir mußten eine kurze, technisch bedingte Pause einlegen, die Mario mit einigen brummigen Bemerkungen über niemanden im besonderen und ein paar Handgriffen an seiner Bremse füllte. Irgendwo in der Stadt war eine kleine Musikkapelle auf einem Platz aufmarschiert und fing an, Teile aus alten Walzern und Tangos zu spielen. Die plötzlichen Windstöße ermöglichten den Musikern unerwartete nautische Synkopierungen – die Musik verebbte und schwoll wieder an, voll von altmodischem Charme. Die Petremands aßen grell-bunte Eiscreme und kauften auch für Mario eine. Dem Bischof war ein Schnürsenkel gerissen. Das alte präadamsche Paar schlief fest auf seinen Sitzen, Arm in Arm, Lächeln in Lächeln, sozusagen. Es ist nett, wenn Menschen im Schlaf lächeln und sichtlich ihre Träume genießen; sie sahen aus wie Verkörperungen des lächelnden Buddhas, obwohl dieser alles andere tut als schlafen, sondern eher in eine lächelnde Meditation versunken ist. Endlich begannen wir den Anstieg.

Die Sonne war halb hinter dem Horizont verschwunden und sank jetzt schnell, als erhöhe sich ihre Geschwindigkeit auf der langen abschüssigen Bahn in den Ozean. Unser kleiner Bus ließ die gewundenen Straßen Trapanis hinter sich und erklomm den dunklen, steilen Bug von Eryx. Adieu Via Fardella, Via Pepoli! Die Straße stieg nun immer steiler bergan, zuerst machte sie eine Schwenkung nach rechts und dann nach links, und allmählich überkam uns ein feierlicher Ernst – vielleicht ein Vorgefühl der Aphrodite von Erice, deren Gebiet wir uns jetzt näherten? Das war keineswegs eine romantische Idee von mir, denn einige meiner Mitreisenden äußerten, jeder auf seine Art, ihre wachsende Erregung. Mario wechselte die Gänge mit viel Feingefühl, und der kleine Motor brummte, ohne zu mucksen, tapfer den steilen Felsen hinauf.

Die Vegetation wurde kärglicher und wich wetterfesten und vielleicht seit Urzeiten hier wachsenden Pflanzen, die sich in Felsenspalten und Höhlen einnisteten. Die Abgründe ringsum waren in verflüssigte Wolken gebadet, als hätte sich dichter Tau auf sie gesenkt oder als sei die ganze Natur in kalten Schweiß ausgebrochen. Auch über uns hingen Wolken, und je höher wir kletterten, desto tiefer waren sie, aber sobald wir sie erreichten, teilten sie sich, als wollten sie uns die Durchfahrt freigeben. Bei jeder Kurve – denn wir lavierten noch immer durch die Klippen wie ein Segelboot – gewann die Szenerie an Großartigkeit und Weite, bis die ganze Provinz von Trapani unter uns lag, in goldenes Licht getaucht und von einem regungslosen Meer begrenzt. In der Ferne funkelte der Egadi, mit Marettimo, angezeigt in schwarzen Buchstaben – diese Insel, die Samuel Butler so überraschenderweise zum historischen Ithaka erklärt hatte in seinem sonderbaren Buch über den angeblich weiblichen Verfasser der Odyssee. Ich liebe verschrobene Bücher. Doch schon nach einem kurzen Aufenthalt im modernen Griechenland wären Butler wohl einige Zweifel gekommen über das Hauptthema seines Buchs. Nur ein Mann, nur ein Grieche konnte dieses Epos geschrieben haben – meiner Meinung nach zumindest.

Mit elefantenartiger Sturheit arbeiteten wir uns um die nordöstliche Flanke des ungefähr 2000 Meter hohen Berges. Wir durchfuhren nur ein einziges Dorf, Parparella, das einsam wie ein Nest am Berghang hing und um diese Stunde menschenleer war. Kahler Fels, vereinzelte Farne, Zistrosen, Kapernsträucher und hier und da einige unerwartete Narzissen. Die Landschaft entrollte sich unter uns wie eine Schriftrolle. Die Luft war reiner, kühler geworden, wie gefiltert von den vorbeieilenden Wolken. Ein- oder zweimal hustete unser Motor, und Mario spitzte die Ohren, doch es war nichts Ernstes. In einer der letzten Kurven schalteten wir eine kurze Rastpause ein, um den Fotoamateuren die Möglichkeit zu geben, die unter uns liegende Szenerie festzuhalten. Doch während sie selig immer wieder Trapani knipsten, wandte ich den Kopf in die Höhe und starrte zum Gipfel des Eryx, der auf dem stillen Blau des Abendhimmels wie aufgedruckt wirkte, beleuchtet von den letzten Strahlen der Sonne. Man konnte ein Stückchen alter Mauer erkennen und ein Kunterbunt von Türmen und Minaretten ein wenig unterhalb des Gipfels. Sie markierten wohl die Stelle, wo der jetzt verschwundene Tempel Aphrodites gestanden hatte. Auf der groben kyklopischen Basis erhebt sich die Stadtmauer, unregelmäßig und irgendwie zufällig – eine Improvisation aus sich überlagernden Schichten, aus späteren Einfällen und falschen Ansätzen – phönizisch, griechisch, römisch, normannisch.

Wir hatten den steilsten Teil hinter uns; die Straße wand sich nun durch freundliche, menschenleere Pinienwälder, die ihren Duft in die stille Luft verströmten, und brachte uns auf geheimnisvollen Umwegen endlich an das Tor der kleinen Stadt, der Porte Trapani, wo Roberto ausstieg und lange mit einem Beamten von der ‹Mairie› plauderte, während wir in unseren Koffern nach Pullovern wühlten. Die Dämmerung umgab uns bereits, doch die Himmelskuppel war noch erhellt von der Sonne, und in lichten Höhen tummelten sich die Mauersegler und labten sich an Insekten. Ein kühler Wind war plötzlich aufgekommen, und der Bischof fröstelte.

Es habe sich eine Komplikation ergeben, sagte Roberto, wir seien in einem anderen – älteren – Hotel untergebracht worden. Es sei sehr ärgerlich. Wie alle Reiseleiter verachtete er das Altmodische und schätzte nur das Moderne. Doch in diesem Fall hätte er sich nicht zu entschuldigen brauchen. Das Hotel war ein gutes altmodisches, etwas baufälliges Etablissement, war aber mit allen Annehmlichkeiten versehen. Mario wendete den Bus und fuhr eine steil abfallende Waldstraße hinab, doch es war nicht weit, denn schon nach kurzer Zeit hielten wir auf einer Art Felsenvorsprung – wie ein Amphitheater über dem Meer. Es war eine großzügige Hotelanlage aus einer großzügigen Zeit, wo man Hotels noch mit bequemen Billardzimmern, Empfangsräumen und Terracotta-Schwimmbädern baute. Es war angenehm hier, hoch über dem Meer, inmitten eines Pinienwaldes. Die Holzböden knarrten auf eine anheimelnde Art unter unseren Schritten. Es gab mehrere verstaubte Bars voller verstaubter, halbleerer Likörflaschen. An der Rückseite, vor dem Eßzimmer, befand sich ein Wäldchen und dahinter eine erstaunlich steile Schlucht, die bis zur Sohle der Welt abfiel, wo Trapani sich mit seinen Salinen und dem durch Lichtpunkte markierten Hafen wie eine graphische Darstellung präsentierte. Wir befanden uns etwas unterhalb der Burg, und das Städtchen war nicht sichtbar. Ein dichter Nebel stieg aus der Tiefe auf und zerging, stieg auf und zerging. «Alles schön und gut, aber ich habe nasse Füße und will mein Geld zurück», sagte Beddoes zum größten Kummer Robertos, der alles ernstnahm, was Beddoes sagte. Die trotz der Jahreszeit kühle Gebirgsluft und die Müdigkeit hatten uns allen den Schwung genommen, und wir waren froh, daß wir nach einem Drink und dem Abendessen früh ins Bett gehen konnten.

Der Graf machte vor dem Schlafengehen einen Spaziergang im Dunkeln – ich sah seine Zigarre glühen. Deeds fand ein Kreuzworträtsel in einer alten Zeitung, während Miss Lobb ihr Buch ins Regal stellte und sich ein anderes dafür aneignete. Ich zog mich in mein schmales, holzverkleidetes Zimmer zurück, das mich ein wenig an eine Schiffskabine erinnerte oder an eine Kammer in einem kleinen Wintersporthotel. Das Holz roch köstlich, und es war nicht zu kühl, um auf dem Balkon zu gehen und den herrlichen Ausblick zu genießen. Am Horizont sah man das zitternde Flackern eines Gewittersturms, doch die Entfernung war zu groß, man hörte noch nichts. Der Anblick erinnerte mich an das einzige Seegefecht, dem ich beigewohnt hatte – wenn das der richtige Ausdruck ist; die Schiffe waren alle außer Sichtweite, und man sah nur ein ständiges Flackern (der Donner der Geschütze folgte erst Ewigkeiten später); es zuckte hin und her, mit der Regelmäßigkeit von Sichelhieben.

Ich beobachtete das Schauspiel und wartete mit gespitzten Ohren auf den Donnerschlag, doch es folgte keiner, lange Zeit nicht.

Vielleicht war es hier in diesem Zimmer gewesen, wo Martine eine Nacht verbracht hatte – «in gespannter, nervöser Erwartung». Und wegen dieser gespannten Erwartung hatte sie nicht schlafen können und hatte dann, erschöpft und doch entzückt, mitangesehen, wie sich die Morgendämmerung über das ermattete Meer breitete. Sie hatte das Gefühl gehabt, diesem – was immer es war – diesem Etwas entronnen zu sein, das ihr Unterbewußtsein gequält hatte mit vagen Vorahnungen von einem Verhängnis, das ihr hier in Erice widerfahren würde. Aber sie hatte sich getäuscht, sie war ihm nicht entronnen. Denn Monate später fiel ihr ein, daß es hier in Erice gewesen war, und zwar während dieser schlaflosen Nacht, als sie das erste Stechen in den Gelenken gespürt hatte und die erste Steifheit in Nacken und Rückgrat, deren Bedeutung sich erst viele Monate später herausstellen sollte. «Ich verstehe jetzt zurückblikkend genau, was ich suchte, als ich nach Erice fuhr: ein Rendezvous, das schließlich zu meinem Tod führen wird – man sollte nicht zuviel Aufhebens um ihn machen, er ist unser aller Los. Nur weiß ich jetzt, was ich in Erice noch nicht wußte – ich weiß ungefähr wann. Ja, in ein oder zwei Jahren werden meine Kräfte allmählich nachlassen. Das zumindest sagen die Professoren in Rom. Mir gefällt diese altmodische Ausdrucksweise, Dir nicht auch? Sie hat etwas Stolzes und Zurückhaltendes – obwohl ich nie eine eiskalte Frau war, oder doch?»

Doch all das hatte sich zu einer anderen Jahreszeit abgespielt und das Hotel war leer gewesen und das Felsplateau des Venustempels übersät mit kleinen Frühlingsblumen, deren Namen sie nicht kannte. Und nun war ich ihr gefolgt, nicht mit der gleichen akuten Furcht vor einem folgenschweren Geschehen, aber doch mit etwas, das mich beunruhigte und erschreckte und mich etwas erwarten ließ. Während jener ersten Nacht (ich konnte das ziellose Klicken der Billardkugeln hören, Beddoes war als einziger noch auf, und das Knarren der Dielen), während des langen Wachens hatte sie einige Zeit damit verbracht: «sich ein wenig mit den verwirrenden Bruchstücken von Legenden und vagen Mutmaßungen zu befassen, die alles Griechische in Sizilien so rätselhaft machen. Es ist, als sei alles zu Staub zermalmt von einem riesigen Vorschlaghammer, man findet keinen Zusammenhang mehr zwischen diesen zerschlagenen Scherben, nur irritierende Andeutungen und Anspielungen auf verschollene Völker und ihre Mythen. So daß man sich zum Schluß sagt: Zum Teufel mit Daidalos, dem Ingenieur und Labyrintherbauer, was tat er hier in Sizilien? War er der Direktor für öffentliche Bauten bei König Kokalos? Warum billigte er die Ermordung von Minos, seinem früheren Gönner? Man bekommt sie so über, diese oft wiederholten Legenden, aus denen sich unser Geschichtsbild zusammensetzt. Es ist hoffnungslos! Und was ist mit diesem hochberühmten Tempel der Venus – Astarte/Aphrodite/Venus? Die Göttin hatte verschiedene Ursprünge und mehrere Attribute. Sie ist alles: Frau, Gattin, Amme, Mutter, Muse und gleichzeitig rituelle Prostituierte ... Es gab keinen Aspekt, der nicht in ihren Herrschaftsbereich fiel. In diesem düsteren Tempel gab es rituelle Prostitution wie auch Fruchtbarkeitsriten – während er für die Seeleute eine wichtige Landmarke war, die sie nach Trapani führte. Und so wie die Seeleute heute nach dem Wetterbericht fragen, machten ihre Vorfahren ihre Fahrten davon abhängig, ob die Voraussagen vom Tempel günstig oder ungünstig für sie waren.

Aber wie konnte er so völlig vom Erdboden verschwinden, dieser weltberühmte Tempel? Nichts als ein kleines Stück Steinrampe markierte die Stelle, wo er einmal stand. Nichts weiter? Nichts – außer einem vagen Gefühl von ehrfürchtiger Scheu, von etwas Folgenschwerem, das sich zusammenbraut. Und die leeren Augenhöhlen des späten, banalen Aphroditekopfes verspotten uns.»

Jugend, Schönheit, Tod – die drei Koordinaten der antiken Welt. Martine schrieb: «Ich habe mir gesagt, daß es im Sufismus und Taoismus (es würde zu lange dauern, Dich davon zu überzeugen, daß die ursprüngliche Astarte von Erice einer viel früheren, vorgriechischen Periode angehört) den Begriff der Krankheit in unserem Sinne nicht gibt. Sie sagen nicht, daß sie genesen, sondern einfach, daß sie ihr Verhalten verändern. Sie gehen von der Voraussetzung aus, daß falsches Handeln eine Disharmonie mit dem All verursacht, die sich als Krankheit manifestiert. Ich glaube fest daran, aber ich glaube auch an das Schicksal und ebenso an die Tatsache, daß man sich abnützt wie ein alter Topf. Dann gibt es noch einen anderen Gesichtspunkt – ich hasse die christliche Idee des Gebets als Akt der Versöhnung –, aber mir gefällt die alte byzantinische Idee, das Gebet in eine Art Herzschlag zu verwandeln – jeder Mensch seine eigene Gebetmühle, sozusagen. Alles, was Du in Erice empfindest, geht weit über das hinaus, was das Affenhirn oder die Zunge formulieren können. Es weist in die Dunkelheit, wo die Pflanzen, jene knollenartigen Kreaturen, warten, um Dein Fleisch zu kauen, sobald Du unter der Erde bist. Die chthonischen Götter und Göttinnen, wie man sie seltsamerweise nennt ...»

Das Licht ging aus – die Hotel-Lichtmaschine gab um Mitternacht ihren Geist auf. Es war noch sehr hell – ein weißes, milchiges Licht, wie Mondlicht, das durch einen Seidenparavant scheint. Ich war müde und legte meine Papiere fort und schlief ein – doch es war ein leichter, nervöser Schlaf ohne große Tiefe.

Etwa um drei Uhr fuhr ich aus dem Schlaf hoch; ich setzte mich auf und betrachtete den Wald. Zuerst dachte ich, was ich gehört hatte, sei ein ersticktes Schluchzen gewesen, irgendwo im Gebäude. Ich bin mir dessen auch jetzt noch nicht sicher. Aber was mich geweckt hatte, war ein heftiger Wind, der in Stößen über das Felsplateau fegte und die Pinien verbog. Es war wie ein plötzliches tiefes Summen, wie das Nachschwingen von Saiten, langandauernd und allmählich verklingend. Dann kehrte wieder Stille ein, doch ich war erregt, auf dem *qui vive*. Es war genauso, als erwachte man mitten in der Nacht auf einem Feld in Afrika und stellt fest, daß das Geräusch, das einen geweckt hatte, der Atem eines Löwen war. Der Wald bebte und erschauerte und wurde wieder ruhig. Es war, als sei ein Hauch von Musik über ihn hinweggestrichen – wie ein Hauch, der über Glutasche streicht. Nein, es war nicht sonderlich beunruhigend oder seltsam, aber nachdem ich wach war, hatte ich das Bedürfnis, aufzustehen und ein Glas Wasser zu trinken. Es war eiskalt. Ich ging auf den Balkon und blickte hinunter auf die Halskette von Lichtern, die ihr eigenes Diagramm von Trapani skizzierten. Es war noch Zeit bis zum Morgengrauen, aber ich fühlte mich vollkommen ausgeruht und wußte nicht recht, ob ich wieder einschlafen könnte. Als ich zögernd dort stand, sah ich plötzlich eine Gestalt durch die Pinien aufs Hotel zukommen. Es war das deutsche Mädchen, sie war nackt.

Das Licht, obzwar diffus, war außerordentlich hell, und ich sah ganz deutlich, daß sie nichts anhatte. Ich fragte mich, ob sie schlafwandle, doch anscheinend nicht, denn sie blickte um sich, wandte den Kopf mal hier- mal dorthin. Sie hielt die Hände vorgestreckt, die Handteller nach oben, doch ganz ungezwungen und natürlich. Und ihr Gang war langsam und ruhig.

Vielleicht hatte der Wind auch sie geweckt, oder vielleicht hatte der Wald Erinnerungen an die heimatliche bayerische Landschaft in ihr wachgerufen? Oder noch einfacher: Vielleicht hatte sich in ihr ein vages, urzeitliches Erbe geregt – angenommen, sie war, ohne es zu wissen, eine nordische Göttin, die ihrer entfernten Kusine der Aphrodite von Eryx einen zufälligen Besuch abstattete? Sie ging gemessen und langsam unter meinem Balkon vorbei und verschwand hinter der Ecke des Hauses. Und das war alles. Ich ließ mir den Vorgang durch den Kopf gehen und dachte eine Zeitlang über ihn nach. Dann legte ich mich wieder hin und fiel sofort in den tiefen Schlaf, der mir bislang nicht vergönnt gewesen war. Die Sonne war schon aufgegangen, als ich erwachte. Und die Unruhe hatte einer angenehmen Erregung Platz gemacht. Trotzdem spürte ich eine gewisse Erleichterung, daß ich ohne Zwischenfall durch die Nacht gekommen war.

Das Frühstück war hochwillkommen an diesem schönen, sonnigen Tag. Vor unserer Abfahrt nach Segesta und Palermo hatte man uns noch eine kurze Besichtigung der Burg versprochen. Unsere Reise neigte sich dem Ende zu, und dieses Bewußtsein verstärkte unsere freundlichen Gefühle füreinander. Die Gespräche wurden herzlicher und lebhafter. Ein Mikroskop half dem japanischen Mädchen beim Auswechseln eines Films. Ich musterte neugierig Renata, das deutsche Mädchen, als sie herunterkam, doch sie wirkte vollkommen normal und ausgeglichen, und natürlich konnte man sie nicht über ihre Nudisteneskapade ausfragen. Ob ihr Freund davon wußte? Sie waren beide ganz offensichtlich sehr verliebt und gaben sich keine Mühe, dies zu verbergen – was eine Folter für den armen Roberto war, der sie beobachtete und an den Nägeln kaute.

Man mußte den roten Bus vor der Abfahrt einmal gründlich überholen, denn im Erice würden wir nur kurz haltmachen, weiterfahren nach Segesta, und von dort stand uns eine lange Fahrt nach Palermo bevor.

Mir war ein wenig bange vor der Anstrengung dieser Fahrt, doch es sollte sich erweisen, daß Roberto alles wohlweislich vorausberechnet hatte, denn wir kamen verhältnismäßig früh am Abend an und waren nicht zu müde. Erice wäre an diesem klaren blauen Morgen etwas für das Auge eines Segelfliegers oder Adlers gewesen. Die Steilabfälle, die Ausblicke, das leicht bewegte Meer. Tief unter uns jagten sich mutwillig zarte Wolken. Das Städtchen selbst hat sich im Nacken des Gebirges eingekuschelt, während man die verschiedenen Festungen direkt über dem alten Tempel errichtet hat, der dadurch von der Erdoberfläche verschwunden ist. Der vorspringende Felsen, der wie ein steinerner Daumen herausragt, war der ideale Platz für ein Heiligtum. «Da alle alten Tempel als Fundament für unsere Kirchen gedient haben», sagte Deeds, «frage ich mich manchmal, ob da auch ein bißchen heidnischer Teufel in das Mauerwerk unserer christlichen Gebäude mit eingesickert ist. Mir würde es gefallen, wenn es so wäre, denn wir sind eine ziemlich sture, unkomische Gesellschaft. Doch ich glaube nicht, daß ich es wage, den Bischof danach zu fragen.»

Das Städtchen schlängelte sich bergauf und bergab durch sein kopfsteingepflastertes Straßennetz unterhalb des Festungsgartens. Die Architektur war wie überall in der Ägäis – Häuser, um einen mit bunten Steinchen ausgelegten Hof, in dem als Dekoration Cornedbeef-Dosen mit Basilikakraut und anderen wohlriechenden Pflanzen stehen. Es war genau wie in Samos oder Tinos. Wir wurden verschiedentlich herzlich aufgefordert, die Höfe zu besichtigen und die Häuser zu bewundern. Diese dunkeläugigen, lächelnden Menschen hätten gut Korfioten sein können. Die schmucken, kleinen Höfe begrenzten ihr Leben, und man hatte das Gefühl, wenn die Nacht sank und die Nebel vom Tal heraufstiegen, zögerten die Bewohner hier nicht, die Hoftüren abzuschließen. Nach Mitternacht konnte man sicher lange an einer Tür klopfen, ehe man Antwort bekam, denn die Welt hier war beides: traditionell und gleichzeitig voll von zeitgenössischen Trollen und Feen. Und dazu der drohende Felsvorsprung, wo der Tempel einst stand ... Was das Innere der Häuser betraf, glichen sie Vogelnestern, aber sie hatten alle die menschliche Wärme, die durch enges Zusammenleben entsteht, sie schufen Platz für Kinder, für Vieh, für alles, was wichtig ist im Leben – vor allem für die Heiligenbilder, die die bösen Geister fernhalten.

Roberto hatte einen persönlichen Auftrag zu erledigen, und wir empfanden es als Kompliment, daß er Deeds und mich bat, ihn zu begleiten. Er mußte die alte Großmutter eines Freundes aufsuchen und ihr seine Gratulationswünsche zum 86. Geburtstag und die von verschiedenen anderen übermitteln. Wir fanden das Haus ohne große Schwierigkeiten, und als sich das Portal für uns öffnete, sahen wir, daß eine ganze Anzahl anderer Menschen aus dem gleichen Grund da waren. Es war ein geräumiges Haus mit einem eigenen Hof; eine nicht sehr hohe Treppe führte zum oberen Zimmer und zu einer Veranda, wo die alte Dame in einem großen Bett lag – mit einem reichgeschnitzten Kopfbrett wie eine Galeone – und ihre Gäste empfing. Das Bett, sagte Deeds später, hätte ausgesehen, als könne man ohne weiteres ein Pferd davorspannen und dann schnurstracks mit ihm in den Himmel fahren, so üppig sei es ausgeschmückt gewesen mit Engeln und Heiligen, alle geschnitzt *con furioso*. Sie trug einen altmodischen Schal aus zarter, schwarzer Spitze mit einem weißen Fichu, und ihre langen, hexenartigen, weißen Hände mit den leicht gewölbten Nägeln lagen gespreizt auf der Decke, während ihre klugen, alten Augen die Glückwünsche ihrer Besucher mit Grazie und ohne Zeichen der Erschöpfung entgegennahmen. Der schöne Raum war mit wunderbar bemalten, anmutigen, sizilianischen Tontellern ausgeschmückt und mit Blumen in voller Blüte. Zwei kleine Kinder spielten mit einem Segelboot auf einer schön geschnitzten Truhe unter dem Fenster. Sie mußte eine sehr angesehene Persönlichkeit sein, denn unter den Besuchern befanden sich die Respektspersonen der Stadt, wie Roberto später erklärte – der Barbier, der Apotheker, der *podesta* und der *medico condotto*. Es ging alles sehr stilvoll zu, aber durchaus locker, Robertos Erscheinen war eine aufregende Überraschung, und seine Gegenwart gab Anlaß zu vielen Fragen und Antworten, die gute zwanzig Minuten dauerten. Sie stellte Fragen, die mehrere Generationen und mehrere Familien betrafen, und ich hatte den Eindruck, als ob sie keinen vergäße; sie ließ sich von allen genauestens berichten, denn konnte man wissen, ob sich ihr noch eine Gelegenheit dazu bieten würde? Das bäuerliche Gedächtnis und das bäuerliche Lebensgefühl sind zwei zähe, beharrliche Dinge – sie ziehen ihre Kraft aus dem Gefühl des korporativen Lebens, das von allen geteilt wird und zu dem alle einen Teil ihres Lebenssaftes beisteuern. Überdies glaube ich, daß die alte Dame fühlte, daß sie nicht mehr lange auf dieser Erde weilen würde, und daß sie daher aus allem das Bestmögliche herausholen wollte, wie zum Beispiel aus diesem überraschenden Besucher, der ihr den Klatsch aus allen Winkeln der Insel brachte.

Nach erfüllter Pflicht küßte Roberto die langen Patrizierfinger der alten Dame, und wir machten uns auf den Weg durch den Sonnenschein und die winkligen Straßen zurück zum Hauptplatz, wo der Rest der Gruppe gewiß schon unter Markisen saß, Postkarten schrieb und Limonade trank. Der Tag war strahlend und heiß – was für ein Kontrast zum gestrigen Abend mit seinen Nebeln und dem Gemurmel aus einer anderen Welt, einer anderen Lebensordnung! Nichts konnte alltäglicher sein als Erice bei Tag mit all den geschäftigen kleinen Läden, dem Postamt, der Bank und der Gendarmerie. Der winzige Hauptplatz lag auf einem Hang, der allerdings so abschüssig war, daß alles wegzugleiten und abwärts zu schliddern schien. Die schiefstehenden Tische waren ständig in Gefahr umzukippen und ebenso die Stühle; wenn man eine Postkarte schrieb oder sein Bier trank, merkte man, daß man allmählich abrutschte. Die Leute, die aus dem Café kamen, mußten scharf bremsen, damit sie nicht plötzlich herumpurzelten wie die Würfel.

Ein sehr fetter Polizist gab in dieser Eigenschaft auf Erices Piazza Nationale eine Art Kabarettnummer zum besten, indem er wider Willen und völlig hilflos hügelabwärts rollte und auf dem Schoß eines Freundes landete, der versuchte, in einem Winkel von 50 Grad Eiscreme zu essen. Wie es dem unglücklichen Café-Besitzer gelang, seine Tische und Stühle aufzustellen, war mir einfach ein Rätsel – sie sahen so aus, als müßte man sie im Boden verankern. Über dem Türbalken des Fleischers hing ein gehäutetes und trockenes Zicklein, mit einem Schild, auf dem ‹Castrato› stand und der Preis pro Pfund. Dieses beunruhigte Beddoes, der sagte: «Was für ein komisches Wort. Ich dachte, es bedeutet irgend etwas Furchtbares, das Monteverdi seinen Chorknaben antat, damit sie das hohe C treffen können.» Das Zicklein war so sauber halbiert, daß es fast aussah, als hinge dort eine Violine; der Rest des ausgelegten Fleisches sah ziemlich uninteressant aus. Natürlich ist Sizilien wie alle Mittelmeerinseln ein Lamm essendes Land.

Unser kurzer Besuch hatte doch einige Zeit in Anspruch genommen, und inzwischen hatten die anderen bereits die Kathedrale und die Johanneskirche besichtigt und auch den Stadtpark mit seinem gelben Ginster. Doch das wichtigste an der Stadt waren die restaurierten Türme und die alte Burg, die düster auf der ehemaligen heiligen Stätte steht, und, wenn der Nebel aus den Niederungen aufsteigt, wie mit Schweiß bedeckt wirkt. Von oben bietet sich dem Auge ein überwältigendes Panorama – das ganze Westsizilien liegt vor einem wie von einem Flugzeug aus gesehen! Roberto war durchaus bereit, uns seine Kenntnisse über die Aeneis zu vermitteln, in der die berühmte Fahrt entlang dieser Küste in allen poetischen Einzelheiten beschrieben ist – doch zu meiner Schande muß ich gestehen, daß ich das Epos nie gelesen habe, und ich bezweifle, ob einer von den anderen es kannte. Doch die wenigen Zeilen, die er aus dem Gedächtnis zitierte, klangen kraftvoll und musikalisch in der klaren, stillen Luft, und ich nahm mir vor, diese schwere Unterlassung nachzuholen, sobald ich einer Ausgabe im Originaltext mit Übersetzung habhaft würde. Wir waren abfahrtbereit. Aber als ich in den Bus stieg, kehrte plötzlich die Stimmung der vergangenen Nacht zurück – das Gefühl einer unwirklichen Atmosphäre, in der etwas Schicksalhaftes eingebettet war, verborgen lag, und nur darauf wartete, ans Licht zu kommen. Doch den Mienen meiner Mitreisenden nach zu urteilen, hatten sie keine ähnlich bedrückenden Gefühle, vermutlich war das Ganze nur eine Einbildung von mir. Was immer meine Besorgnisse auch gewesen sein mochten, sie wurden durch die erfrischende Geschwindigkeit unserer Abfahrt fortgefegt wie Spinngewebe, denn Mario war in besonders guter Laune und legte den kleinen Bus mit einer Könnerschaft in die Kurven, die bewundernswert war – womit ich sagen will, daß wir keine Sekunde lang Angst hatten, denn wir vertrauten seinen Fahrkünsten. Und das Land kurvte mit ihm auf dieser Drehscheibe von einer Straße, und wir schwangen hin und her wie in einer Wiege. An einer Stelle verminderte er das Tempo des fotografierenden, japanischen Mädchens wegen, und ich erblickte zwei gut hierher passende Adler, die bewegungslos mitten im Himmel hockten und auf die verschollenen Altäre von Erice hinunterstarrten.

SEGESTA

Als wir endlich wieder auf Meereshöhe herunter waren, kamen wir auf die direkte Straße nach Palermo, doch wir hofften, eine kurze Besichtigungspause in Segesta einlegen zu können – ein Tempel und eine Stadt, nicht minder wichtig als die anderen, denn in vorchristlicher Zeit hatte es ihr an politischen Intrigen und Kriegen nicht gemangelt, obwohl sie ein wenig landeinwärts liegt. Entlang der Küstenstraßen öffnen sich die Buchten in voller Bläue, und die lieblichen Kalksteintäler scheinen wie bespült vom Gelb des Weizens. Aber es war glühend heiß. Nach einer halben Stunde fühlten wir die volle Kraft der Sonnenstrahlen auf unserem Dach und waren dankbar für die Luftkühlanlage. Roberto bekam einen unerwarteten Nies-Anfall, die ersten Nieser kamen durch den Lautsprecher und ließen uns alle zusammenfahren. Doch er war gutgelaunt, und da es wenig zu erklären gab, beschloß er, uns ein paar sizilianische Volkslieder zu singen, was er mit erstaunlich reiner, voller Tenorstimme tat. Wir versuchten, ihn bei den Chorpartien zu unterstützen. Dann forderte er uns sehr höflich auf, ein Lied aus unserem Heimatland vorzutragen, wodurch wir alle sehr in Verlegenheit gerieten. Doch nach einigem Gekicher und Zureden ging Miss Lobb nach vorne und sang: *‹Foggy Foggy Dew›*, und wir alle klatschten herzlich Beifall. Überraschenderweise nahm als nächste das japanische Mädchen ihren Platz ein, allerdings nur, um *‹Parlez Moi d'Amour›* zu singen. Natürlich gab es eine Menge Enthaltungen auf Grund von Schüchternheit.

Deeds und ich hatten unsere Noten nicht mit dabei, der Bischof ebenfalls nicht. Aber Beddoes sang eine bemerkenswert diskrete Version von *‹Colonel Bogey›*, und wir alle stimmten freudig in den Refrain ein, obwohl der Soldat an meiner Seite vermied, mich anzusehen, zweifellos, weil er die zotige Version der 8. Armee noch gut im Gedächtnis hatte. Doch es war eine aufreizende Melodie, und sie war weltberühmt geworden durch den Erfolgsfilm ‹*Die Brücke am Kwai*›, so daß niemand sich als Außenseiter fühlte. Aber dieser Sänger-Wettbewerb hatte uns alle, wohl auch wegen der Hitze und des Staubs, ziemlich müde gemacht, und so war es uns nur zu angenehm, als wir, nach einer Zickzack-Fahrt durch weiche grüne Hügel, in das liebliche, fruchtbare Tal gelangten, wo der alte Tempel stand. Die Gesamtstimmung erinnerte mich diesmal nicht an Mykene, sondern an das anmutige, ruhige Olympia. Hier gab es keine seltsamen, atmosphärischen Strömungen und keine Kobolde, nur die außergewöhnliche Hitze und die stille Gediegenheit des alten Tempels, der dort mit fast der gleichen Selbstsicherheit wie ein kleinstädtisches Rathaus stand. Unter einem großen Baum gab es eine Taverne, wo wir wohl zu Mittag essen würden – dachte ich mir.

Die weichen Hügel waren dicht bewachsen mit Eichenlaub und Lorbeer und Rosmarin, und Grillen zirpten. Ein malerischer Ort mit edlen und romantischen Assoziationen, so daß Deeds, was er sonst nie tat, leise fluchte, und zwar über die Menschen, die eine Autostraße mitten durch eine solche Gegend gebaut hatten ... Sie haben eben nichts anderes im Kopf als das Gold der Touristen. Genau wie die Griechen von heute und die Italiener von gestern. Der einzige Trost ist, daß alles wieder verfallen, im Staub versinken wird – denn unsere Zivilisation scheint weit weniger solide zu sein als jene, die bereits versunken sind und uns diese Spuren ihrer verlorenen Größe hinterlassen haben. Aber nein, Deeds war nicht zu beruhigen. «Hier hat man zweifellos Gott verhöhnt», behauptete er, «obwohl Segesta, Gott sei Dank, verhältnismäßig abseits liegt und man daher selten auf Touristenmassen stößt. Man kann immerhin noch im Theater sitzen und vor sich hin dösen, was wenigstens etwas ist.» Er hatte recht; unser Bus war der einzige weit und breit, und zu meinem Erstaunen gingen wir uns gegenseitig nicht mehr auf die Nerven. Wenn wir auch keine Freunde geworden waren, so waren wir im gewissen Sinn Partner geworden und bereit, Nachsicht zu üben. Selbst die Freundin des Zahnarztes hatte sich mit Beddoes ausgesöhnt, der sie in einer Bar in Agrigent, als aus der Musiktruhe Jazz ertönte, schwungvoll im Tango gedreht hatte. Und der Zahnarzt war dem Mikroskopenkind zu Hilfe geeilt, als es vom übermäßigen Essen von Süßigkeiten sehr lästige Zahnschmerzen bekommen hatte. Und der Bischof hatte bei einer Rastpause sogar Karten gespielt.

Deeds hatte Kunststücke mit einer Schnur vorgeführt, von denen alle fasziniert und beeindruckt gewesen waren. Kurz gesagt, wir hatten uns aneinander gewöhnt.

Die Landschaft, der Tempel ... wie schwer, ja fast unmöglich ist es doch, den Charme einer Atmosphäre in einem Reiseprospekt oder Foto wiederzugeben. Man ist gezwungen zu verfälschen, und das Resultat ist immer eine falsche Hervorhebung. Diese Landschaft, auch ohne den Tempel, strahlte anziehende Ruhe und Wohlbehagen aus, so wie Äskulapium, wie Kos oder wie Epidaurus. Ich habe ein halbes Leben damit verbracht herauszufinden, woran das liegen mag, bin aber nur zu dem Schluß gekommen, daß es irgend etwas mit frischem Wasser und Grün im Zusammenhang mit Kalkstein zu tun hat. In der antiken Welt wählte man die Sanatorien nach ihrer Abgeschiedenheit und der Reinheit der Luft aus, das tun wir heute noch, aber wir neigen dazu, das Gebirge zu überschatzen, vermutlich weil jahrhundertelang die verbreitete menschliche Krankheit die Tuberkulose war, die heutzutage fast ganz verschwunden ist. Was Segesta betrifft, so hat man bislang nicht gefunden, was darauf hindeutet, daß es ein ‹spa› war, das einzige Anzeichen dafür könnten die schwefelhaltigen Quellen in der Nähe von Calatafimi sein. Aber natürlich ist auch hier nichts Genaues bekannt – alles ist Mutmaßung. Die Bewohner behaupteten, sie kämen aus Troja, obwohl manche sagen, es wären Italiener aus dem Norden. Doch der Stempel ihres Griechischseins ist unverkennbar. Ihre Münzen hatten eine griechische Inschrift, und ihre Architekten waren Athener im Geist und in der Auffassung. Man braucht nicht die gelehrten Abhandlungen in den Reiseführern zu lesen, um die Pracht dieses Tempels zu begreifen, der so gelassen in diesem Tal steht, weise wie ein Elefant, der die Welt auf seinem Rücken trägt. Was fehlte, war der Zusammenhang: Die verschwundene Stadt. Sie hätte allem die richtige Perspektive gegeben und das Gefühl von Fremdheit und Entfremdung vermindert, obwohl ich sagen muß, daß ich gerade das auf- und anregend fand. Doch die Wirkung von völliger Unerschütterlichkeit und Ruhe ging nicht nur von dem Tempel und dem Theater aus, sondern auch von der Umgebung. «Ich schlief hier einmal im Gras ohne Decke», sagte Deeds mit einer Handbewegung, «unter den Sternen, im Sommer – eine prachtvolle Zurschaustellung von Juwelen! Und so still.» Seine Handbewegung rief die Vorstellung von jemand in mir hervor, der unwillkürlich zu Boden sinkt, überwältigt und vollkommen schutzlos vor der Schönheit und Stille des Orts. Natürlich hatte er dies alles hier schon vor Jahren gesehen, daher sein Ärger. Er mußte meine Gedanken erraten haben, denn er sagte: «Vor zwanzig Jahren, glaube ich. Wir ritten auf Mauleseln und kamen aus der Richtung von Calatafimi. Der Tempel kam langsam auf uns zu – Tal um Tal, in kleinen Schlucken, sozusagen, er tauchte auf und verschwand und tauchte wieder auf, jedes Mal in einem anderen Blickwinkel, in einem anderen Licht. Zuerst war er winzig, wie ein kleiner Würfel, erleuchtet von der Sonne.

Und dann wuchs er. Und dann endlich standen wir vor ihm, die Zunge klebte uns am Gaumen, doch wir hatten das Gefühl einer moralischen Genugtuung, wie Menschen, die das Ziel einer mühseligen Pilgerfahrt erreicht haben. Es war damals noch nicht eingezäunt, und man konnte seinen Schlafsack auf jeden beliebigen Platz im Inneren ausbreiten. Keine Straße, verstehen Sie, keinerlei Zufahrt. Heute fährt man mit dem Bus direkt bis zum Fuß dieser Heiligtümer, und dadurch hat man nicht das Vergnügen der Anstrengung. Man vergewaltigt sie.»

Diese kleine Moralpredigt muß ein wenig vorwurfsvoll geklungen haben, denn alle – oder fast alle – beschlossen plötzlich auszusteigen, um sich genauer umzusehen, als wollten sie für ihr faules Banausentum Abbitte leisten. Moralisch gesehen war das sicher eine sehr ehrenwerte Geste, aber irgendwie auch unbedacht, denn die Hitze brannte unerbittlich auf den Felsen. Wir waren weit entfernt vom Meer, und das Tal sammelte die Sonnenstrahlen wie ein grünes Brennglas. Nichtsdestotrotz setzten wir uns in kleinen Gruppen in Marsch, ich mit Deeds und Roberto, nach kurzer Zeit gesellte sich uns der Graf hinzu, der ein guter Amateur-Botaniker war und wilde Blumen und Blätter sammelte, die er zwischen den Seiten seines Goethe preßte. «Wissen Sie», sagte er, «ich stehe unserer Einstellung zur Vergangenheit skeptisch gegenüber. Ich glaube nicht, daß wir auch nur den Schatten einer Ahnung davon haben, wie ein Grieche dachte. Verständnis und Sympathie verlangen eine gemeinsame Kultur. Wir sind so verschieden, daß es müßig ist, vorzugeben, wir könnten auch ihre Einstellung zu Leben und Tod nur von ferne begreifen. Ich glaube, wir heucheln die ganze Zeit, wir heucheln Ehrfurcht, und wir heucheln Verständnis. Nein, es ist alles verschwunden, für immer und ewig, es gibt keine Möglichkeit, eine so lange zurückliegende Vergangenheit durch Phantasie wieder zu beleben. Deprimiere ich Sie?»

Wir versicherten ihm mit Nachdruck, daß er uns nicht deprimiere, aber er hatte uns deprimiert. Ich spürte plötzlich die Müdigkeit der Reise stärker als zuvor – die Müdigkeit der *Eile*, die einem nicht Zeit ließ, genug aufzunehmen. Ein bunter Schmetterling saß auf einem Blatt. Und plötzlich fühlte ich nichts als schieren Haß für das Karussell.

Wir stapften weiter durch die Hitze, platzend vor Selbstgefälligkeit und guten Vorsätzen, und bemüht, dem griechischen Theater von Segesta gerecht zu werden, das zu den schönsten der Antike zählt. Da kam es zu einer Begegnung, so hybrisgeladen wie in einer griechischen Sage. Neben der Straße, hoch auf einem Felsbrocken saß ein gebrechliches, altes Paar, offensichtlich ein Mann mit seiner Frau, beide älter als der Felsen, auf dem sie sich niedergelassen hatten. Der Mann war in jeder Hinsicht von unvergleichbarer Vornehmheit – abgetragener, aber teurer, leichter Tweedanzug, Jagdhut, ein leichter Umhang, solider Spazierstock mit Goldknauf. Er sah aus wie ein alter Druide. Seine Frau war schön und silberhaarig und zart, eine passende Gefährtin für diesen gutaussehenden Mann, dessen weiße Haare für Alter und Gelassenheit sprachen, und dessen alte Augen für Kultur. Ein offener Picknickkorb stand zwischen ihnen, und sie las laut aus einem Buch vor – es klang wie Altgriechisch in erasmischer Aussprache.

Und dann kamen plötzlich wir keuchend und voll des guten Willens um die Ecke. Die lesende Stimme hielt inne, und das Paar starrte uns mitleidig-hochmütig entgegen. Prüfend, wäre das richtige Wort, mit einem langen, kühlen, prüfenden Blick, der uns zum Bewußtsein brachte, wie störend wir an diesem friedlichen, lieblichen Ort wirkten. Doch das war noch nicht alles. Als wir an ihnen vorbeigingen, hörten wir den alten Mann mit klarer leiser Stimme sagen – er wollte sicher nicht, daß wir ihn hörten – «Armes Touristen-Geschmeiß». Es traf uns wie eine Maschinengewehrsalve – die ganze Frontlinie geriet ins Wanken. Wir waren tief in unserer empfindsamen, korporativen Identität getroffen; man hatte uns gewogen und als zu leicht befunden. Jetzt konnten wir uns aus gebührender Distanz sehen und erkannten, was für ein schäbiges, schlampiges Gesindel wir waren, willkürlich zusammengewürfelt und anmaßend mit unserem kleinen roten Bus. Wir fühlten uns tief beschämt und vergingen fast vor Selbstmitleid. Und da saßen nun diese verdammten, britischen Aristokraten und rümpften voller Verachtung ihre langen, hochmütigen Adlernasen. Sie hatten die Dinge auf die richtige Art getan – vermutlich waren sie die letzten hundert Kilometer zu Fuß gegangen, hatten in den Bäumen geschlafen und gelegentlich Rast gemacht, um sich gegenseitig die passenden Stellen aus Theokritus oder Thukydes vorzulesen. Und nun saßen sie da und würdigten alles kunstverständig und auf angemessene Art, während wir schwitzender Pöbelhaufen durch die Gegend galoppierten und den Frieden störten ... Ich war wütend, wir alle waren wütend, wutschnaubend, wir schnaubten vor Wut. Schnaubten.

Geschmeiß!

Im Tempel täuschte ich tiefe Ergriffenheit vor, wie alle anderen auch, aber diese unerwartete Kritik hatte mich getroffen und mir die Fassung geraubt. «Wie töricht, sich von einer solchen Geringfügigkeit irritieren zu lassen.» (Das Theater hielt alles, was man uns versprochen hatte, und ich beschloß, eines Tages zurückzukommen und in dieser Gegend zu kampieren.) Doch obwohl der Schrotschuß des alten britischen Paares nur die englischsprechenden Teilnehmer verwundet hatte, machte sich ganz allgemein eine gewisse Spannung bemerkbar, die nur durch Reisemüdigkeit zu erklären war. Wir spürten das Verlangen, einige Tage am gleichen Ort zu verbringen, um alles wieder im richtigen Verhältnis zu sehen. Diese sehr notwendige Atempause würde uns vergönnt sein, sobald wir in Taormina ankämen. Doch bevor sich unsere Wege trennten, mußten wir noch Palermo hinter uns bringen und eine lange Küstenfahrt bis nach Messina. Aber als wolle man uns für unser mangelndes Durchstehvermögen tadeln, war die Fahrt, die uns durch wellige Täler und dornröschenartige Städte führte, die schönste, die wir bislang gehabt hatten. Der Himmel, hochgewölbt und blau und zart wie Taubeneier, verschwimmende Horizonte, wo das Meer sich an den Rand der Welt heftete wie ein Silbertropfen. Ich döste unruhig, während die Mikroskope sich über irgend etwas heftig stritten. Die Frau des Grafen fühlte sich offensichtlich sehr schlecht, und es war die Rede davon, ob sie nicht besser ein, zwei Nächte in Palermo bleiben sollten, um genug Kräfte für den Rest der Reise zu sammeln. Er hatte neben mir im Theater gesessen und mir etwas von seinen Sorgen anvertraut. «Seit wir unseren Sohn verloren haben, ist es meiner Frau nicht gelungen, wieder Interesse am Leben zu gewinnen. Sie hat angefangen zu rauchen und Beruhigungs- und Schlaftabletten zu nehmen. Sie hat ihre Gesundheit ruiniert und kommt nun von der Gewöhnung nicht mehr los. Ich habe diese Reise nur unternommen, weil ich hoffte, sie würde aus ihrer Lethargie erwachen und wieder gesund werden.»

Palazzi

Kühle Vegetation, alterslose Beamte,
Winter-Paläste an schlammigen Kanälen,
Eingefaßt von grünen Treibhausgärten, besternt
Von Zeit und all ihrer einsamen Flora,
Große staubige Pflanzen, ohne Herrin.
Kein Anruf aus den Weiten des stummen Teppichs,
Sarkophage von Empfangs-Räumen, die «Wer geht da?»
Stöhnen. Du magst das wohl selbst laut fragen.

Schließlich auf einem künstlichen See Vergessen.
Weder Furcht noch Freude erregend.

Der greise Diener zittert, wie er zeigt auf eine Greisin,
Den eine schlimme Parkinson den Körper vorwärtsschleudert,
Er krächzt «Questa la casa» und schweigen fällt herab
Vom Silber-Geläut der Uhren berührt,
Während, weich wie Graphit oder mauve-farbener Plum-Pudding,
Die jungen Hügel Städte der Toten rahmen: Palermo.

PALERMO

Palermo! Trotz des eleganten Äußeren einer farbigen Metropole riecht die Stadt förmlich nach Strapazen. Sie verkörperte all das, was uns in die Flucht getrieben hatte – nach Sizilien! Ja, für das körperliche Wohlbefinden war gesorgt: Das Hotel war groß und bequem, aber das Personal hatte gestreikt, und so waren die Betten ungemacht, die Mahlzeiten auf Selbstbedienungsbasis, und das Gepäck mußten wir eigenhändig in die Lifts stellen. Eine gewisse Gereiztheit war daher unvermeidbar, so daß der empfindsame Roberto wieder einmal das Gefühl hatte, alles sei seine Schuld. Wir kamen ziemlich spät abends an, und man bot uns Gelegenheit, einige Nachtbars wie Montebello Beach zu besuchen, was an sich keine schlechte Idee war, nur daß die Bars alle einen so starken Anstrich von Palm Beach oder Torquay hatten, daß sie uns aus diesem Grund nicht besonders entzückten. Die Beleuchtung im Hotel war reichlich willkürlich, und am frühen Abend fiel aus einem unerfindlichen Grund das Wasser aus. Es wurde uns offiziell versichert, daß es nicht vor dem folgenden Morgen repariert werden könnte. Man kann sich leicht vorstellen, daß all dies die gute Stimmung nicht erhöhte, und die Nörgler unter uns (den Franzosen gebührt der erste Preis für Egoismus und schlechte Laune in kritischen Momenten) ließen ihren Ärger an Roberto aus, der eigens für uns die Bar geöffnet hatte (es gab keinen Barmann), um die Gemüter zu besänftigen. Mario bot uns eine kurze Stadtrundfahrt an, aber er fand nur wenig Interessenten – besonders, als sich herausstellte, daß diese Extrafahrt einen kleinen Zuschlag kosten sollte. Das entrüstete Schnauben der Franzosen war kilometerweit zu hören. Was also tun?

Ich schlenderte ein wenig herum, aß etwas in einer Trattoria und ging anschließend zu Bett, mit einigen Taschenbüchern, die ich in einem Kiosk entdeckt hatte. Ich war überrascht, wie gut sich Sartre auf englisch liest und was für ein guter Romanschriftsteller er ist! Aber ich schlief schlecht und griff auf ein Schlafmittel zurück – womit ich ein mir selbst gegebenes Versprechen brach.

Unterdessen spielte Beddoes, der nie zu Bett zu gehen schien, das unvermeidliche Billard in der Bar, und Deeds trank einen gemachlichen Whisky und grübelte über die Kricketergebnisse in der letzten Ausgabe der *Times* nach, die er in einem Strandkiosk ergattert hatte. An diesem Abend war es Miss Lobb vorbehalten, eine unerwartete Reaktion auf die Umstände zu zeigen. Sie war den ganzen Tag über auffallend still gewesen, ja fast schläfrig. Doch nun – sie saß in einer dunklen Ecke der Bar, nicht weit von Deeds entfernt – fing sie an, langsam aber zielstrebig zu trinken – Gin und Soda, einen nach dem anderen. Ihre stille Konzentration weckte schließlich Deeds' Aufmerksamkeit, der staunend beobachtete, wie Miss Lobb mit jedem Glas betrunkener wurde. Er sah es mit Unruhe und Besorgnis, aber schließlich konnte sie über ihr Leben so frei verfügen wie über ihr Bankkonto. Was sollte er tun? Vielleicht hatte sie sich während ihrer langen Bar-Existenz einen kleinen, köstlichen Alkoholismus zugelegt, der den großen Unterschied zwischen Verzweiflung und verworrener Gleichgültigkeit ausmacht. Vielleicht auch gab es ein früheres Erlebnis, das sie schmerzte? Deeds empfand Sympathie und tiefes Mitleid mit Miss Lobb – wer nicht? Aber sie trank weiter.

Er setzte seine sorgfältige Analyse der psychologischen Schwächen der Hampshire-Elf fort. Ungefähr um elf Uhr blickte er hoch und bemerkte, daß Miss Lobb Tränen in den Augen hatte. Nicht daß sie schluchzte oder schniefte, nein, die Tränen quollen hervor wie aus einer unsichtbaren Fontäne in ihrem Inneren und rollten ihr über die Wangen. Deeds wurde verlegen und dann besorgt, als er sah, daß sie sich erhob und langsam durch die Halle auf den Hotelausgang zuschritt. Sie wollte doch nicht etwa in diesem Zustand auf die Straße gehen? Sie bewegte sich mit einer gewissen, langsamen Würde, einige würden sagen, mit dem authentischen Dubliner Gleitgang – ein wenig so, als stünde sie auf Rollen und würde von dunklen, inneren Kräften vorwärtsgetrieben. Es war eine heikle Situation für einen donquichottischen Engländer, denn angenommen, das Mädchen war auf der Suche nach einem Abenteuer – wie konnte er sich da einmischen? Andererseits, wenn sie in Schwierigkeiten käme ... Ein verstörter Deeds schob sich die *Times* in die Tasche und folgte der Dame taktvoll in angemessener Distanz, wobei er versuchte, ihre Aufmerksamkeit möglichst nicht auf sich zu lenken. Es war ein wenig so, als folge er einer Schlafwandlerin. Und er war sich seiner prekären Lage voll bewußt – immerhin kannte er sie nur flüchtig. Sie war eine Mitreisende, mehr nicht. Andererseits konnte er den Gedanken nicht ertragen, daß ihr aus einem dummen Zufall etwas zustieß und sie in eine Situation geriete, in der sie Hilfe brauchte. Er folgte ihr.

Miss Lobb ging geistesabwesend die Küstenstraße entlang, anscheinend hatte sie beschlossen, sich vom Seewind wieder ernüchtern zu lassen, doch Deeds schien es, wenn er ihr Gesicht flüchtig zu sehen bekam, als flössen ihre Tränen noch immer. Sie bog in eine Nebenstraße ein und ging die Seiten eines Rechtecks entlang und kam an der Seeseite wieder heraus, die um diese Zeit noch nicht vollkommen ausgestorben war. Einige nicht sehr vertrauenerweckend aussehende Jünglinge lungerten herum, und Miss Lobb schien sich dieser Tatsache plötzlich bewußt zu werden, denn sie machte abrupt kehrt, als wolle sie ins Hotel zurück – und da sah sie sich Deeds gegenüber. Sie lächelte ihn an und sagte: «Oh, ich bin so froh, Ihnen zu begegnen.» Was Deeds' Zweifel über die Schicklichkeit der Situation sofort beseitigte. Ihre Züge entspannten sich, und sie setzte sich mit dem Ausdruck schläfriger Hingabe auf eine Bank. Nach kurzem Zögern nahm er neben ihr Platz und schob seinen Arm unter ihren, eine Geste, die sie anscheinend als angenehm empfand. «Heute ist der Todestag meiner Mutter», erklärte sie und trocknete ihre Tränen mit einem Taschentuch. «Es nimmt mich immer sehr mit, und dann bekomme ich Migräne.» Sie war weinerlich und deprimiert, aber nicht betrunken, und Deeds, nach einigen angemessenen Trostworten, die ehrlich gemeint waren – und in denen seine Erleichterung zum Ausdruck kam, daß sie ihre fünf Sinne beisammen hatte – schlug die für solche Fälle und Stimmung einzig richtige Therapie vor. «Ein Spaziergang wird Ihnen guttun», sagte er, erleichtert, daß er eine so einfache Lösung parat hatte. Und so gingen sie spazieren.

Dies alles berichtete er mir natürlich erst am folgenden Morgen bei einem späten Frühstück, und ich beneidete ihn um das Erlebnis. Sie waren die halbe Nacht unterwegs gewesen – und in einem Märchenland. Die Seeseite hatte mehr oder minder dichtgemacht und war fast menschenleer, doch als sie sich dem Zentrum der Stadt näherten, traten sie aus der Dunkelheit heraus. Überall leuchteten und blitzten Lichter auf, und es herrschte ein höllischer Trubel. Doch dann wurde ihnen klar, daß sie in die Vorbereitungen zu einem großen Fest hereingeplatzt waren – dem Namenstag der Schutzpatronin Palermos, der Heiligen Rosalia. Die Hälfte der Bewohner der großen Stadt war noch wach und auf den Beinen, denn abgesehen von den zahlreichen Handwerkern, die mit dem Anbringen der Dekorationen beschäftigt waren, drängten sich in den Straßen staunende Zuschauer und neugierige Kinder. Die Menschen schlenderten auf diesem improvisierten Jahrmarkt umher und sahen zu, wie bunte Markisen aufgestellt und die elektrischen Beleuchtungen installiert und ausprobiert wurden und wie die Feuerräder und andere Feuerwerke auf ihre Antriebsräder montiert wurden. Und dann kamen die dreistöckigen Rollwagen, langhalsig wie Giraffen, die normalerweise dazu benutzt wurden, die städtischen Glühbirnen auszuwechseln, jetzt aber endlose Rollen von farbigen Bändern über die Straßen spannten. Kinder badeten in den Fontänen, ermuntert durch die blendende Lichtfülle und die allgemeine Erregtheit. In einem der Stadtviertel war plötzlich ein ganzer Blumengarten aus dem Nichts entstanden und wurde alle paar Minuten mit Schläuchen begossen. Er strömte den Geruch von feuchter Erde aus – geradezu überirdisch. Kein Wunder, daß in den Hotels das Badewasser knapp war. Aber auch Tiere wurden auf Lastwagen in die Stadt gebracht und neben den Marktständen und Buden abgeladen: Tauben, Enten, Wachteln und krankhaft empfindliche Kaninchen. Miss Lobb glaubte sich im Paradies und war bekümmert, daß sie zu dieser späten Stunde kein Kaninchen kaufen konnte oder einen Topf Basilikum. Die Wirkung des Alkohols war sichtbar im Abflauen und würde spätestens bei ihrer Rückkehr im Hotel gänzlich verflogen sein. Deeds fügte seiner Therapie noch etwas Kultur hinzu und erzählte ihr die Geschichte der heiligen Rosalia.

Leichten Schritts und freundschaftlich untergehakt, schlossen sie sich den Gruppen neugieriger Flanierer an, die die Hauptstraße ex tempore in einen mitternächtlichen Corso verwandelt hatten. Die Menge wogte und schlingerte, flutete vor und zurück wie Seetangbüschel in einer Grotte. Es war einfach wundervoll, und die Geschichte Rosalias gab dem ganzen Treiben ringsum eine Art folkloristischen Anstrich. Deeds, der seinen eigenen Kindern oft Geschichten erzählte und daher in dieser Kunst geübt war, hatte keine Schwierigkeiten, Miss Lobbs liebevolles Interesse für die fünfzehnjährige Nichte Wilhelms des Guten zu erwecken, die von einer so tiefen Frömmigkeit überwältigt worden war, daß sie von der Erdoberfläche verschwand – und, wie manche sagen, von Engeln direkt in den Himmel getragen wurde. In Wirklichkeit zog sie sich als Einsiedlerin in eine Grotte des Monte Pellegrino zurück, wo sie ein langes Leben in Anonymität verbrachte. Und dort starb sie auch, ohne jemanden wissen zu lassen, was sie vollbracht hatte. Das war im Jahre 1159 gewesen. Sie geriet in Vergessenheit, keiner sprach mehr von ihr, ihre Spuren verloren sich. Doch 1624, als die Stadt in die furchtbaren Klauen der Pest geriet, wurde ein heiliger Mann durch einen Traum auf sie aufmerksam. Er träumte ihr Leben und sah deutlich in einer Vision ihre Gebeine vor sich, die in der Berggrotte begraben lagen. Er konnte die Stelle genau bezeichnen. Er gab der zuständigen Behörde zu verstehen, daß die Pest möglicherweise abklänge, wenn die Reliquien, die mittlerweile eine große, magische Heilkraft erworben hätten, in einem Triumphzug um die Stadtmauern getragen würden.

Dies wurde vorschriftsmäßig ausgeführt, und die heilige Rosalia rettete die Stadt und wurde ihre Schutzpatronin. Die Reliquien der kleinen Heiligen wurden in einen silbernen Schrein gelegt, der in der Kathedrale verwahrt ist. Ihr jährliches Fest (am 15. Juli) gibt Anlaß zu mehrtägigen Lustbarkeiten, Geschenken, verschwenderisch großartigen Feuerwerken und Gottesdiensten. Und Deeds und Miss Lobb hatten das Glück, der Generalprobe dieses Ereignisses beizuwohnen. Sie waren so hingerissen von dem, was sich ihren Augen bot, daß sie erst nach Stunden ins Hotel zurückkehrten. Miss Lobb war währenddessen wieder völlig nüchtern geworden und ging mit einem Ausdruck verzückter Dankbarkeit zu Bett. Deeds fühlte sich geehrt, wenn auch ein wenig erschöpft, was er sogar offen zugab. Und noch während er von seinem romantischen Nachtausflug mit Miss Lobb berichtete, machte sich die heilige Rosalia, sozusagen in Person, an unserem sonnenbeschienenen Frühstückstisch bemerkbar. Überall in der Stadt hob plötzlich ein furchtbares Geknatter an, und diejenigen, die nicht Bescheid wußten, hatten – verständlicherweise – Angst. Ich dachte, die Streikenden hätten das Hotel in die Luft gesprengt. Der Bischof, der im Schwimmbad war, bekam fast einen Herzanfall – einen Augenblick lang dachte er, die Katholiken griffen an. Doch nachdem sich der Rauch verzogen hatte, eilte lächelnd Roberto herbei und erklärte uns den Lärm. Und plötzlich merkten wir, daß alles wieder in Ordnung war – Stress und

Müdigkeit waren überwunden. Wir waren wieder Freunde und voll von überschwenglicher Freude. Eine neue Stimmung war aufgekommen, obwohl es eigentlich keinen Grund dafür gab, es sei denn, über Nacht hätte sich der Wind gedreht oder die Frömmigkeit der kleinen Rosalia übe eine so beruhigende Wirkung auf uns aus.

Die gute Laune war wie das Badewasser plötzlich wieder da, und das Frühstück im hellen Sonnenschein Palermos war fast ein Festmahl. Das heißt, natürlich erst nachdem das kriegerische Geknatter eine friedliche Erklärung gefunden hatte. An diesem Morgen jedoch sollten wir unsere Aufmerksamkeit seriöseren, kulturellen Dingen zuwenden als der Prozession, die sich bereits jetzt in den Straßen der Hauptstadt zu formieren begann. Wir wollten das archäologische Museum besuchen, um die bildhauerischen Schätze zu betrachten, die die unseligen Archäologen sorgfältig aus Selinunte fortgeschafft hatten. Es war ärgerlich, sie im Geist an ihren Ursprungsort zurückversetzen zu müssen, um sie gebührend würdigen zu können – es erinnerte mich an meine Jugend, als ich im British Museum um die «Elgin Marbles» herumschlenderte und den verzweifelten Versuch unternahm, sie mit Hilfe von Fotografien auf die Akropolis zurückzuversetzen, die ich damals noch nicht gesehen hatte. Natürlich gelang es mir nicht. Der Kontext ist alles. Abgesehen davon waren diese Skulpturen keine selbständigen Kunstwerke, sondern nur dekorative Zutaten an einem Bauwerk.

Nichtsdestoweniger enthält die Sala de Selinunte wirkliche Schätze, wie das weltberühmte Paar Zeus und Hera an ihrem Hochzeitstag und Herakles, der eine Amazone erwürgt; sie weckten Erinnerungen an menschenleere Dünen, die oberhalb eines einsamen, blauen Meeres im Sonnenlicht dahinschmelzen. Auch gab es noch andere sehenswerte Dinge aus Himera und Agrigent – was nicht weiter verwunderlich ist, denn dieses Museum ist das größte Museum für die griechische Antike außerhalb des griechischen Mutterlands. Doch irgend etwas stimmte nicht – eine kaum merkbare Ton- oder Rhythmusverschiebung – gleich einem Sandkorn in einer Thermosflasche. Irgendwie kamen diese aus dem Zusammenhang gerissenen Kunstwerke nicht voll zur Geltung, wie schön auch immer sie sein mochten. Aber erst als Deeds es aussprach, begriff ich warum: natürlich die heilige Rosalia! Das Folgende war geschehen: Wir hatten die griechische, römische Welt, das historische Sizilien des Altertums hinter uns gelassen und ein neues Sizilien betreten – das arabische, normannische, spanische Sizilien mit seinen eigenen Vorstellungen von irdischer Schönheit. Die Ankunft der heiligen Rosalia war zeitlich sehr passend gewesen (zusammen mit ihrem Onkel Wilhelm dem Guten). Sie versinnbildlichte diese plötzliche Gewichts- wie Akzentverlagerung – und das war die Lehre, die Palermo uns erteilte. Wir waren nun in der Neuzeit, und die Wirkung des griechischen Geistes war abgeschwächt, verdünnt, fast fortgespült von den Wogen späterer, aber gleichermaßen lebendiger Kulturen. Und das war der Grund, warum diese erlesenen griechischen Reliquien an Wirkung und Gewicht verloren hatten. Rein verstandesmäßig begriff man, daß man sie sich unbedingt ansehen mußte, denn sogar als Fragmente waren viele von ihnen prachtvoll. Ich weiß nicht, ob die anderen in unserer Gruppe auch das seltsame Gefühl hatten, daß man ihnen irgendwie das Geburtsrecht genommen hatte, als man sie in diesem geräumigen und ausgezeichnet beleuchteten Museum aufstellte. Doch alles in allem verbrachten wir in diesen kühlen Gängen voller Skulpturen eine angenehme Stunde, und keiner konnte behaupten, er sei nicht um eine Erfahrung reicher geworden.

Auch war der kurze Gang zu unserem Bus, der auf einer kleinen, nicht weit entfernten Piazza auf uns wartete, durchaus angenehm. Natürlich war mir klar, daß wir nicht den zehnten Teil der in Palermo vorhandenen Schätze sehen würden, denn wir sollten schon am frühen Nachmittag nach Messina weiterfahren. Und dennoch, als ich im stillen Schatten der Kathedrale in Monreale stand und darauf wartete, bis ich an der Reihe war, durch ihre hehren Portale zu schreiten, wußte ich, was wir Palermo verdankten: es war, als hätten wir eine Seite in einem Geschichtsbuch, in der Chronik Siziliens, umgeblättert und seien in eine Epoche gefallen, die das ungewöhnlichste Nebeneinander aller erdenklichen Stile reflektiert. Dieses reine Palermo-Sizilianisch ist etwas ganz Außergewöhnliches, eine atemberaubend schöne Verbindung von strengen, hochragenden normannischen Formen mit schwungvollen, verschnörkelten byzantinischen und maurischen Verzierungen, eine brillante Synkopierung des feierlichen Leitmotivs. Es war meine erste Erfahrung mit dem sizilianisch-maurischen Barock – ich glaube, es gibt keine allgemein anerkannte Bezeichnung für diese sonderbare Gaudi-arabische Gotik, doch das Ergebnis ist von einer großartigen Naivität und Verspieltheit. Die zentrale, religiöse Feierlichkeit des Ursprungs ist verkindlicht – naiv und rührend wie die kindliche

Vorstellung des Gartens Eden. Die meisten Bauwerke dieser Art entstanden in der Zeit der normannischen Herrschaft. Die Kathedrale in Monreale wurde von Wilhelm dem Guten errichtet, in ihrem Inneren befinden sich die Sarkophage anderer Wilhelms – guter, böser oder schlicht gleichgültiger, aber kein Sarkophag für Rosalia, die uns als erste den Hinweis auf die große Wandlung gegeben hatte.

Eine ganze Stadt ist um die Kathedrale gewachsen und bezieht ihr Leben von diesem großen, freigebigen Bauwerk – eines der Wunder der heutigen Christenheit. Der marmorne Lettner, die glitzernden Mosaike und die prächtigen byzantinisch-maurischen Verzierungen geben einem das Gefühl, das Ganze schillere farbenfroh wie das Innere eines Granatapfels. Doch so angeregt und entzückt man über diese Stilneuheit war, man fragte sich unwillkürlich, wer hier Gottesdienste abhielt – oder betrachteten alle Konfessionen die Kathedrale als ihre eigene Gottesstätte? «Sie haben nicht ganz unrecht», sagte Deeds, der ein Buch über dieses Thema gelesen hatte. «Die Geistlichen nehmen an, daß der Stil aus einem politischen Zufall entstand. Die Normannen wollten einen allumfassenden Stil kreieren, aus politischen Gründen; sie wollten einen eigenständigen, sizilianischen Stil, um eine Andersartigkeit der Insel zu betonen – ihre politische Einzigartigkeit. Bei den vielen Rassen und Religionen war es notwendig, etwas Vereinheitlichendes anzustreben. Vielleicht verhält es sich so. Ich persönlich glaube, es war viel einfacher – man wollte die hier ansässigen Künstler beschäftigen, den Einheimischen Arbeit verschaffen, um sie bei der Stange zu halten. Dem Bauwerk lag überhaupt kein Plan zugrunde, und es war ein reiner Glücksfall, daß die Verschmelzung so prächtig gelang, sie ist genial, aber rein zufällig. Die Arbeit hielt die Leute in Schach, und die Kritiker verstummten. Diese blutrünstigen, nördlichen Eroberer waren zuweilen verhältnismäßig friedfertig, sie sehnten sich nach einem friedlichen Leben. Warum also nicht die grollenden Einheimischen besänftigen und die lokalen Bedürfnisse befriedigen? Es sei denn, Sie ziehen es vor, im alten Wilhelm ein architektonisches Genie zu sehen, der das Ganze nach genauen Angaben erbauen ließ. Ich persönlich glaube es nicht.»

Wir ließen die Sache auf sich beruhen, da ich unbedingt einige Augenblicke durch die kühlen, wasser-rauschenden Kolonnaden schlendern wollte, die von der einen Seite des Hauptgebäudes abgehen.

Deeds verließ mich, um ein paar Postkarten zu kaufen und an Hand der Abbildungen seine Bemerkungen über die Cefalu-Kathedrale zu erläutern.

Ja, es war eine neue Welt, mit einem anderen Welt-Stil und einer anderen Einstellung. Die verschiedenen Stilelemente dieses normannisch-orientalischen Gebildes hatten kein Recht, sich so harmonisch zu vermischen und einem Etwas Gestalt zu geben, das so frech-überschwenglich war, ohne preziös zu wirken. Schließlich, wenn man an die relative Feierlichkeit und Statik der beiden verschiedenen Stile denkt – die normannische Architektur, die sich wie ein würdevoller Bär in den Himmel reckt, und die orientalische Vorliebe für Intaglio, für Marketerie, für die verschlungenen Formen der arabischen Schrift – nein, das hätte eigentlich nicht so großartig gelingen können. Daß daraus etwas so einzigartig Sizilianisches entstanden war! Man denkt unwillkürlich an einen Ort, wo die Verschmelzung nicht gelang – an Zypern, wo die Türken die Türme der mittelalterlichen Kathedralen entfernten, um sie durch Minaretts zu ersetzen; und dann natürlich an die Bilder, die man von der Akropolis gesehen hat, die in eine Moschee verwandelt wurde ... Aber hier ist das Ganze ein triumphaler Erfolg – man wünschte, etwas ähnlich Schöpferisches wäre auch auf politischer Ebene nach all den langen, blutigen Kreuzzügen zustande gekommen. Ich ging gemächlich zu dem großen Portal zurück und sah mich nach meinem Freund um. Er war eifrig mit Postkartenaussuchen beschäftigt, in einem typischen Touristenbazar, der auf dem kleinen Platz vor der Kathedrale entstanden war. Was für Berge von Kitsch der arme Tourist doch gezwungen ist zu kaufen, weil ihm für sein Andenkengeld nichts Besseres geboten wird. Oder schätzt man unseren Geschmack etwa richtig ein? Fast scheint es so. Oft frage ich mich, was wohl im alten Griechenland das Entsprechende war – sagen wir zur Zeit von Pausanias. Verkäufer von magischen Kräutern, Schlangenöl (in Zyprus noch heute verbreitet gegen Skorpionstiche), Zaubersprüche ...? «Nichts verändert sich», sagte Deeds behäbig, als ich ihm die Idee vortrug. «Bei jeder griechischen oder italienischen Kathedrale ist es das gleiche. Zuvörderst war sie ein Pilgerziel, man kam von weit her, man kaufte sich eine Kerze, man hinterließ ein Dankesgeschenk oder ein *ex voto*. Und dann, zur Feier des Tages, kaufte man eine Medaille oder einen Anhänger, um den Freunden zu beweisen, daß man die Reise tatsächlich unternommen hat – man war in Mekka gewesen.»

«Und das gab einem das Recht, sich Hadji-Deeds oder Hadji-Durrell zu nennen?»

«Genau, und Sie durften einen grünen Turban tragen.»

«Das wäre einfacher, als all diesen Kitsch hier zu kaufen.»

Ein gelbäugiger Mann, ein Zigeuner, lehnte gegen eine Mauer und schlug monoton auf eine Maultrommel; die dumpfen Klänge übertönten das Geschwätz und den Tumult des Markts. Seine Frau bewegte sich durch die Menge und bot an, die Zukunft vorauszusagen. Mario ließ seinen Bus mit der Langsamkeit von Öl durch die Menge sickern, um ihn direkt vor dem Eingang zu parken. Und plötzlich wurde mir klar, daß es Irrsinn war, Palermo zu verlassen und so vieles nicht gesehen zu haben – ganz zu schweigen von der Möglichkeit, Zeuge einer Karnevalsnacht zu werden. Doch unser Programm war von anderen Menschen, an anderen Orten festgesetzt worden, und ein Teil meines Ichs sagte mir, daß ich bei meinen Mitreisenden bleiben sollte. Und überhaupt, bald war alles vorbei – die Karussellfahrt endete in Messina –, von wo aus man uns für die «zusätzliche freie Woche» in verschiedenen Hotels Taorminas verteilen würde. Nichtsdestoweniger ... «Es scheint mir verrückt, nicht länger zu bleiben», sagte ich, und Deeds gab mir recht, fügte aber hinzu: «Sie können ja in Ihrer freien Woche zurückkommen. Mieten Sie sich einen kleinen Wagen. Dies hier war nur eine erste Erkundung.» Es war die richtige Art, die Angelegenheit zu betrachten. Ich hatte das Gefühl, daß das einzigartige Erlebnis dieser kraftvollen, originellen Architektur der eigentliche Schlüssel zu diesem Teil Siziliens war. Ich hatte die Sprache ihrer zuletzt gekommenen Eroberer erfaßt. Überdies hatte ich mir ein genügend großes Stück normannisch-orientalischer Ästhetik einverleibt, um eine Weile davon zu zehren; ein kurzer Besuch der Cefalu-Kathedrale würde natürlich nützlich sein – es war auch für den Spätnachmittag geplant. Wir nahmen wieder unsere Sitze ein und fuhren durch lange Schneisen in Richtung Innenstadt, von wo aus die Straße wieder auswärts an einem öden Küstenstreifen entlang auf Cefalu zuführte.

Mario hatte das Tempo beschleunigt, da wir ein wenig zuviel von der uns zugemessenen Zeit im Museum vertrödelt hatten. Er fuhr sogar auf die Autobahn, um den Zeitverlust ein wenig aufzuholen, aber nur für eine kurze Strecke, danach rollten wir eine ziemlich trostlose Küstenstraße entlang mit monotonen schwarzen Klippen, voll von Stranddisteln. Unsere Mittagstische waren auf einer angenehm kühlen Terrasse aufgestellt, mit einem wunderbaren Ausblick; der schmale Strand hingegen war enttäuschend – felsig und voller Kiesel. Nichtsdestoweniger riskierten einige unserer mutigeren Mitreisenden ein kurzes Bad vor der Mahlzeit, angeführt von Roberto in einer teuren roten Badehose. Er brannte offensichtlich darauf, ein Leben zu retten, aber niemand bot ihm Gelegenheit dazu. Das Essen war uninteressant, aber durch die schöne Umgebung wirkte es fast luxuriös. Die Deutschen hielten Händchen auf eine unmißverständliche Weise, und Beddoes zog zum allgemeinen Erstaunen ein Strickzeug aus der Tasche und machte sich daran, ein neues Hackenstück in seine Socke einzusetzen. Die Freundin des Zahnarztes war darüber so amüsiert, daß sie ihm anbot, das Loch für ihn zu stopfen, ein Angebot, das dankbar angenommen wurde. Roberto, verletzt durch die unübersehbare Intimität der beiden Deutschen, spielte mit Messer und Gabel und wurde mal rot, mal blaß.

Trotz des herrlichen Sonnenscheins hatte der Tag etwas Hitze-Schweres, und man dachte unwillkürlich an Erdbeben – kein abwegiger Gedanke nebenbei, da wir uns Messina näherten. Normalerweise verbrachten die Karussell-Reisenden die letzte Woche gemeinsam in einem Hotel in Taormina, wobei es ihnen überlassen blieb, ob sie an den geplanten Ausflügen teilnahmen oder nicht; doch dieses Jahr hatten verschiedene Streiks alles erschwert, und die europäischen Buchungen waren zu einem Problem geworden. Das war auch der Grund für dieses Ad-hoc-Arrangement in Taormina, wo man uns getrennt in verschiedenen Hotels untergebracht hatte. Ich war erstaunt, daß sich Deeds' anfänglich geäußerte Bemerkung, es würde mir noch leid tun, mich von meinen Mitreisenden zu trennen, als richtig erwies. Ich fühlte tatsächlich ein gewisses Bedauern, aber auch eine gewisse Erleichterung – denn es wäre unmöglich gewesen, diese Art des Reisens auf längere Zeit auszudehnen, ohne ihrer überdrüssig zu werden, ja, sie direkt zu hassen. Wären die Entfernungen größer, die Beanspruchungen intensiver gewesen, wären wir jetzt wohl alle Feinde statt fürs Leben Freunde.

Vom Meer her kam Wind auf und zerrte auf der Küstenstraße an unseren Reifen wie ein junger Hund, was Marios Aufgabe erschwerte, da er gern die Geschwindigkeit erhöht hätte. Das Meer schwoll an. Roberto entschuldigte sich über das Mikrofon für die schändliche Art, mit der wir Cefalu behandeln müßten. «Sie werden sich beklagen und sagen, es sei ein Skandal, im Eiltempo durch die

Kathedrale zu hetzen. Aber bitte, versuchen Sie, Verständnis für uns aufzubringen. Denn was würden Sie von der Reiseagentur denken, wenn wir sagen würden, wir müßten die Kathedrale auslassen, weil wir nicht genug Zeit für sie haben – was ja leider wirklich der Fall ist.» Es war bewundernswert, wie er mit den (englischen) Zeitformen umging, und es zeigte mir, daß er an dieser Stelle immer gezwungen war, diese Erklärung abzugeben; seine kleine Rede war also oft geprobt. Und es dauerte nicht lange, bis uns eine scharfe Kurve auf eine bewaldete Hügelkuppe führte, von wo aus wir die charakteristische Silhouette von Cefalu jenseits der blauen Bucht sehen konnten. Es erinnerte mich stark an das Paleccastrizza-Vorgebirge auf Korfu: Ein großer Wal, der sich in der Bläue wärmt – ein mythologischer Wiederkäuer von einem Fisch, der mit geschlossenen Augen von einem verlorengegangenen ozeanischen Garten Eden träumt. Das Städtchen drängte sich um die Kathedrale. Das Ganze war beeindruckend, und Roberto hatte vollkommen recht – es war kein Platz, den man mit touristischer Respektlosigkeit behandeln durfte. Andrerseits, war es geschickt von ihm gewesen, die Zeitknappheit zur Sprache zu bringen? Den Mikroskopen, zum Beispiel, wäre die Hast überhaupt nicht als ungehörig aufgefallen, während die kleine Rede sie auf die Idee bringen könnte, ihr Geld zurückzuverlangen. Der Bischof dagegen fühlte die volle kulturelle Wucht des Ganzen, denn er ließ sein Kinn auf die Brust sinken und rief damit den Eindruck innerer Erregung hervor – brodelnd wie heiße Milch.

Wir fuhren vorsichtig im Schrittempo durch dieses höchst stimmungsvolle Städtchen, denn die Straßen waren voll von Urlaubern in verschiedenen Abstufungen des Unbekleidetseins. Mario hatte uns mittlerweile davon überzeugt, daß er den Bus auch durch ein Nadelöhr lavieren könnte, hätte er es gewollt. Doch Cefalu war eine ziemliche Nervenprobe mit seinen engen, belebten mittelalterlichen Straßen. Und die Kathedrale lag am Ende eines kurvenreichen Systems von Einbahnstraßen, das den verkehrstechnischen Gegebenheiten des kleinen Kurortes nicht zu entsprechen schien – zehn Fahrräder, hatte man das Gefühl, könnten hier leicht den Verkehr einen ganzen Tag lang lahmlegen. Doch glücklicherweise hatten die Fußgänger von dem Städtchen Besitz ergriffen, so daß die Fahrzeuge sich nach ihnen richten mußten, und dadurch war alles sehr harmonisch und gemütlich – bei dieser Geschwindigkeit konnte man sich hinauslehnen und ein Eis kaufen, wie es die französischen Damen taten, oder einen Packen scheußlicher Postkarten, wie der alte Graf es tat, oder ein Amulett gegen den bösen Blick, wie Roberto es tat. Er überreichte es Beddoes, um ihn vor Unheil zu bewahren. Wir erwarben dadurch gewissermaßen das Vertrauen der Bevölkerung von Cefalu, und wir selbst fühlten uns sogleich heimisch. Doch wegen der blödsinnigen Einbahnstraße mußten wir die letzten hundert Meter zu Fuß gehen, ein angenehmes Martyrium, denn der Platz, auf dem die Kirche steht, ist sehr anziehend.

Und wiederum hatten wir die Kirche mehr oder weniger für uns allein. Miss Lobb nahm die Gelegenheit wahr, ein kurzes, herzstärkendes Gebet an ihren Schöpfer zu richten – oder betete sie für Beddoes Tod, wie Deeds ein wenig boshaft behauptete? Nein! Nicht Miss Lobb, dic Stimmungsmacherin Londons. Deeds, der die Kathedrale gut kannte, beschloß, die Zeit im luftigen Vorbau zu verbringen, während wir im schattigen Inneren des Gebäudes herumwanderten. Er war nicht gewillt, seine Pfeife auszumachen, die an dem Tag besonders gut zog. Eine der französischen Damen hatte besonders schöne Zähne und war sich dieser Tatsache voll bewußt, denn sie zeigte sie häufig, indem sie breit lächelte. Es war fast schon eine automatische Bewegung, und es war interessant zu beobachten, daß sie auch leblose Gegenstände mit diesem munteren, warmherzigen Lächeln des Wiedererkennens begrüßte, ja sogar die Heiligen auf den Fresken. Aber Roberto hatte recht mit Cefalu – die Kirche von Rogers II. war zu wichtig, um sie auszulassen. Sie war ein wunderbares Beispiel für diesen normannisch-orientalischen Barock, den uns die Insel in seiner Einzigartigkeit offenbart hatte. Der Bau der Kathedrale wurde 1131 in Angriff genommen, aber erst über ein Jahrhundert später fertiggestellt, so daß das Gebäude mehr als einen Zyklus historischer Wechsel reflektiert in bezug auf Gestaltung und Material. Aber Wilhelm hatte gelobt, eine Kathedrale an dieser Stelle zu errichten, nachdem er fast am Vorgebirge Schiffbruch erlitten hatte. Es war in jener Epoche die übliche Art, seine Dankbarkeit zu zeigen, und wir sind diejenigen, die davon profitieren.

Die halbe Stunde verging schnell, und wir verließen die engen Straßen Cefalus und erreichten eine gewundene Küstenstraße, die von Vorgebirge zu Vorgebirge, vorbei an Himera mit seinem dorischen Tempel nach Messina führte – unserem vorletzten Anlaufhafen. Morgen würde Mario uns über ganz Taormina verteilen, und dann würde jeder für sich sein sizilianisches Abenteuer fortsetzen. Allein!

Es dämmerte, als wir in Messina ankamen – der Sonnenuntergang ist der ideale Zeitpunkt, die zauberhaften Ausblicke über den Hafen – Sujet zahlloser viktorianischer Aquarelle – in Augenschein zu nehmen. Doch das Erdbeben, das Messina zerstörte, rumort, historisch gesehen, immer noch – es war ein schwarzer Tag, der im historischen Kalender des modernen Siziliens für alle Zukunft vermerkt ist – schrecklich und grausam, ein krasser Gegensatz zu der lieblich idyllischen Landschaft dieses Teils Siziliens. Die Worte haben eine Dichte, ein Echo, wie das Datum vom Fall Konstantinopels. Wir betrachteten einige der berühmteren Sehenswürdigkeiten der Stadt – die ganze Insel scheint eine einzige, ungewöhnliche Aussichtsterrasse zu sein – und stiegen dann in eher gedämpfter Stimmung vor dem Hotel aus. Am nächsten Tag war als einzige kulturelle Unternehmung eine kurze Besichtigung der Kathedrale vorgesehen. Heute abend konnten wir entweder mit Roberto durch die Stadt bummeln oder zu Abend essen und früh zu Bett gehen. Doch anscheinend hatte niemand Lust auszugehen, statt dessen trafen wir uns alle völlig zufällig und unvorhergesehen in der Bar, wo wir in Anbetracht unserer morgigen Trennung Visitenkarten und Adressen austauschten. Jemand spendierte der Runde einen Drink zu Ehren der Verlobung der Deutschen, und dieser wurde auch freudig getrunken. Es war ein wenig traurig.

Ich ging auf einen Bummel durch die Straßen, um ein paar Einkäufe zu machen und möglichst viele Eindrücke von dieser relativ neuen und teilweise noch unfertigen Stadt zu sammeln – man hatte sie nach dem Kataklysmus mühselig wieder aufgebaut. Ich fand, sie hatte eine sehr angenehme Atmosphäre, vermutlich war sie von allen sizilianischen Städten diejenige, in der es sich am besten leben ließ. Bei dem Versuch, das zu analysieren, wurde mir klar, daß es wieder einmal eine Frage der Proportion ist. Seit dem Erdbeben hatte man die Häuser auf zwei, höchstens drei Stockwerke begrenzt, so daß die Stadt die gleiche – anziehende – Geräumigkeit aufwies wie zum Beispiel Athen Plaka unterhalb der Akropolis oder Santa Barbara in Kalifornien. In dem Moment, wo die Architektur den Menschen erdrückt, wo sie die naturgegebenen Maßstäbe des Menschen mißachtet, hemmt sie den Verstand, dämpft die Lebensgeister. Messina war ein geglückter Beweis für die Einstellung, daß die Architektur im direkten Bezug zum Menschen stehen sollte – ja, sie war geradezu vorbildlich dafür. Diese Eindrücke wurden übrigens am folgenden Tag noch bestärkt durch die überwältigende Schönheit der Kathedrale.

Im Hotel wurden unsere Personalien von zwei mißtrauisch blikkenden «Carabinieri» überprüft, sehr zum Ärger Robertos, der dies als eine Verunglimpfung des guten Rufs seiner Reiseagentur empfand. Meinten sie etwa, er würde busweise Verbrecher durch Sizilien fahren? Ich entging der Überprüfung.

Italien ist, wie bekannt, in die Klauen einer Inflation geraten, die um vieles schlimmer ist als alles, was wir auf diesem Gebiet je in Frankreich erlebt haben, aber es gab einen unerwarteten Aspekt dieses Dilemmas: plötzlich verschwand in einer Stadt alles Kleingeld. Und das war in Messina gerade passiert. Nichts unter einer Tausend-Lira-Note schien zu existieren, und so waren die Käufer, um den normalen Geschäftsgang aufrechtzuerhalten, gezwungen, Sachwerte, sozusagen als Wechselgeld, anzunehmen. Ich, zum Beispiel, mußte, um mir ein dringend benötigtes Zahnpulver, Aspirin und Kleenex zu kaufen, als «Wechselgeld» ein Paar Strumpfhosen, eine elastische Bandage und eine Nagelschere annehmen. Diese Art von Handel ging in jedem Laden vor sich, mit dem Resultat, daß alle Menschen wie Weihnachtsbäume überladen waren mit Zeugs, das sie nicht brauchten. Ich bekam sogar als Teil des Wechselgeldes in einem Tabakladen eine Telefonmünze. Sie entsprach dem Wert eines Ortsgesprächs. Und natürlich waren wir gezwungen, diese seltsamen Tauschgeschäfte auch privat fortzusetzen – ich gab dem Hauptportier als Trinkgeld besagte Telefonmünze und ein unerbetenes Tampax, das versehentlich in meine Drogistentüte geraten war. Das Ganze war irgendwie kindisch und chaotisch. Doch das Hotelpersonal schien sich daran gewöhnt zu haben, dieses seltsame Sammelsurium von Gegenständen statt Trinkgeld anzunehmen. Auch man selbst gewöhnte sich schließlich daran, daß man wegging, um sich eine Orange zu kaufen und mit einer Traube und einem Pfund Feigen zusätzlich zurückkehrte. Innerhalb zweier Tage hatten wir Dutzende solcher unerwünschten Dinge angesammelt.

Der Abend war ein wenig trübselig, wir wußten nicht recht, was wir mit uns anfangen sollten und hatten das Gefühl, daß in dieser Situation eine kleine Rede Robertos angebracht wäre, oder eine kleine Abschiedsfeier. Doch Schüchternheit und Mangel an Organisation hielt uns in dieser Stimmung gefangen, bis es zu spät war.

Messina war nachts ein stiller und ruhiger Ort, doch wir schliefen schlecht, trübe Gedanken an das bevorstehende Ende der Reise bedrückten uns. Sogar das Frühstück verlief ungewöhnlich schweigsam. Wir packten und verluden unser Gepäck automatisch wie erfahrene Touristen – was wir ja allmählich auch waren. Im hellen Sonnenschein fuhren wir los, um kurz die Kathedrale, zu besichtigen, bevor wir die lange Küstenstraße nach Taormina nahmen. Und hier bot sich mir ein faszinierender, ästhetischer Anblick, auf den ich nicht gefaßt gewesen war. Ich wußte, daß die Kathedrale, wie die ganze Stadt, stark unter dem berühmten Erdbeben gelitten hatte und danach wieder zusammengestückelt worden war. Doch ich hatte wenig Hoffnung, daß sich diese erzwungene Restauration des gewaltigen Gebäudes als erfolgreich erweisen würde. Aber sie ist phantastisch erfolgreich: schlicht und ohne Prätentionen ausgeführt, mit der natürlichen Spontaneität eines Zen-Aquarells. Alles, was stehengeblieben war, ist in die neue Konstruktion einbezogen worden, die ihrerseits erdbebensichere Verstärkungen erhalten hat. Das Ergebnis ist großartig, der enorme Bau gehört zu den eindrucksvollsten und prächtigsten der ganzen Insel. Und man ist ergriffen von der fast zufälligen Einfalt, mit der dies alles erreicht wurde. Deeds, gerührt über meine Begeisterung, war, wie er sagte, froh, daß ich sein Lob nicht übertrieben fand.

Dann fuhren wir im hellen Sonnenlicht die Küste entlang in Richtung Taormina. Auf dem letzten Vorgebirge ließ Roberto anhalten, und wir machten einige Farbfotos der Karussellgruppe, die ich, wie ich wußte, nie zu sehen bekommen würde. Sie würden irgendwo in Fotoalben landen und mit jedem Jahr mehr verblassen.

Bald darauf erreichten wir Taormina, und die melancholische Prozedur des Verteilens begann: die französischen Damen, der Graf und seine Frau wurden auf der Straße nach Naxos abgesetzt, die Japaner verschwanden, Beddoes wurde einer Familienpension zugewiesen, die wie das Hauptquartier der «Schwarzen Hand» aussah. Es war wie die Verlustliste eines Bataillons, die Männer fielen aus, einer nach dem anderen. «Auf bald!» – «Auf Wiedersehen!» – «Hoffentlich trifft man sich wieder!» – «Rufen Sie mich in London an!» – «Wenn Sie nach Genf kommen, lassen Sie es mich wissen!» Mario war vor Kummer mißmutig, und Roberto war anscheinend auch ein wenig gereizt. Wir sortierten unsere Gepäckstücke aus und schüttelten Hände. Deeds verschwand mit seinen Koffern in einem Orangenhain, mit dem Versprechen, daß wir uns irgendwo auf der Insel für einen Drink treffen würden. Er hatte noch ein paar weitere

Besichtigungen vor. Das präadamsche Paar schritt mit wortloser Ekstase durch das Sonnenlicht. Ich war der letzte – je höher wir stiegen, desto mehr schrumpfte unsere Zahl zusammen. Meine kleine Pension lag im Zentrum Taorminas – die Stadt besteht aus Schichten wie ein Hochzeitskuchen. Doch endlich war auch ich an der Reihe. Ich umarmte Mario und Roberto und dankte ihnen für ihre Freundlichkeit und Geduld. Und der Dank war ehrlich gemeint. Sie hatten sich redlich um uns bemüht.

Taormina

Wir drei Männer sitzen den ganzen Abend
In dem Rosengarten, trinken und warten,
Daß der Mond unsre Rosen schwarz werden läßt,
Der über den Himmel kriecht. Von Zeit zu Zeit
Erwähnen wir unsren abwesenden Freund.
Manche Schachfiguren sind umgefallen,
Doch auch die sterben, die nur sitzen und warten,
Auf den neuen Mond vorm offenen Gartentor.

Was können wir an weiteren Reisen Freunden wünschen,
Um ihre Abwesenheit in unserem Gedächtnis aufzuheben –
Einer folgte den fliegenden Fischen noch hinter die
Entlegensten Amerikas, einer starb im Kampf, einer
Lebt in Persien und schrieb nie wieder.
Luna liebte sie alle, je nach ihren Neigungen.
Nun sind sie Staub, der in der Erinnerung von jemandem
An einen anderen stets wach auf einen Anruf wartet.
Genau so werden wir Dich erinnern.

Der Rauch von Pfeifen steigt auf in reiner Zufriedenheit,
die Rosen recken ihre Nacken und da
Gleitet Luna endlich dahin, um unseren
Liebevollen Wünschen Form und Fiktion zu leihen.
Die Legionen der Schweigenden sind alle anwesend.

TAORMINA

Taormina am Fuß des Stier-Berges – ich bin so froh, daß ich meinem Instinkt gefolgt bin und mir die Stadt bis zuletzt aufgehoben habe. Sie ist eine Summierung alles Vorangegangenen, von all den Reisen und Eindrücken, die diese außergewöhnliche Insel zu bieten hat. Wie eine Närrin raste ich mit Loftus in einem alten Rennwagen bei Vollmond die Straße hinauf, aber irgend etwas brachte mir dieses Sakrileg zu Bewußtsein, und am nächsten Tag ging ich demütig zu Fuß in den unteren Stadtteil, wo ich eine Sühnekerze in dem kleinen, christlichen Schrein des heiligen Barnabas (so heißt er doch?) stiftete und mich wieder auf den Rückweg machte. Der gewundene Weg war zweifellos in fernen Zeiten ein Pilgerpfad gewesen, den man Schritt für Schritt, Krümmung für Krümmung erklimmen mußte, aber sicher war er früher markiert durch Statuen, blühende Büsche und kleine Schreine für die Darbringung der ersten Früchte. Jedoch – kaum kommst Du oben an, keuchend und atemlos, weitet sich um Dich ein Panorama in Breite und Tiefe – Gebirge, Meer und Vulkan verweben sich im Dunst zu einem Vorhang – einer Theaterkulisse.

Soweit Martine. Im Garten der Villa Rosalie, in der man mich untergebracht hatte, spielten zwei weißhaarige Männer Schach inmitten blütenschwerer Büsche, die eher in die Gartenanlagen eines Kurorts wie Nizza zu gehören schienen als in die wilde Landschaft Siziliens. Ich war sozusagen nach Europa zurückgekehrt. Ich stellte mein Gepäck ab und ging die Hauptstraße entlang, überrascht über die Schönheiten, die sie bot. Das Ganze war so vollkommen, daß es fast Unwillen hervorrief, daß man fast argwöhnte, alles sei unecht – aber nein, es beraubte einen nur der Sprache. Der ganze Ort strömte Wohlbehagen und Freundlichkeit aus. Und überdies noch Kultur.

Bei meiner Rückkehr fand ich im Hotelfach, gewissermaßen als Bestätigung meiner Eindrücke, eine kleine Visitenkarte von Loftus vor, auf die er mit seiner zarten, altmodischen Filigranschrift, die er sich angewöhnt hatte, um altgriechisch zu schreiben, einen Willkommensgruß gekritzelt und seine Telefonnummer notiert hatte. Doch an diesem Abend wollte ich lieber allein sein – mein Alleinsein genießen und betrauern. Es war ein seltsames, neues Gefühl, nicht weit entfernt von Müdigkeit. Doch der sinkende Sonnenuntergang, den man, sozusagen, aus seinem Glas Campari trank, konnte sich durchaus mit denjenigen in Griechenland oder Italien messen. Und der Ätna am Horizont trug das Seine dazu bei. «Wie abgestumpft man auch sein mag, oder auch wie gut vorbereitet auf die atmosphärische Prachtentfaltung dieser kleinen Stadt, ihre Frische ist zeitlos, sie steigt in einem auf wie Lebenssaft, sie betört und bezaubert das Auge, das voller Verwunderung die Klippen, Wolken, Gebirge und die blaue Küstenlinie in sich aufnimmt. Hier könnte man in einem Liegestuhl sitzen und über das griechische Feingefühl und die römische Voraussicht nachdenken – sie vermählten sich an diesem Ort, aber warum schlug die Ehe am Ende fehl? Warum ging sie in die Brüche?»

Weil alles in die Brüche geht, vermutlich. Und nun, nach so langer Zeit, komme ich mit meiner abschiednehmenden Bewunderung, ich, Bewohner einer Kultur, die wie viele vor ihr auseinanderfällt, die zum Sinken, zum Untergehen verurteilt ist, vielleicht sogar noch rapider ... Wie köstlich, beim Abendessen ein Buch zu lesen. Ich hatte mir den pedantischen, aber liebenswerten Beamten Pliny ausgewählt, seine Seiten erzählen einem alles Wissens- und Lobenswerte über Rom.

Und wie angenehm auch, die Hauptstraße entlangzubummeln – als ginge man auf einer Zeppelinbrücke. Wie verblüffend still die Luft in dieser großen Höhe ist. Darin bestand vermutlich die ursprüngliche Anziehungskraft Taorminas, wobei man natürlich sogleich an Orte wie Villefranche und Cassis denkt (so wie sie vor hundert Jahren ausgesehen haben müssen), und natürlich auch an Capri und Paleocastrizza. Der Unterschied liegt nicht nur in der Vielfalt und Weitschweifigkeit der klassischen Bauwerke – nein, die ganze Stadt hier ist im Mittelhimmel verankert, 350 Meter über dem Meeresspiegel, und hier oben ist die Luft noch rein und still. Die weißen Vorhänge in meinem Hotelzimmer atmeten weich aus und ein, wie die Lungen des Universums.

Es gab Cafés, die so vorzüglich waren wie diejenigen in Rom oder Venedig, und natürlich schlenderten auch hier die Touristenhorden die lange Hauptstraße auf und ab. Ihre Dichte kam einem nach der sechsten oder siebten Kehrtwendung nur zu deutlich zum Bewußtsein.

In den schmalen Seitenstraßen gab es unverkennbare Winkel des echten Italiens – und damit meine ich das bäuerliche Italien mit seinen fest verwurzelten Werten und seiner Reinheit des Herzens. Zur Dämmerstunde am folgenden Tag ging ich zu der Villa, die Lawrence drei Jahre lang bewohnt hat. Sie war bescheiden und entsprach vollkommen den Gedichten, die er hier schrieb, hier in dem hohen, reinen Turm des Schweigens – in Taormina bei Nacht. Doch an der ersten Straßenbiegung entdeckte ich eine zerfallene Trattoria mit einem schmutzigen Stoffetzen vor der Tür, um die Fliegen abzuhalten. Auf der Straße unter einem welkenden Baum stand ein wackliger Tisch und ein Stuhl. Mehr nicht. Ein blecherner Tisch, von Pokken zerlöchert, oder vielleicht von der Schrotladung eines Jägers. Ein Kräuterbündel hing am Türsturz. Und hier servierte mir die Wirtin mit schielenden Augen und behaarten, gebräunten Armen einen herben Rotwein. Sie war wie Demeter persönlich. Sie unterhielt sich ungezwungen und kenntnisreich über die Weine der Insel mit mir. Ihr Wein stamme aus der Ätna-Gegend, er sei ein vulkanischer Wein und schmecke nach Eisen, aber zumindest wäre er nicht süßlich. Ich kaufte eine große Korbflasche für Loftus, für den Fall, daß ich mich entschließen sollte, seine Einladung anzunehmen. Wenn ich zögerte, dann aus schwer erklärlichen Gründen: Ich wollte meine Karussellerlebnisse erst verblassen lassen, bevor ich mich auf etwas Neues einstellte. Denn ich wußte, ein Zusammentreffen mit Loftus und seiner hiesigen Umgebung würde mich nach Capri in die zwanziger Jahre zurückversetzen: In die Welt von Norman Douglas – in eine Welt, die ich liebte, obwohl – oder gerade weil – sie ein wenig preziös war. Ein Teil Martines gehörte natürlich auch in diese Welt, doch das, was uns persönlich verband, hatte nichts mit diesem Aspekt unserer Islomanie zu tun. Capri war schon längst hinter dem Horizont verschwunden, als Zyprus Wirklichkeit wurde. Dennoch – sie hatte Douglas ebenso geliebt wie ich, *und* Compton Mackenzie, und die schweigende, leere Villa von Lawrence hoch auf dem Hügel barg für sie ebenfalls Erinnerungen an diese zukunftslose Periode, wo *‹Twilight in Italy›* ebenso geschätzt wurde wie *‹Southwind›*.

Taormina war so klein, daß zufällige Begegnungen mit meinen ehemaligen Reisegefährten unvermeidbar waren. Ich sah die Mikroskope ein- oder zweimal aus der Ferne, und der amerikanische Zahnarzt winkte mir aus dem ‹April-Café› zu, als ich vorbeiging. Ich sah auch den Bischof – er hatte sich in «Positur geworfen», um ein bestimmtes, architektonisches Detail in Augenschein zu nehmen, während seine Gattin auf einem Stein saß und sich mit ihrem Strohhut Luft zufächelte. Aber das war alles. Kein Zeichen von Deeds. Am dritten Tag dieses köstlichen Alleinseins in meiner kleinen Pension, wo niemand mich kannte, ging ich in einen Buchladen und kaufte mir einen Führer durch die Insel in der Absicht, die mir verbleibenden Tage darauf zu verwenden, die Lücken in meiner Bildung zu füllen. Ich konnte die Insel nicht verlassen, ohne einmal den Ätna bestiegen oder auf der «Aussichtsterrasse Siziliens» in Enna gestanden zu haben. Und Tyndaris – und so weiter. Ich hatte vor, mir ein Auto zu mieten, um die Reise in einem eleganten, meiner Vergangenheit mehr angemessenen Stil zu beschließen, ohne mich um Züge oder Busse scheren zu müssen. Es würde interessant sein zu hören, was Loftus darüber dachte.

Ich rief ihn an und war amüsiert und erfreut, den für ihn charakteristischen, schleppenden Tonfall wiederzuerkennen, das leichte, rollende «r», das seiner Rede so etwas Unverwechselbares gab. Er besäße einen kleinen Wagen, den er mir leihen könne. Das klang sehr vielversprechend. Und so nahm ich seine Einladung an, am folgenden Abend in seiner Villa mit ihm zu essen. In gewisser Weise war es beruhigend, daß Loftus der gleiche geblieben war: Er hatte sich eine große, diplomatische Karriere entgehen lassen, weil er unverfroren mit seinem Chauffeur zusammenlebte, einem ehemaligen Gefängnisinsassen, und danach, als hätte dies nicht genügt, gelangte er zu einer traurigen Berühmtheit, indem er auf französisch einen Roman mit dem Titel *‹Le Baiser›* schrieb, der einen *succès de scandale* hatte. Irgend jemand im Auswärtigen Amt muß gewußt haben, daß das Wort «baiser» nicht nur «Kuß» bedeutet (obwohl es schwer ist, sich vorzustellen, wer), und Loftus wurde gebeten, sich von der guten Gesellschaft abzusondern: Dies tat er bereitwilligst – er besaß ein großes Privatvermögen – und zog sich nach Taormina zurück, wo er Rosen züchtete und klassische Autoren übersetzte. Er war einer der brillantesten Gelehrten seiner Zeit, trotz seines unverbesserlichen Dilettantismus. Über Sizilien wußte er alles, was des Wissens wert war. Doch natürlich wurde er allmählich älter – so wie wir alle –, und es kam nur noch selten vor, daß er die Villa Ariadne verließ, übrigens ein hinreißendes, altes Haus, das auf einem Vorgebirge über dem Meer stand und ganz mit Rosen bewachsen war. Auch er war eine Reliquie aus der Capri-Epoche, ein silber-jähriger Mann.

Ich erkannte den Chauffeur-Liebhaber nach dieser langen Zeit kaum wieder. Er war jetzt dick und behaart und hatte spindeldürre Unterschenkel. Er schnaufte vor Vergnügen wie eine Bulldogge bei meinem Anblick und half mir mit übertriebener, aber herzlich gemeinter Förmlichkeit beim Einsteigen. Ich war froh, daß er mich abgeholt hatte, als ich die steil abfallende Straße sah, die vom Berg zur Küste führte, an der die Villa lag. Das heißt, es war mehr ein Labyrinth von Straßen, und zuweilen mußten wir Autobahnen überqueren. Aber endlich erreichten wir den kuhlen Garten voll von Oliven und Oleander und dem Geruch von Wasser, das in staubige Fontänen plätscherte – das Haus war von Römern gebaut worden, die seit jeher das Wasser liebten. Und dann sah ich Loftus meiner harren, zerbrechlich und elegant wie immer, nur ein wenig mehr ergraut.

Terrassen führten hinab zum Meer, auf einem weißen Tischtuch brannten Kerzen, breite Chaiselongues mit fleckigen Kretonneüberzügen waren unter Olivenbäumen aufgestellt. Viktor, der Papagei, hatte sich bereits zur Ruhe begeben, sein Käfig war mit einem grünen Flanelltuch bedeckt. Der Geruch türkischen Tabaks. «Mein Lieber», sagte Loftus, «ich kann nicht aufstehen und Sie gebührend empfangen, ich hatte einen kleinen Skiunfall.» Seine Krücken lagen neben ihm. Die Unterhaltung war in Ton und Tendenz unverändert, was ermutigend war, denn ich wußte nun, daß das immer so bleiben würde und war froh darüber. Sie gehörte einer vergangenen Epoche an, sie lief parallel mit der Sprache des achtzehnten Jahrhunderts, deren Künstler (wie Stendhal?) entdeckt hatten, wie man Gesellschaftsklatsch auf ein künstlerisches Niveau hebt. Auch Loftus' Banalitäten hatten den Vorzug der Eleganz – obwohl er an diesem Tage nicht viel zu erzählen hatte. Verschiedene Film-Nabobs aus Beverly Hills waren angekommen und wieder abgefahren. Ebenfalls Cramp, der Verleger aus London. Es gab zwei amüsante örtliche Skandale, die zu einer Messerstecherei führen könnten. «Das alles zu Ihrer Information, mein Lieber, Sie sind jetzt in Taormina, einer Stadt mit einem eigenen Ethos und Sittenkodex. Sie ist sehr degeneriert, verglichen mit dem restlichen Sizilien, das eher prüde ist.»

Diese leichthin geplauderte, fast träge Art der Unterhaltung führte ihn immer mehr in die Nähe der letzten Tage Martines. Sie hatten sich oft gesehen, zuweilen war sie mit ihren Kindern und einem Picknickkorb gekommen und hatte den ganzen Tag auf seinem kleinen Strand mit Lesen und Schreiben verbracht. Nie wäre sie glücklicher gewesen als während dieses letzten Sommers, hatte sie gesagt. Sie hatte liebevoll von mir gesprochen, ja, hatte mich sogar ein- oder zweimal versucht anzurufen, um mich um Rat zu fragen für ein Buch über Sizilien, das sie schreiben wollte. Vermutlich hatte es sich um die Kurzfassung Siziliens für ihre Kinder gehandelt – ja, stimmte mir Loftus zu. «Doch sie gab den Plan auf und sagte, sie würde Sie dazu bringen, das Buch zu schreiben. Sie fand, daß man hier in Sizilien kein Gefühl für Zeit habe. Ihre Kinder gehörten einer historischen Epoche an, in der Caesar, Pompeius und Timoleon ohne Übergang durch Feldmarschall Kesselring und die Hermann-Göring-Division ersetzt würden – die von den Iren übel zugerichtet wurde.» Er lächelte. «Es ist schwierig zu wissen, wie man mit dieser Art Mittelmeer-Amnesie hätte umgehen sollen. Alles scheint gleichzeitig zu passieren.» Aus demselben Grunde wie Loftus schien auch Martine immer anwesend – das Dazwischenkommen des Todes schien irgendwie unwirklich, irrig. «Sie nahm alles gelassen, heiter, gleichmütig hin. Ihr Mann war ebenfalls fabelhaft, er machte es ihr leicht. Auch war sie nicht groß belastet mit schwerem intellektuellen Rüstzeug, zum Beispiel mit theologischen Bedenken. Sie war keine gläubige Christin, nicht wahr?» Soweit ich wußte, glaubte sie an nichts, obwohl sie die äußeren Formen wahrte, um andere Menschen nicht zu verletzen – es war ein Teil ihres Gesellschaftskodex. Was Loftus eigentlich hatte sagen wollen, war, daß sie eine Mittelmeerbewohnerin war, und damit meinte er: eine Heidin. Sie gehörte mehr zu der Astarte-Aphrodite von Erice als zu der heiligen Maria von Rom. Aber ich ging nicht näher darauf ein, es war nicht unsere Angelegenheit.

Auf jeden Fall war es ihr gelungen, die Frage, die ich ihr in der Latomia in Syrakus gestellt hatte, zufriedenstellend zu beantworten. Das Wort «ja» war genau dort, wohin ich sie gebeten hatte, es zu setzen. Und was die Frage betraf, so lautete sie ungefähr folgendermaßen: «Erinnerst du dich, wie eifrig wir die Pali-Texte studiert und diskutiert haben? Und an die vielen Ratschläge, die du von deinem indischen Prinzen erhalten hast? Hast du, bevor du starbst, diesen Zustand erreicht – wie kurz auch immer –, den die Texte uns versprachen, und der zweifellos höchst unzulänglich auf Englisch mit den Worten ‹Form ohne Identität› beschrieben war?» Etwas langatmig, aber es ist schwierig, so abstrakte Ideen auszudrücken. Doch es war ein beglückender Gedanke, daß sie diesen kostbaren Augenblick vielleicht erlebt hatte – diese reine Erkenntnis, die sich mir bislang entzog –, die ich zwar intuitiv begreifen, aber nicht herbeiführen konnte: Gedichte sind ein unzureichender Ersatz dafür.

Loftus sagte: «Nach dem Essen muß ich Ihnen die Bandaufnahme einer Abendgesellschaft, die wir hier hatten, vorspielen. Sie wollte mir einige Fragen über Theokrit und Pindar stellen, und dann vergaß sie, das Tonband mitzunehmen. Ich fand es viele Monate später. Es ist angenehm, wieder ihre Stimme zu hören.»

Ja, das war es, und der szenische Hintergrund war ebenfalls angenehm: der warme Olivenhain, der zum Meer hin abfiel. Das Klirren der Teller und das kurze Aufklingen eines Lachens, oder das Stimmengewirr von Menschen, die alle gleichzeitig sprechen. Martines schnelles Italienisch. Zu irgendeinem Zeitpunkt sagte sie, sie hätte ihre Rechtsanwälte angewiesen, sie eine ganze Nacht lang auf dem Strand von Naxos, ganz in der Nähe des Meeres, aufzubahren, so daß sie wie eine Muschel das Seufzen der See in sich aufnehmen und mitnehmen könne, wohin immer sie ginge. «Ich weiß nicht, ob man sie tatsächlich aufgebahrt hat», sagte Loftus, «doch die Idee schien mir sehr typisch für sie, und ich träumte mehrere Nächte von einer Martine, ganz in Weiß gekleidet, die in einem schönen Sarg, gleich einem Rolls-Royce, auf dem Strand lag, fast in Reichweite der Wellen, unter den Sternen.»

Es war spät, als der Chauffeur mich wieder in Taormina absetzte, doch trotz der vorgeschrittenen Stunde waren einige Cafés noch offen, und ich war so angeregt von dem Abend, daß ich ihn noch ein wenig fortsetzen, gemächlich ein Glas trinken wollte, bevor ich mich mit meinem Plinius hinlegte. Ich hatte, sozusagen, den Kontakt zu Martine wiederhergestellt. Es war beruhigend zu spüren, daß sie in einem gewissen Sinn noch immer hier war, noch immer lebendig in der Erinnerung ihrer Freunde. Ich hatte Loftus versprochen, am folgenden Morgen wiederzukommen, um mit ihm zu Mittag zu essen, zu baden und eine Reiseroute festzulegen für meine letzten Tage in Sizilien. Er übernahm es, den kleinen Morris für meine Fahrt überholen zu lassen, auf die er, hätte er sich nicht das Fußgelenk verstaucht, gern mitgekommen wäre. Ehrlich gesagt, war ich nicht traurig darüber, denn obwohl er ein guter Gesellschafter war, hatte ich noch immer das Gefühl, auf einer Art Pilgerfahrt zu sein, und ich wollte die Tage bis zu meiner Rückkehr nach Frankreich allein verbringen.

Ich saß lange Zeit vor meinem Glas, sog die kühle aromatische, mitternächtliche Luft ein und lauschte den vereinzelten Stimmen, die auf der dunklen Straße zu hören waren. Das schlafende Taormina war so still wie ein Saatkrähennest. Nur zuweilen rührte sich etwas, hier und da ein Laut – als hätte ein Traum den gemeinschaftlichen Schlaf gestört. Und dann versank alles wieder in Schweigen. Mein Kellner schien im Stehen zu schlafen. Ich muß wirklich austrinken, dachte ich, schon seinetwegen. Und dennoch verweilte ich, aber meine Gedanken, soweit sie Martine betrafen, waren verhältnismäßig unsentimental, frei von jener Nostalgie, die einen meist befällt, sobald die geheimnisvolle Gestalt des Todes an die Bühnenrampe tritt. Das kleine Kichern, mit dem meine Freundin alles Schlampige oder Rührselige, jede stilistische Nachlässigkeit oder Geschmacklosigkeit verspottete, war mir noch deutlich in Erinnerung. Ehrlich gesagt, wagte ich kaum, um das Mädchen zu trauern, so sehr fürchtete ich mich in der Erinnerung vor ihrem Kichern. Für sie hatte selbst der Tod seine Logik, Strenge und Unvermeidbarkeit. So war es. Und man mußte es akzeptieren. Mit Anstand, Humor und Verständnis.

Sogar Loftus, ‹homo beatus›, wie er sich selbst zu nennen pflegte (im Garten in einem Liegestuhl sitzend und durch ein altes Messingfernrohr aufs Meer blickend) – sogar er konnte von ihr nicht ohne ein verschwörerisches Lächeln sprechen. «Wissen Sie», sagte er während des Essens, als die Bandaufnahme mit ihrer Stimme lief, «die Engländer können einen in vieler Hinsicht enttäuschen, aber was Freundschaft betrifft, haben sie nicht ihresgleichen.» Vermutlich, weil sie einen lächelnden, klaren Verstand besitzen, der es ihnen leicht macht, Leben und Tod, ohne den falschen, römischen Stoizismus, die Stirn zu bieten.

Ich nahm endlich auf den Kellner Rücksicht und ging langsam zu meiner Unterkunft zurück, wobei ich voller Entzücken die weichen Lüfte der noch nicht sichtbaren Morgendämmerung einatmete. Ich war nicht im geringsten müde, ja, es lohnte sich fast nicht mehr, zu Bett zu gehen. Ich bedauerte, nicht am Strand von Naxos zu sein, denn dort hätte ich gebadet und gewartet, bis der Tag anbräche, bevor ich mir Frühstück gemacht hätte. Aus Mangel an Besserem nahm ich eine lauwarme Dusche und legte mich eine Stunde lang hin, die durch den Frühstücksgong unterbrochen wurde.

In der Frühe mußte ich einige Besorgungen erledigen und einen Anzug zur Reinigung tragen. Auf der Post traf ich die beiden französischen Damen. Sie hatten einen großen Schock erlitten und kollerten wie Truthennen, als sie mir davon erzählten. Wie üblich hatten sie einen Haufen Postkarten an ihre Freunde und Verwandten in Frankreich geschrieben – sie schienen keine andere Beschäftigung oder keinen anderen Gedanken im Kopf zu haben. Als sie, nachdem sie ihren Packen eingeworfen hatten, durchs Schaltergitter linsten, sahen sie deutlich, wie der Beamte den gesamten Inhalt des Briefkastens in den Schoß seines Kittels schüttete und in den Hof ging, um die Post auf einen brennenden Haufen zu werfen, der lustig auf dem Zementboden flackerte – und anscheinend mit der gesamten Korrespondenz von Taormina genährt wurde. Sie waren empört und schrien ihn an – um die Wahrheit zu sagen, hatten sie zuerst fast nicht ihren eigenen Augen getraut. Sie dachten, sie hätten es mit einem Irren zu tun – aber nein, er war nur ein Streikender. Kaum wurde Post eingeworfen, verbrannte er sie. Als sie laut protestierten, sagte er: «Niente, niente ... questo e tourismo ...» Ich gebe es phonetisch wieder und daher ungenau – aber das hätte er gesagt, sagten sie, und ich vermute, daß er ihnen ungefähr das Folgende hatte mitteilen wollen: «Es ist nicht der Rede wert, meine kleinen Damen, nur ein Haufen unnützen Touristenkrams.»

Doch unsere Freundschaftsbande waren, wie ich bemerkte, bereits ein wenig brüchig geworden, denn ich hatte ihre Namen vergessen, und sie fielen mir auch trotz allen Kopfzerbrechens nicht mehr ein. Es war auch nicht weiter wichtig, da sie am nächsten Morgen fortfahren wollten, teilweise bedauerten sie es, doch andrerseits waren sie verärgert über die hohen Preise und die allgemeine Schlampigkeit und Frechheit der Ladenbesitzer. Aber so ist es nun mal in Touristenzentren.

Bald darauf begann ich meine einsame Fahrt in dem kleinen geliehenen Auto, in der Hoffnung, während der mir noch verbleibenden Tage dem Puzzlespiel von Namen ein paar neue Stücke hinzuzufügen und die Bekanntschaft – wenn auch nur flüchtig – von den vielen Orten zu machen, die in Martines Briefen und dem Reiseführer erwähnt waren. Es war ein eher gehetztes Unternehmen, bei dem mir klar wurde, daß Sizilien nicht nur eine Insel ist: Es ist ein Subkontinent, dessen buntscheckige Geschichte und unterschiedliche Landschaften jedem Reisenden über den Kopf wachsen müssen, der sich nicht mindestens drei Monate Zeit genommen hat, um sich mit der Vielfalt und den sich überlappenden Kulturen und Zivilisationen auseinanderzusetzen. Doch dann erwies es sich, daß ich gerade durch diese Erkenntnis eher unbekümmert und verantwortungslos an die Dinge heranging. Ich nahm, sozusagen, was ich kriegte. Ich verbiß mich in Orte wie Tyndaris, stattete Segesta einen zweiten Besuch ab, überquerte das borstige Rückgrat der Insel, um mir Syrakus nochmals anzusehen. Doch diesmal fuhr ich auf anderen, einsamen Straßen. In einem düsteren Steinbruch stieß ich auf halb fertig behauene Trommeln von Tempelsäulen-Schäften, die noch nicht aus dem Felsen herausgeholt waren. Ich besichtigte die Baby-Vulkane in ihrer verkohlten und stinkenden Umgebung. Inseln, deren Namen ich nicht kannte, stiegen aus dem Dunst empor wie Hunde, um mir zuzusehen, wie ich in einer entlegenen Flußmündung in der Nähe von Agrigent ein einsames Bad nahm, inmitten von Strandnelken und Meerzwiebeln. Doch überall traf man auf die erstaunliche Besonderheit der Insel – und ich meine nicht nur das Folkloristische, Sensationelle. Es ist unmöglich, das nachtfalterartig weiche Städtchen Besaquino zu beschreiben, wo einstmals echte Einsiedler hausten. Centuripe mit seinem vorspringenden Kinn und bronzefarbenen Kalkstein – eine unendlich stille Nekropolis, wo der Fels Hunderte von Metern lang wie eine Lunge durchlöchert war mit freigelegten Gräbern. Pantalica wurde es, glaube ich, genannt.

Doch die Zeit wurde knapp. Ich hatte beschlossen – nach einer zufälligen Begegnung mit Roberto in der Taverne zu den *‹Drei Quellen›* –, mir für den letzten Abend den Ätna aufzusparen. Ein passender Abschluß. Er hatte mir versprochen, mich auf den Gipfel zu begleiten, um die Sonne aufgehen zu sehen, und von dort wollte ich direkt zum Flughafen.

Ich verbrannte Martines Briefe auf einem einsamen Strand in der Nähe Messinas – sie hatte mich darum gebeten. Ich verstreute die Asche. Ich tat es eher mit Bedauern, aber Menschen haben ein Recht, nach eigenem Gutdünken über ihre Erzeugnisse zu verfügen.

Es war das Ende einer ganzen Epoche, und passenderweise verbrachte ich die Morgendämmerung im schönsten Theater der Welt – ein Entschluß, den Ätna anscheinend höchstpersönlich guthieß, denn einmal, als wolle er zeigen, daß die Welt noch in Ordnung sei, spie er kurz einen Mundvoll heißer Kohle aus, und dann tröpfelten einige leuchtende Diamanten über sein Kinn. Roberto war in der Taverne ein wenig wehmütig trunken gewesen, er erholte sich von seinem Herzanfall (hervorgerufen durch das deutsche Mädchen Renata), doch er sprach reichlich bitter über den Tourismus im allgemeinen und über Touristen im besonderen – neue Karussell-Reisende wurden in wenigen Tagen erwartet. Ich fragte mich, was Deeds allein mit sich anfing, und plötzlich hatte ich ein seltsames Gefühl des Dahinschwindens – vielleicht hatte er nie existiert, vielleicht war er nur ein Gebilde meiner Phantasie gewesen? Roberto sagte: «Reisen ist unredlich. Jeder versucht, irgend etwas zu entfliehen, wenn dem nicht so wäre, würden sie zu Hause bleiben. Die Alten sind verstört, weil sie nicht mehr lieben können und die Nähe des Todes fühlen, und die anderen ... Nun, ich bin überzeugt, auch Sie hatten irgendwelche persönlichen Gründe ... Und was diesen Offizier Deeds betrifft – wußten Sie, daß sein jüngerer Bruder auf dem Friedhof begraben liegt, an dessen Eingang er uns von den Karoben erzählt hat? Er gehörte einem jener Sturmtrupps an, die er erwähnte. Er war viel jünger als er, soweit ich weiß.» Er setzte seinen etwas wirren Monolog endlos fort, während wir ziemliche Mengen des blau-schwarzen, nach Eisen schmeckenden Weins tranken – ich fragte mich, ob unsere Gedärme wohl von ihm rostig würden. Meine Koffer waren gepackt, ich hatte Postkarten und einen Reiseführer gekauft. Ich überlegte mir – nicht sehr ernsthaft –, wem oder was wohl Pausanias hatte entfliehen wollen, als er durch Athen trabte und sich Notizen machte. Einer römischen Villa am Schwarzen Meer? Einer zänkischen Frau? Der einsamen Existenz eines Konsuls, die er sich, da er sich talentlos fand, selbst aufgebürdet hatte?

Wir schlenderten im hellen Nachmittagslicht zurück in mein Hotel, und dort erwartete mich eine neue Überraschung. In meinem Zimmer saß eine höchst eigenartige Gestalt, die ich, soweit ich wußte, nie zuvor gesehen hatte. Ein glatzköpfiger Mann mit einem glänzenden, wie glasiert aussehenden Schädel, dessen Weiße vermuten ließ, daß er erst kürzlich geschoren worden war. Doch erst als er seine Sonnenbrille abnahm und mich angrinste, erkannte ich in ihm – und mir sank das Herz – meinen alten Reisegefährten Beddoes wieder. «Alter Knabe», sagte er hochgemut, «die *carabinieri* sind mir auf den Fersen. Interpol muß ihnen einen Tip gegeben haben. Daher habe ich schleunigst mein Hotel verlassen.» Ich wußte nicht, was ich dazu sagen sollte. «Heute nacht schleiche ich mich heimlich auf die Messina-Fähre. Roberto hat meine Einäscherung organisiert – offiziell, meine ich.»

«Ihre Einäscherung?»

«Heute nacht, alter Knabe, springe ich in den Ätna wie der alte Empedokles, mit einem schrillen, geisterhaften Schrei. Und in der Morgendämmerung werden Sie und Roberto ein paar meiner Habseligkeiten um den Kraterrand verstreuen, und das Karussell wird meinen Tod in der Tagespresse bekanntgeben.»

«Sie rauben mir den Atem. Roberto hat mir nichts von all dem gesagt, und ich habe mich eben erst von ihm getrennt.»

«Man kann bei solchen Dingen gar nicht diskret genug sein. Und überhaupt ist es ein Teil der sizilianischen Höflichkeit. Sie lassen oft zu, daß Leute auf diese Art verschwinden.»

«Beddoes, sprechen Sie im Ernst?»

Es klang, als sei plötzlich eine ‹opera bouffo› in die langweilige Existenz eines unschuldigen Touristen eingedrungen. Und dazu dieser verblüffend glasierte, leuchtend prangende Schädel! Er sah so frisch geschoren aus, daß er Neugierde erwecken mußte. Ich war erleichtert, als ich sah, daß er ihn mit einer schmutzigen Skimütze bedeckte. So gekleidet wirkte er wie ein zielbewußter Schweizer Portier. «Roberto hat mich gebeten, meine Habseligkeiten hier bei Ihnen zu lassen. Wenn er Sie um Mitternacht abholt, nehmen Sie sie einfach mit hinunter. Er weiß schon, was er damit tun soll. Es ist ein ordentliches, nicht zu großes Paket.»

«Nun gut», sagte ich widerstrebend. Er strahlte, schüttelte mir die Hand und verabschiedete sich. An der Tür drehte er sich noch mal um und sagte: «Übrigens, alter Knabe, ich habe ganz vergessen, Sie zu fragen, ob Sie mir ein paar Pfund leihen können. Ich bin verdammt knapp bei Kasse. Ich müßte mir ein Paar neue Schuhe kaufen und einen Mantel, um meine Verkleidung zu vervollkommnen. Es hat ein Vermögen gekostet.» Mit verständlichem Widerstreben tat ich ihm den Gefallen, und er verschwand, leise die *‹Giovanezza›* vor sich hinpfeifend.

Seine Habe bestand aus einem Schlafsack, einem Regenmantel und einem Paar formloser Kanalarbeiterschuhe. Der Koffer war leer außer einem Roman mit dem Titel: *‹Die nackte Wahrheit.›*

Roberto war pünktlich und übernahm die volle Verantwortung für das geplante Verschwinden Beddoes. Offenbar drückt die Inselverwaltung öfter ein Auge zu, wenn irgend jemand im Ätna verschwindet. Roberto sagte: «Es gibt nur noch einen einzigen anderen

Vulkan, wo man so ein Ding drehen kann – für hoffnungslos Liebende, finanziell Ruinierte oder Lehrer auf der Flucht wie Beddoes –, und der liegt in Japan.»

Der Wagen erklomm brummend und quietschend den Berg, und ich fühlte, wie die aufgestaute Müdigkeit der letzten hektischen zwei Wochen mich beschlich. Ich nahm einen Drink zu mir und raffte mich zusammen, denn wir hatten noch einen langen Marsch vor uns vom letzten Haltepunkt unterhalb des Kraters und dem Observatorium. Es wurde kühler und kühler. Und dann, während wir den steilen Weg zum Krater hinaufstiegen, tauchten Lichter auf, die Bergluft war stellenweise noch warm, und der Geruch von Schwefel schlug uns entgegen. Irgendwo in Gipfelnähe zündeten wir ein Feuer an und versengten behutsam Beddoes Sachen, bevor wir sie der Obhut eines *carabinieri*-Freundes anvertrauten, der behaupten würde, er habe sie in den frühen Morgenstunden gefunden. Die Schuhe brannten wie eine Wachsfigur – er mußte sie mit irgend etwas eingefettet haben. Armer, alter Beddoes!

Und dann eine lange Wartezeit in einem seltsam wäßrigen Mondlicht, bis ein Ofendeckel anfing, sich im Osten zu heben, und der ‹alte Schildträger› seine Nase über das schweigsame Meer steckte. «Da haben Sie Ihren Sonnenaufgang», sagte Roberto, als hätte er das Ganze persönlich für mich veranstaltet. Und ich dankte meinem Schicksal, das mir erlaubt hatte, einen so großen Teil meines Lebens am Mittelmeer zu verbringen – so viele unvergleichliche Sonnenaufgänge zu sehen, so häufig Sonne und Mond gleichzeitig am Himmel zu erblicken.

Herbst-Lady: Naxos

Unter tückischen Himmeln fort und fort segelnd,
Alles Tuch durchnäßt und alles Eisen rostig,
Zart wie eine Mücke, aber unvergleichlich in ihrer Trauer,
Mein armes Schiff getauft in Ozean-Schwärze,
Eingeschlossen in Wolken oder planetenweiter Nacht.

Das Vorrecht der Sehnsucht hat sie begründet.
Sie nannten sie Herbst-Lady, mit zwei weitoffnen
Aegaeischen Augen unter ihrem Schiffnamen,
Seetüchtig, komplett, ein lebendes Weib.

Sie wird am Ankerplatz absinken, wie's einst mein Leben tat,
In einer sturmdurchtobten Nacht, taumelnd untergehn,
Bei einer Insel ohne Möwen, Quellen, Wällen,
In einer Zeit der Not, da alle Stationen ausblenden.

Sie wird da liegen in den stillen Kathedralen
Aus Schlaf des Bluts, von Liebe nicht zu sprechen,
Noch von den letzten graphischen Reisen des Geistes.
Laß die Gezeiten an ihre unerweckten Flanken trommeln,
Die all die sanfte Auflösung des Schlafes finden werden.

Besaquino

Keine Sterne, die leiten. Tod ist jene stille Kartusche,
Von Nonnen erflehtes Schongehege der Gebetszeiten
Er jagt wie ein großer Löwe das Schweigen,
Lässig, am Mittag und nur weil es sein muß.
Seine Szenerie ist so alt,
Sein geheiligter Prankenhieb kalt.

Luperkalien von Mädchen erinnern sich seiner
In schlaflos verbrachten Nächten,
Den Morgen erwartend, sich auf eiserner Bettstatt wälzend...
Er hat jeden Abend seinen Tod wie eine Uhr aufgezogen,
Ging in obskure Cafés, um die Feuer zu kritisieren,
Die die Krone des Ätna erröten lassen.
Leopardi, unbekannt wie ein verbannter König,
Lag in den Olivenlichtungen, seine Träume
Im Ticken seines Geistes druckend,
In Obstgärten des Ungenügens das fruchtbare Wort.